2018年主题出版重点出版物
“十三五”国家重点出版物出版规划项目

国际视野下的中国对外开放丛书
张燕生 主编

人民币国际化：离岸市场及其影响

张礼卿 尹力博 著

SPM
南方出版传媒
广东经济出版社
·广州·

图书在版编目（CIP）数据

人民币国际化：离岸市场及其影响/ 张礼卿，尹力博著．—广州：广东经济出版社，2019.4
（国际视野下的中国对外开放）
ISBN 978－7－5454－6702－4

Ⅰ．①人… Ⅱ．①张… ②尹… Ⅲ．①人民币－金融国际化－影响－金融市场－研究 －中国 Ⅳ．①F822②F832.5

中国版本图书馆CIP数据核字（2019）第073547号

出 版 人：李　鹏
责任编辑：张晓兰　刘健华　李　璐
责任技编：许伟斌

人民币国际化：离岸市场及其影响
Renminbi Guojihua：Li'an Shichang Jiqi Yingxiang

出版发行	广东经济出版社（广州市环市东路水荫路11号11～12楼）
经销	全国新华书店
印刷	广东鹏腾宇文化创新有限公司 （广东省珠海市高新区科技九路88号七号厂房）
开本	787毫米×1092毫米　1/16
印张	18.75
字数	280 000字
版次	2019年4月第1版
印次	2019年4月第1次
书号	ISBN 978－7－5454－6702－4
定价	55.00元

如发现印装质量问题，影响阅读，请与承印厂联系调换。
发行部地址：广州市环市东路水荫路11号11楼
电话：（020）37601950　邮政编码：510075
邮购地址：广州市环市东路水荫路11号11楼
电话：（020）37601980　营销网址：http://www.gebook.com
广东经济出版社新浪官方微博：http://e.weibo.com/gebook
广东经济出版社常年法律顾问：胡志海律师

前 言

2009 年 7 月，中国人民银行等有关部委决定实施跨境贸易人民币结算试点，这标志着人民币国际化进程的正式启动。回顾这十年，人民币国际化既经历了早期的快速成长，也经历了近年来的相对平稳发展，总体上已经成为我国经济对外开放的一个重要组成部分。

尽管尚处于初级阶段，但人民币国际化的各种经济影响也已逐渐显露。人民币国际化对国内企业和金融机构降低汇率风险、降低境外融资成本，以及一些国内银行推进国际化经营战略等均产生了重要的促进作用。从长远看，人民币国际化对提升我国宏观经济政策的灵活性、改变不合理的国际货币体系，提升人民币在全球金融体系中的作用和地位等，都会产生非常重要的影响。人民币国际化也意味着中国在全球货币、金融和经济事务中将承担更多的国际责任，在开放国内市场、促进全球金融稳定等方面提供更多的公共产品。

在诸多相关研究中，人民币国际化对国内货币政策的影响一直受到学术界和政策制定部门的关注。2015 年 9 月，中央财经大学国际金融研究中心接受中国金融期货交易所的委托，成立了“人民币离岸市场对境内货币政策的影响研究”课题组。在随后近一年的时间里，针对人民币离岸市场的发展历程和现状、欧美等国家离岸市场发展及其对境内货币政策的影响、人民币在岸市场与离岸市场的互动关系，以及人民币国际化对国内货币政策实施带来的影响等，课题组进行了大量的理论、实证和政策分析，并多次召开专题研讨会听取有关专家的意见。委托方对课题组的最终研究成果表示高度认可和满意，并将主要成果呈送中国人民银行等决策机构参阅。

一个偶然的机会使本课题的研究成果进入了出版程序。2018 年春节前，时任国家发展改革委对外经济研究所所长的张燕生研究员找到笔者，希望将本课题成果纳入其主编的系列丛书《国际视野下的中国对外开放》，并以此纪念中国改革开放40周年。考虑到与题目匹配，而且成果也接近出版要求，遂欣然应允。

为了反映最新的实践发展和研究动态，在将本研究成果提交出版社之前，我们进行了较大篇幅的修改、补充和完善。目前，呈现在读者面前的本书，除了前言之外，还包括八章内容：《第一章　人民币国际化的进程、决定与政策选择》《第二章　离岸人民币市场的发展历程和特点》《第三章　人民币离岸市场与在岸市场的联动》《第四章　离岸人民币市场的国际影响》《第五章　离岸人民币市场对境内货币政策的影响：理论分析》《第六章　离岸人民币市场对境内货币政策的影响：现实分析》《第七章　国际经验比较》《第八章　结论及政策建议》。

本课题的研究和最终成书出版，得益于诸多方面的支持、鼓励和帮助。在课题的开题报告、中期汇报和结项评审会上，中央财经领导小组办公室的张晓朴副局长、中国人民银行的孙国峰司长和周诚君副局长、国家外汇管理局国际收支司原司长管涛和处长贾宁、中国社会科学院的高海红研究员、北京师范大学的贺力平教授、中国人民大学的赵锡军教授、北京航空航天大学的韩立岩教授、中国银行的宗良研究员、法国巴黎银行的首席经济学家陈兴动先生、鸿儒金融教育基金会原理事长许均华先生等提出了宝贵的意见和建议。作为委托方的领导，中国金融期货交易所领导张慎峰董事长、鲁东升副总经理、汪明文总监等对本课题高度重视，不仅亲自参与了本课题的立项、中期检查和结项验收工作，并且提供了很多有价值的建设性意见。国际金融研究中心的同事谭小芬教授、黄志刚教授、荀琴副教授、陶坤玉助理教授等参与了部分内部讨论会。本校的博士研究生钟茜、吴桐，以及北京航天航空大学的博士研究生吴优承担了文献资料的收集和部分计量研究工作。广东经济出版社的领导和编辑们为本书的印制出版，提供了非常专业和出色的编辑、校对服务。

对于上述各种支持和帮助（包括尚未提及的），我们在此一并致谢。当然，对于书中存在的不足乃至错误，我们将承担相应的责任。同时，也欢迎同行专家批评指正。

张礼卿　尹力博

2019年4月

目录
Contents

第一章 人民币国际化的进程、决定与政策选择

2009 年 4 月 8 日，国务院常务会议做出决定，在上海和广州、深圳、珠海、东莞等城市开展跨境贸易人民币结算试点，这标志着人民币国际化进程的开始。在过去近十年的时间里，人民币国际化快速发展，并在全球范围内引起了广泛关注。人民币在国际范围内充当交易媒介、计量单位和价值贮藏的情况已在不同程度上出现，并成为我国对外金融开放和国际金融地位逐步提升的重要标志之一。

值得注意的是，自 2015 年以来，人民币国际化面临的挑战逐渐增多，在一定程度上出现了放缓甚至徘徊的现象。2018 年 8 月，在“中国金融四十人论坛”伊春会议上，中国人民银行前行长周小川先生在主旨演讲中指出，“人民币国际化有所波动并不奇怪。就像体育比赛，结果不一定永远一致，各球队有时输球有时赢球。人民币国际化并不是直线前进，而是有时候走得快一点，有时候走得慢一点”①。周行长的这一判断是敏锐和正确的。基于当前的情形，从科学研究的角度，对近十年人民币国际化的演进及其特点进行全面回顾和总结，对其形成原因做出深入分析，不乏理论和现实意义。如何从理论上认清人民币国际化的客观规律，特别是这一进程的决定性因素？如何进一步认识人民币国际化的利益、成本和风险？当前，国内外经济形势错综复杂，机遇和挑战并存，如何认识人民币国际化在近期和中长期的发展趋势？如何通过恰当的政策性安排，努力实现这一进程的持续稳步发展？回答好这些问题，对于当下的政策实践具有重要的指导意义。

---

① 微信公众订阅号“中国金融四十人论坛”，2018 年 8 月 11 日。

一、人民币国际化的进程

（一）货币国际化的含义和度量

所谓货币国际化，是指一种货币成为国际货币，即在发行国境外流通并相应发挥各种货币职能的过程。典型的国际货币具有计量单位、交易媒介和价值贮藏等货币基本职能。当然，与仅在一国境内流通的货币相比，国际货币的这些职能有着特定的表现形式。根据美国著名国际经济学家 Peter B. Kenen（1983）的概括，国际货币的上述三项基本职能在民间和官方这两个领域还有不同的表现（见表 1－1）。具体讲，作为计量单位，国际货币可在民间领域被私人机构用作贸易报价和金融交易的计价工具，或者在官方领域被其他国家当作“锚”货币或基准货币（即用于表示官方汇率平价或当作“被盯住货币”）；作为交易媒介，国际货币可在民间领域被用作贸易和金融交易活动的支付工具，或者在官方领域被货币当局用于对外汇市场进行干预；作为价值贮藏手段，国际货币可以充当民间私人机构的金融资产（如银行存款和各种证券资产），或者充当官方（货币当局）的国际储备资产。

表 1－1　国际货币的职能及其具体表现

货币职能	官方	民间
计量单位	“锚”货币或基准货币	贸易和金融交易计值
交易媒介	干预货币	贸易和金融交易支付
价值贮藏	国际储备	货币替代（非官方美元化）

资料来源：Peter B. Kenen（1983）。

经验显示，任何一种民族货币在“脱去民族制服”而成为国际货币时，都会经历一个比较长的历史过程。在这个过程中，国际货币的各种职能伴随着相关制约条件的改变而逐步形成和发展，且在时间上可能有一定的先后顺序。大致来说，国际货币所具有的计量单位和交易媒介职能，最初出现一般以国际贸易活动为前提，伴随着金融活动的发展而不断深化和扩展。在时间上，这两种职能几乎是同时出现的，但事实上计量单位职能却是交易媒介职能的前提，因为待交换的商品只有先进行计价才可能进行进一步交易。相比而言，国际货币的价值贮藏职能一般出现得相对晚一些，而金融活动的纵深发展是这项职能充分发挥作用的关键。

在货币的国际化过程中，其作为国际货币的各种基本职能是否全部存在，以及是否能够充分发挥作用，决定了它的国际化程度。一般来说，一种货币的国际化程度可以通过以下指标加以衡量：①在全球国际贸易支付货币中的比重；②在全球跨境投资和借贷交易货币中的比重；③在全球外汇交易货币中的比重；④在全球国际储备货币中的比重；⑤被作为“锚”货币或基准货币的频率。值得指出的是，尽管计量单位和交易媒介职能的深度和广度是衡量一种货币国际化程度的重要标志，但一种货币最终能否真正成为具有影响力的主要国际货币，在很大程度上取决于这种货币的国际贮藏功能（特别是成为别国货币当局的国际储备资产）是否能够得到充分的发挥。

在历史上，葡萄牙、西班牙、荷兰、法国和英国的货币都曾是主要的国际货币。自20世纪40年代以后，美元成为主要的国际货币。目前，比较重要的国际货币还包括欧元、英镑和日元等，但美元在其中占据着绝对的优势地位（见表1－2）。

表1－2　1973年以来部分年份有关各国货币在全球外汇储备货币中的比重

（单位：%）

	1973	1980	1985	1990	1995	2000	2010Q4	2015Q4	2018Q4
美元	84.6	66.8	55.3	49.4	58.96	68.2	62.24	65.74	61.69
英镑	7.0	3.0	2.7	2.8	2.11	4	4.06	4.72	4.43
日元	—	4.4	7.3	7.9	6.77	5.3	3.66	3.75	5.20
欧元	—	—	—	—	—	12.7	25.76	19.15	20.69
德国马克	5.8	15.0	13.9	17.0	15.75	—	—	—	—
法国法郎	1.0	1.7	0.8	2.3	2.35	—	—	—	—

资料来源：国际货币基金组织（IMF）。

（二）人民币国际化的进程：简要回顾

人民币在国际上的使用最早可以追溯到2000年前后。当时，在与越南、老挝、缅甸、俄罗斯、蒙古等国的边境贸易中，出现了零星的人民币（现钞）支付。2007 年，中国国家开发银行在香港发售 50 亿元人民币债券，开创了内地金融机构赴港发售人民币计值债券的先例。2009 年 7 月 1 日，中国人民银行、财政部、商务部、海关总署、国家税务总局和中国银行业监督管理委员会联合发布了《跨境贸易人民币结算试点管理办法》，正式启动了跨境贸易中的人民币结算试点。经过一年多时间，人民币结算试点从最初的沿海五个城市逐步扩大到全国所有地区。从这个时期开始，人民币国际化的进程正式启动。

1. 总体趋势

从各种指标所显示的趋势来看，在过去十年，人民币国际化大致经历了快速发展期和平稳调整期两个阶段。

（1）快速发展期（2009 年 7 月至 2015 年上半年）

2009 年 7 月至 2015 年上半年，人民币国际化取得了长足的进展。其主要表现集中在以下几个方面：

第一，跨境贸易和直接投资的人民币结算额持续扩大。据中国人民银行发布的《人民币国际化报告》（中国人民银行货币政策二司，2015），2014 年，人民币跨境贸易结算额达到 6.55 万亿元，相当于中国经常项目交易额的 25%。同期，中国对外直接投资（ODI）的人民币结算额为 1866 亿元，外商对华直接投资（FDI）的人民币结算额高达 8620 亿元，与上一年相比，均呈现较大幅度的增长。

第二，人民币计值的国际金融资产快速增加。2014 年底，非居民在境内银行持有的人民币存款余额达到 2.28 万亿元；外国中央银行和其他机构投资者在银行间债券市场上持有的人民币计值债券为 6346 亿元；截至 2015 年 4 月底，通过合格的境外机构投资者（QFII）、人民币合格境外投资者（RQFII）和“沪港通”计划，外国机构投资者共计持有 1.38 万亿元人民币金融资产（包括股票和债券）。与此同时，在离岸市场，人民币银行存款超过 2 万亿元（其中近一半在香港）。人民币计值债券的发行增长也很快（尤其是 2014 年以前），截至 2014 年底，在离岸市场上发行的人民币计值债券发行额累计达到 5305 亿元。

第三，人民币已经开始作为一些国家的官方储备资产，其中包括白俄罗斯、柬埔寨、马来西亚、尼日利亚、菲律宾、韩国、俄罗斯等国，尽管一般情况下仅占这些国家外汇储备总资产的5%左右。截至2015年4月底，人民币作为外国官方储备资产的规模达到6667亿元。与此同时，作为全球金融安全网的一个组成部分，中国还与32个国家签署了3.2万亿元的双边货币互换协议。

第四，人民币离岸中心迅速发展。在资本账户尚未全面开放的环境下，作为人民币国际化的重要平台，近年来人民币离岸金融市场发展迅速。除香港外，中国台北、伦敦、法兰克福、巴黎、卢森堡、多伦多、迪拜、悉尼等多个城市已经或正在成为人民币离岸金融中心。中国主要的国有商业银行均已相继取得各离岸中心的清算行地位。

第五，中国国际支付系统（China InternationalPayment System，简称CIPS）成功建成。该系统也称人民币跨境支付系统，于2015年10月8日在上海成功上线运行。其建成并顺利运行是人民币国际化的里程碑事件，标志着人民币国际化的基础设施建设取得重要进展，将大大提升人民币跨境结算的效率和交易安全性。

第六，人民币成为特别提款权（SDR）篮子货币。经过有关各方的反复磋商，2015年11月30日国际货币基金组织（IMF）正式宣布，人民币将于2016年10月1日加入SDR，成为其货币篮子的一个组成部分，占比达到10.92%，位居美元和欧元之后。IMF总裁拉加德在宣布这一消息的新闻发布会上表示："人民币进入SDR将是中国经济融入全球金融体系的重要里程碑，也是对中国政府过去几年在货币和金融体系改革方面所取得的进步的认可。"应该说，成为SDR篮子货币，对于人民币国际化的促进意义是毋庸置疑的。一方面，它提升了人民币的国际形象和地位，本身就是国际化的一个重要表现；另一方面，将通过推进国内金融改革和资本账户的渐进开放，从宏观经济基本面和制度层面推动人民币的国际化进程。

毫无疑问，在这近六年的时间里，人民币国际化的成绩是显著的。从中国人民大学国际货币研究所发布的人民币国际化指数（见表1-3），可以清楚看到这一点。当然，也应该清醒地意识到，与过去相比，尽管人民币国际化取得了空前的发展，然而与美元、欧元相比，差距还很大。

表1－3　人民币国际化指数及其国际对比①

年份	人民币	美元	欧元	日元
2009	0.02%	52.79%	26.92%	3.60%
2010	0.23%	53.33%	25.58%	4.34%
2011	0.45%	54.18%	24.86%	4.56%
2012	0.87%	52.34%	23.72%	4.78%
2013	1.23%	53.81%	27.44%	4.39%
2014	2.33%	54.67%	24.49%	4.18%

资料来源：《人民币国际化报告》（2009—2015年），中国人民大学国际货币研究所。

（2）平稳调整期（2015年下半年至今）

自2015年下半年以来，通过相关数据可以明显观测到，人民币国际化的趋势有所减缓甚至在一定程度上发生了逆转。如图1－1所示，反映人民币国

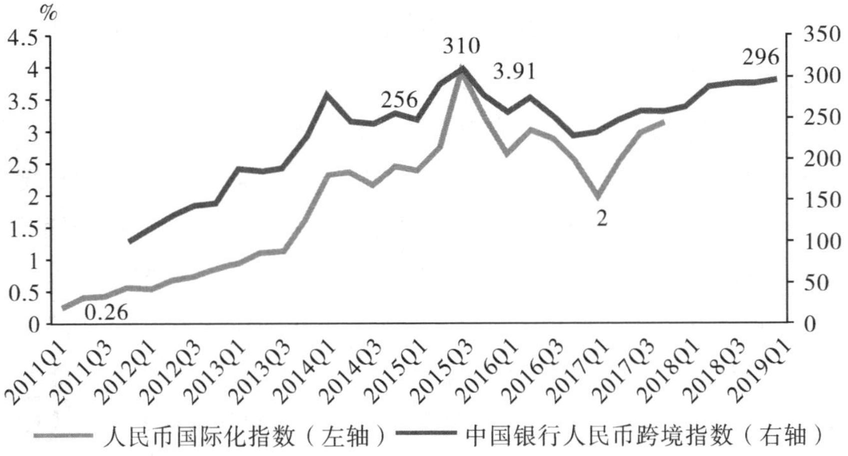

图1－1　人民币国际化指数

资料来源：中国银行香港分行研究部、中国人民大学国际货币研究所《人民币国际化报告》。

① 该指数主要基于一国货币作为国际支付结算货币、国际金融资产计值和交易货币、国际储备货币等在全球对应总额（值）中的比重进行计算而形成。

际化程度的相关指标均在 2015 年达到高位后逆转下滑。虽然在这一时期，经常账户以及资本金融账户下的人民币业务稍有回暖，但伴随着金融开放初期政策效用的逐步递减、国内经济结构的转型、经济增长趋缓和国外政治经济局势的紧张，内外双重压力叠加，相较于前五年的高速发展，可以认为人民币国际化的进程已经开始进入调整期。

2. 若干新近进展

2015 年以来，人民币国际化虽然总体上出现了退潮的局面，但也呈现若干新的特点，其中一些特点对于其长远发展有积极意义。

第一，贸易渠道作用减弱，金融渠道作用上升。

在 2014 年人民币贸易结算额历史性地占到全部贸易结算额的 25%，近年来，这一比例已经显著下降。如图 1 – 2 所示，近四年来，在人民币境外收付中经常账户项下和资本项下的人民币收付金额走势呈现一定的差异或背离。通过资本项下交易实现的人民币跨境收付额出现较快增长；相反，通过经常项下交易实现的人民币跨境收付额则增长相对缓慢。

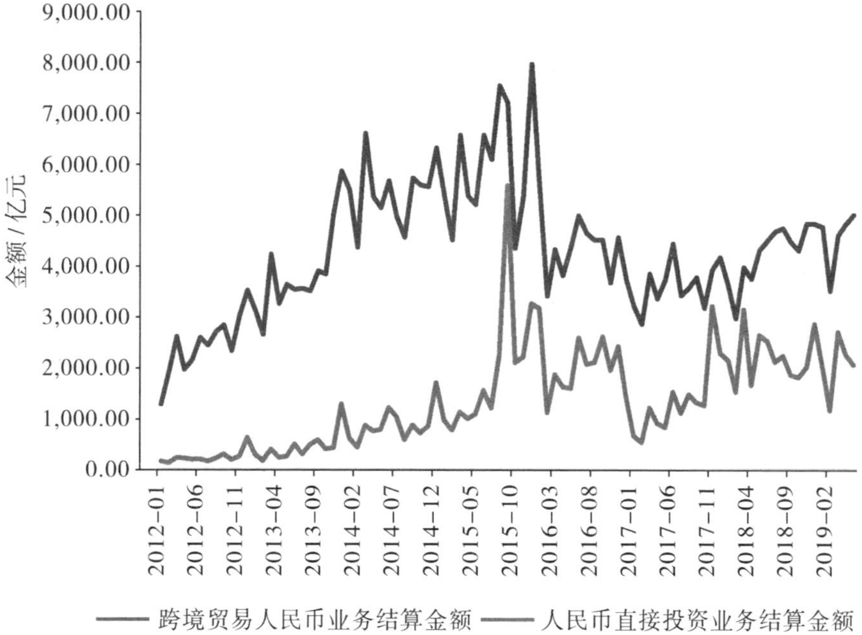

图 1 – 2　人民币跨境收付金额趋势

资料来源：wind 数据库。

第二，在岸市场的作用日趋重要，离岸市场的作用相对下降。

2015年以前，由于中国资本账户尚未完全开放，离岸金融市场（特别是香港离岸金融市场）是境外人民币存放和投资增值的主要场所。可以说，离岸金融市场是人民币国际化的主要场地。不过，近几年来，伴随着QFII和RQFII投资额度的不断上升，境外投资者通过购买国内股票、债券等方式持有人民币计值有价证券的数量正逐步增加（见图1－3、图1－4）。为了进一步扩大开放，2019年1月中国政府宣布将QFII总额度从1500亿美元增至3000亿美元。另外，对于QFII交易限制的放宽也值得注意。2018年6月，当局取消了每月汇出金额以及本金锁定期的要求，并允许QFII和RQFII对境内投资进行套期保值操作。官方数据显示，截至2019年4月底，获批QFII的机构达到290家，投资额度合计1057.96亿美元；获批RQFII的机构达到214家，投资额度达到6706.72亿元人民币。这表明，与过去相比，在岸市场在人民币国际化过程中的作用正在得到不断提升。

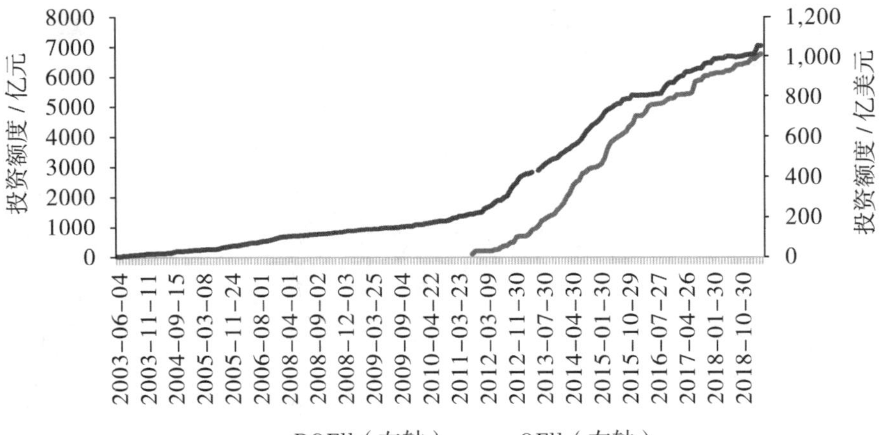

图1－3　QFII和RQFII投资额度

资料来源：wind数据库。

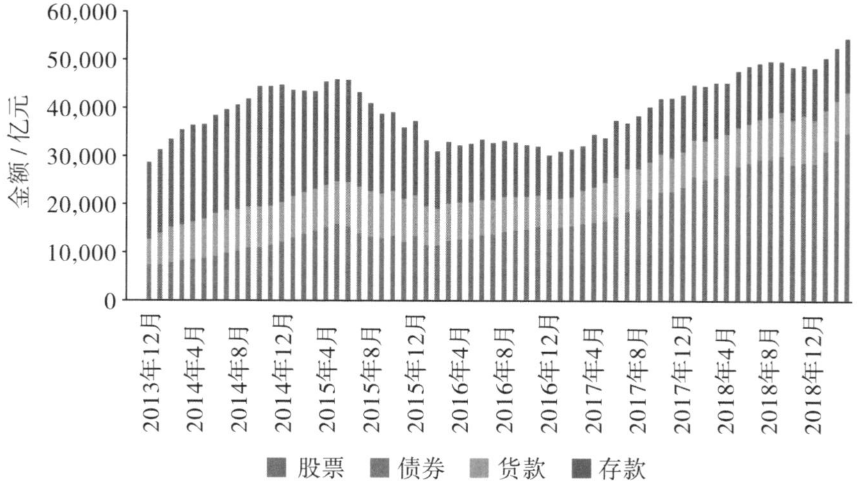

图 1－4　境外投资者持有的境内人民币资产

资料来源：wind 数据库。

相比之下，由于人民币贬值等，一些数据显示，2015 年后离岸人民币市场的规模出现了相对紧缩（见图 1－5、图 1－6）。

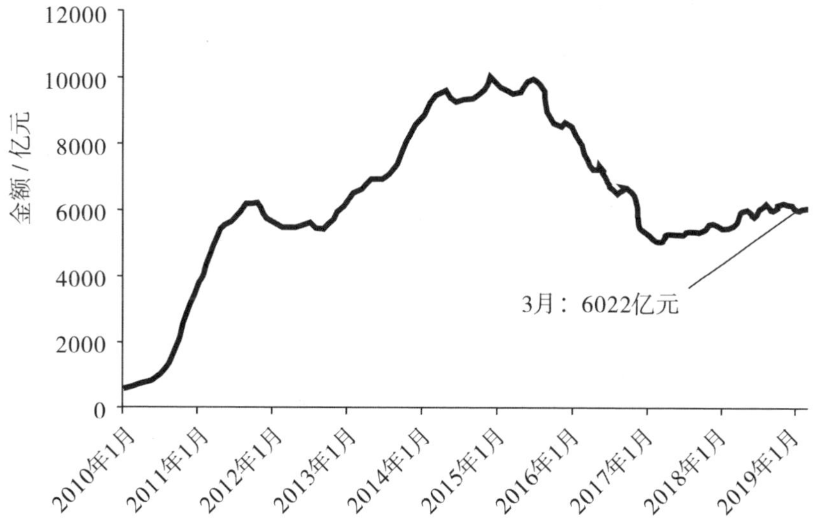

图 1－5　香港银行人民币存款额变动趋势

资料来源：香港金融管理局。

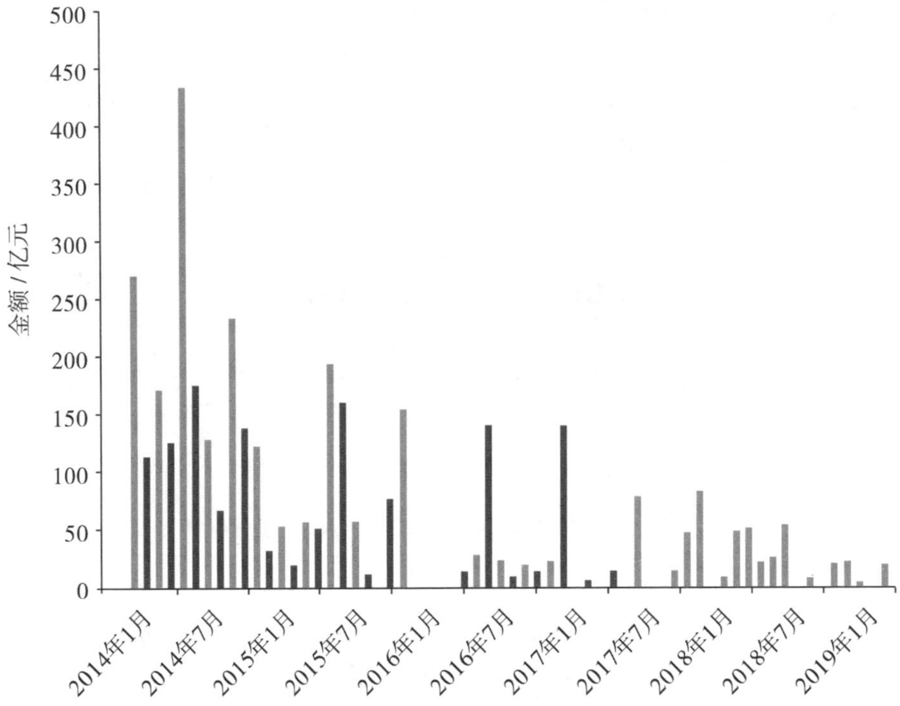

图1－6　香港离岸人民币债券发行额

资料来源：香港中银国际研究部。

第三，金融创新助推人民币国际化。

近年来，无论是离岸市场还是在岸市场，与人民币国际化相关的金融创新活动不断出现。2018 年 3 月，以人民币计价的原油期货首次在上海能源交易中心正式挂牌上市。自上市以后，人民币原油期货交易与日俱增。截至 2018 年 11 月，累计成交量已经达到 1691.45 万手，交易额约 8.57 万亿元，仅次于 WTI 和 Brent 两大原油期货。人民币原油期货产品的推出，对于增强人民币在国际大宗商品市场上的计价和定价功能，充分发挥其作为国际计价工具的职能，具有非常重要的意义。值得注意的是，沙特阿拉伯、委内瑞拉、俄罗斯等石油生产大国已经考虑逐步放弃使用美元，转而将人民币作为与中方石油贸易中的结算货币。这对人民币国际化具有积极的推动作用。

2014—2017 年，作为制度性创新，监管当局先后推出了“沪港通”“深港通”和“债券通”，而连接中国内地和伦敦资本市场的“沪伦通”也在筹划之中。这些创新安排，使更多的境外投资者有机会持有人民币计值的金融资产，从而推进人民币国际化。

此外，2018 年 11 月，中国人民银行首次在香港发行 200 亿元央行票据。此举有助于在离岸市场形成人民币基准利率，从而促进离岸人民币市场的稳定发展。近两年，离岸市场上的人民币金融资产品种也有所增加，除了“点心债”“狮城债”等权益类产品，人民币期权期货、人民币交易型开放式指数基金（ETF）、人民币房地产投资信托（REIT）均有一定发展。

第四，基础设施建设成果显著。

2018 年 3 月，中国的跨境支付系统（CIPS）二期正式开始试运行。与大约三年前建成的一期相比，二期拓宽了参与者类型，丰富了结算模式，并且延长了服务时间，可以更好地满足全球范围内人民币业务交易者的支付结算需要。截至 2018 年 6 月，CIPS 系统参与者已覆盖全球六大洲的 87 个国家，其中“一带一路”沿线国家 41 个，业务覆盖全球 155 个国家和地区的 2395 家法人金融机构①。2018 年第三季度，CIPS 系统处理业务 38.13 万笔，金额达 7.01 万亿元，同比分别增长 5.34% 和 75.89%②。CIPS 系统的完善，为境外人民币支付结算业务搭建了一个更加便捷和安全的平台，对推动人民币国际化具有非常重要的意义。

近几年，海外人民币清算银行的数量也在不断增加。截至 2018 年 2 月，我国已在全球范围内设立了 24 家人民币业务清算行（见表 1－4），大大便利了人民币国际化业务的发展。

表 1－4　人民币业务清算行的分布

序号	国家和地区	时间	清算行
1	中国香港	2003 年 12 月	中国银行（香港）有限公司
2	中国澳门	2004 年 9 月	中国银行澳门分行
3	中国台湾	2012 年 12 月	中国银行台北分行
4	新加坡	2013 年 2 月	中国工商银行新加坡分行
5	英国	2014 年 6 月	中国建设银行（伦敦）有限公司

① 数据来源：CIPS 官方网站。

② 数据来源：中国人民银行。

（续表）

序号	国家和地区	时间	清算行
6	德国	2014 年 6 月	中国银行法兰克福分行
7	韩国	2014 年 7 月	交通银行首尔分行
8	法国	2014 年 9 月	中国银行巴黎分行
9	卢森堡	2014 年 9 月	中国工商银行卢森堡分行
10	卡塔尔	2014 年 11 月	中国工商银行多哈分行
11	加拿大	2014 年 11 月	中国工商银行（加拿大）有限公司
12	澳大利亚	2014 年 11 月	中国银行悉尼分行
13	马来西亚	2015 年 1 月	中国银行（马来西亚）有限公司
14	泰国	2015 年 1 月	中国工商银行（泰国）有限公司
15	智利	2015 年 5 月	中国建设银行智利分行
16	匈牙利	2015 年 6 月	匈牙利中国银行
17	南非	2015 年 7 月	中国银行约翰内斯堡分行
18	阿根廷	2015 年 9 月	中国工商银行（阿根廷）股份有限公司
19	赞比亚	2015 年 9 月	赞比亚中国银行
20	瑞士	2015 年 11 月	中国建设银行苏黎世分行
21	美国	2016 年 9 月	中国银行纽约分行
22	俄罗斯	2016 年 9 月	中国工商银行（莫斯科）有限公司
23	阿联酋	2016 年 12 月	中国农业银行迪拜分行
24	美国	2018 年 2 月	美国摩根大通银行

数据来源：中国人民银行。

二、人民币国际化的决定因素

（一）货币国际化的决定因素

一种主权货币是否能够成为国际货币（特别是主要的国际货币），取决于一系列因素。根据 Zhang 和 Tao（2018）的研究，这些因素大致可以归为三大类，即规模（Size）、流动性（Liquidity）和可信度（Creditability）。具体讲，首先，该国经济规模应该足够大，包括经济总量、对外贸易规模和金融市场规模等均处于全球前列；其次，该国的金融市场足够成熟并且具有高度流动性，这意味着金融市场有着完备的基础设施、丰富的金融市场工具以及基本开放的资本账户；最后，该国的经济、金融和货币具有可信度，这意味着能够保持良好的经济增长趋势、稳定的货币价值（尤其是对外货币汇率）、独立的中央银行体系、稳健的金融监管体系，以及良好的法制和税收环境等。

上述研究结论既出于理论和逻辑分析，同时也有大量的经验事实作为支撑。不过，总结一些历史经验，可以发现，有三个问题值得进行深入探讨。

第一，一国货币国际化地位的获得和保持，是否有赖于上述条件的同时存在？一般而言，答案是肯定的。我们以美元和日元为例来进行简要分析。美国经济总量早在 1870 年就已超过英国，其对外贸易规模也在 1900 年前后超过了英国，但直到 1914 年，美元依然毫无国际地位。1914 年美联储宣告成立之后，伴随着银行承兑汇票市场的出现和迅速发展，美国的金融市场逐渐形成规模且流动性日渐提升。正是因为这一变化，在大约十年之后（即 1925 年左右），美元成功获得了国际结算和融资货币的地位，成为与英镑同样重要的国际货币，纽约也相应成为重要的国际金融中心（Eichengreen，2009）。1944 年，凭借强大和可信的经济、政治、科技乃至军事力量，通过签署布雷顿森林协议，美元才牢牢地取得了国际储备货币的地位，并最终成了主导性的国际货币。

与美元的成功经历不同，日元提供了一个基本失败的案例。日元国际化大约开始于 20 世纪 80 年代初。经过将近二十年贸易立国发展战略的实施，日本的经济增长取得了巨大的成就，并在 20 世纪 80 年代初积累了巨额的经常项目顺差。在对外金融扩张的战略影响下，日本开始推动日元的国际化。20 世纪 80 年代中后期，日元在全球外汇储备中的比重一度达到 6%。然而，由于日本的金融市场长期处于相对不发达状态，特别是流动性比较差，加上 20 世纪 90 年代长达十年之久的经济衰退和通货紧缩，日元逐渐“去国际化”。近年来，日元占全球外汇储备的比重下降到了 3%。

美元的经验显示，如果一个经济体在经济总量和对外贸易规模方面都取得了全球领先地位，但其金融市场不够发达，那么其货币的国际化仍然难以实现。事实上，美元在第二次世界大战后能够持续占据主导性国际货币的地位，除了其综合国力的支撑外，与美国拥有全球最发达的金融市场不无关系。而日元则以其生动的经验显示，如果金融市场不够发达，那么即使货币国际化的进程已经开始，也完全可能发生逆转。

第二，货币可兑换性的影响。一般而言，货币的可兑换程度决定了货币的国际化程度。在其他条件不变的情况下，一种货币的可兑换性越高，其国际化的程度也会越高。这是因为，在严格的外汇管制条件下，外国居民无法随时获得必要的该国货币，也无法自由地将其持有的该国货币兑换为其他通货。当然，由于货币国际化通常是一个由低级逐步走向高级的漫长过程，在这个过程中，货币的可兑换和国际化可以相伴协调发展。在货币国际化的初期，一国通常主要依靠贸易渠道来实现本币的周边使用和国际化。这时，货币的国际使用主要以便利周边贸易为特征，且规模较小，因而不需要消除所有的外汇管制措施。而当货币国际化走向深入和更高层次的时候，特别是需要通过金融渠道来实现的时候，全面废除外汇管制、实现资本账户下的货币可兑换，将是必不可少的重要条件。

一个有趣的问题是，一定程度的资本管制会不会严重影响一国货币的国际化？20 世纪 50 年代至 70 年代，由于 Q 条例等美国国内金融管制的存在和“资本流动的利息平衡税”的实施，美国的跨境资本流动受到了一定程度的限制。但是，这种限制并没有影响美元的国际化。尽管通过在岸市场实现的美元国际化进展相对缓慢，但通过离岸市场（即所谓的“欧洲美元市场”）实现的美元国际化获得了巨大的发展。这表明，由于离岸市场的存在，如果其他条件基本具备的话，一定程度的资本管制并不会严重影响该国的货币国际化。这对当前人民币国际化相关政策的选择具有十分重要的启示。

第三，政府的推动作用。从根本上讲，货币国际化是一个自然选择的过程，因为一国货币能否在境外被广泛采纳和使用是别国选择的结果。然而，政府在这个过程中也不是完全没有作用。事实上，政府可以通过加速或延迟各种前提条件的出现来影响这个进程。譬如，确保总体经济的持续稳定发展，不断提升综合经济实力；积极推行国内经济改革，加快对外贸易发展，提升本国在国际贸易中的地位；采取适当的外汇管理措施，鼓励国内的贸易企业以本币计价支付；采取稳健的财政货币政策，以便保持本币的对内和对外价值稳定；积极发展金融市场，促进金融体系的健康发展，特别是加快国内债券市场的发展；鼓励有条件的国内银行开展海外业务，特别是争取在区域内其他国家建立网点，以便在条件成熟的时候开展本币业务；逐步减少资本管制，实现资本账户的自由化；等等。

值得指出的是，一个具有强大国际地位的政府往往可以通过某些国际协定去影响和推动这个进程。广泛参与全球性事务及其治理，对于扩大其与世界其他国家的经济往来（包括加深贸易、投资和金融联系），从而创造更多的机会去推动本国货币的境外使用，具有重要意义。历史经验表明，多边的国际性制度安排，如建立多边性国际汇率协调机制，对于促进一国货币国际化的进程具有重要影响，因而也是政府可以积极发挥作用的地方。譬如，布雷顿森林时代的“美元汇兑本位制”，对美元国际化地位的确立，具有非常重要的意义；欧洲汇率机制的建立，对欧元的诞生以及它的国际化地位的提升，也十分重要；多年来，日本对亚洲货币区域合作的积极推动，与日本政府试图借此促进日元的国际化不无关系。

（二）影响人民币国际化进程的主要因素

对照理论和别国经验分析，可以发现，这十年人民币国际化的进程同样受到了上述各种因素的影响。不少因素在 2009 年后的“快速发展期”和“平稳调整期”发生了明显的变化。

在“快速发展期”，人民币国际化得益于一系列重要因素。首先，自加入世界贸易组织（WTO）以后，中国经济保持了持续的高速增长，并且先后成为世界第二大经济体、第一大对外贸易国和主要的外国直接投资目的地国家之一。这是人民币国际化得以快速推进的基本经济面因素。其次，2005—2015 年，持续的经常项目和资本与金融项目顺差使得人民币总体上处于强劲的升值态势之中，这对人民币国际化起到了重要的推动作用。可以认为，在短期内，人民币的升值趋势对这一时期人民币国际化的快速发展产生了决定性的直接影响。再次，2009 年 7 月开始实施的跨境贸易结算改革，即允许和鼓励跨境贸易企业使用人民币结算，产生了巨大的政策改革效应。在此之前，如果企业在跨境贸易中使用人民币计价结算，是无法享受出口退税待遇的。

换言之，人民币在跨境贸易结算中遭遇了低国民待遇。这项改革措施推出后，大大激发了贸易企业使用人民币计价结算的积极性。与此同时，“三类外资银行”获准进入银行间债券市场，以及其他放松跨境资本流动管理的措施促进了人民币的回流，从而也产生了类似的政策效应。最后，美国次贷危机和欧洲主权债务危机的相继发生，导致美元和欧洲等发达国家的货币相对动荡，从而使人民币成为比较受欢迎的货币。

进入“平稳调整期”后，人民币国际化的进程放慢甚至回落同样受到了多种因素的影响。首先，自2015年以来，中国经济增长持续放慢，在一定程度上导致国际投资者的预期变化，相应地对人民币资产的偏好也呈现减弱趋势。在21世纪的最初十年，受加入WTO等结构性改革措施的积极影响，中国经济保持了年均9%以上的持续高速增长，进而使中国一跃成为世界第二大经济体。由于对经济前景有信心，国际投资者普遍看好在中国的投资回报，对于持有人民币资产的偏好也比较强烈，资本净流入不断增加。这种乐观情绪一直持续至2013年。2014年以后，由于人口结构变化、宏观调控力度加大，以及经济改革进入深水区等多种因素，中国经济增长开始持续下行。相应地，外国直接投资出现了净流出（见图1－7）。在离岸市场上，对人民币资产的需求也出现了停滞甚至绝对减少。

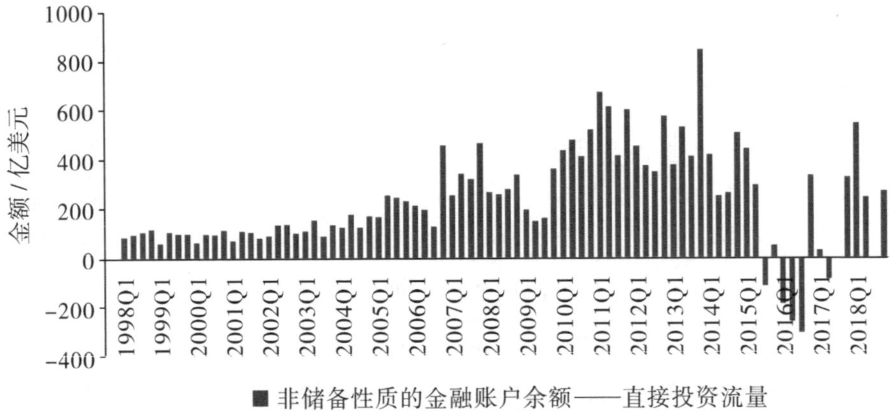

图1－7　中国的外国直接投资净流动

资料来源：国家外汇管理局。

其次，中国贸易竞争优势相对减弱，人民币稳中趋升的势头基本消失。

自20世纪90年代起，尤其是2001年加入WTO后，由于低廉的劳动力成本，中国的出口贸易优势非常明显。巨额的经常项目顺差为人民币长时间稳中趋升奠定了坚实的基础。然而，自2010年以来，由于人口结构发生了显著变化，“抚养比”不断上升，经济增长遭遇“刘易斯拐点”，劳动力成本优势逐渐减弱，加上国际经济环境总体上不断恶化，中国的经常项目顺差逐渐减少。官方数据显示，我国经常账户顺差占GDP的比重已从2007年的大约11%下降至2019年的不足1%。经常项目顺差积累的趋缓，与跨境资本流向的逆转，在很大程度上造成了近年来人民币对美元汇率的动荡甚至贬值。

在经济基本面较好或相对稳定的情况下，人民币与美元的汇率走势对人民币国际化的影响是非常明显的，两者存在高度的趋势性吻合。2010年至2014年初人民币的持续升值趋势是此间人民币国际化取得快速发展的重要原因之一；而2014年初以后人民币国际化进程相对放缓，也与人民币对美元汇率的走势变得动荡和不确定有关（见图1－8）。

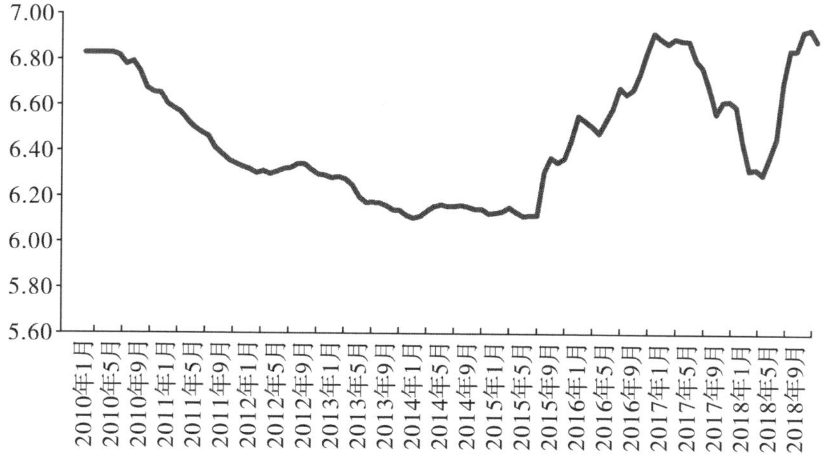

图1－8　人民币对美元汇率走势

资料来源：中国人民银行。

再次，美元进入周期性升值阶段。自1971年布雷顿森林体系崩溃以后，美元步入了一个强弱趋势交替呈现的周期性发展格局。大致来说，每隔15—17年是一个周期。从美元指数的变化趋势可以看出，大约自2013年开始，美元已经进入一个新的周期性上升阶段（见图1－9）。2015年12月16日，美联储在实行长达近十年量化宽松政策之后首次做出了加息的决定，将联邦储备基金利率上调 0.25 个百分点，并开启了加息周期。截至 2018 年 12 月，美联储已经持续加息 9 次，使联邦基金利率上升至 2.5%，并且有可能继续上调。美元利率的逐渐上调趋势，以及美元自身固有的周期性运行特征，导致过去几年美元总体上处于强势地位。

在一定程度上，人民币国际化是一个主权货币的国际竞争过程。当美国等发达国家的货币比较动荡和疲软的时候（譬如，2010—2013 年），如果人民币币值相对稳定甚至稳中有升，那么其国际化是比较容易的。相反，当美元走强时，人民币国际化就有可能受到来自美元的竞争，从而受到一定程度的制约。

图 1-9　美元实际有效汇率

资料来源：美国联邦储备委员会。

最后，初期放松管制政策的效应递减，新的资本管制措施削弱了国际投资者对人民币计值金融资产的持有意愿。自 2009 年 7 月以后，包括取消跨境贸易结算货币的限制、允许“三类外资银行”进入境内银行间债券市场、RQFII 的推出、深圳前海跨境人民币贷款试点，以及上海自贸区特别账户和“沪港通”等金融自由化和便利化措施的实施，为人民币国际化（包括流出渠道和回流机制的建立）的发展提供了重要的制度环境。然而，所有这些措施在推出之初效果比较明显，但经过一段时间后其效应就趋向递减。值得一提的是，自2016年以来，为了防止资本大规模外流，缓解不断增加的人民币贬值压力，监管部门加强了跨境资本流出的限制，其中包括对远期购汇征收20%保证金、对超过500万美元的对外投资从严审批等。这些措施在一定程度上削弱了国际投资者对人民币计值金融资产的持有意愿，从而抑制了人民币的国际化。

三、实现人民币国际化的稳步发展：政策选择

人民币国际化已经走过了近十年的历程。从总体上看，这十年的发展对国内企业和金融机构降低汇率风险、降低境外融资成本，以及一些国内银行推进国际化经营战略等均产生了一定的促进作用。从长远看，人民币国际化对于提升我国宏观经济政策的灵活性、改变不合理的国际货币体系，以及提升人民币在全球金融体系中的作用和地位等，都会产生重要的影响。当然，人民币国际化也意味着，在未来，中国将在全球货币、金融和经济事务中承担更多的国际责任，在开放国内市场、促进全球金融稳定等方面提供更多的公共产品。而在走向更大程度的人民币国际化的过程中，如果出现时机误判或是政策失误，或者国际经济金融形势出现对我国不利的情形，这一进程也可能出现波折，甚至在一定程度上停滞不前。

正因如此，如何巩固已有的成绩，同时积极面对各种挑战，对实现人民币国际化的可持续发展至关重要。为此，我们必须最大限度地做出各种必要的政策努力。

第一，积极推进市场化的经济改革，为经济增长提供新动力，从而为人民币国际化提供根本保障。由于人口结构变化，中国的劳动力供给日趋紧张，人口红利正加速消失；与此同时，国民储蓄水平也将随着人口老龄化时代的到来而逐渐下降。面对劳动力和资本两大要素的供给下降趋势，要想确保经济增长，只有努力提高全要素生产率，以便为经济增长提供新的动力。为此，除了需要加快技术进步之外，还应该加快市场导向的各项经济改革，特别是国有企业改革、财税改革、劳动力市场改革和其他要素市场改革，更多地允许民营资本进入垄断性行业，等等。

自2018年3月以来，美国特朗普政府不断以国家安全为由，利用基于双边主义贸易法案的所谓“301条款”调查结果，以贸易严重不平衡、强迫技术转移、盗窃知识产权和过度国企补贴等为由，不但对华大搞贸易保护主义，对来自中国的进口产品加征关税，甚至还加大了对华为等中国高科技企业的打压和制裁。对此，中国必须理性应对。在积极开展各种“有理、有利、有节”的反制措施的同时，应努力调整经济发展战略，加快推进市场化的国内经济改革，全面扩大对外开放，努力提升经济增长效率，最大限度地化解中美贸易冲突对经济增长的不利影响。

第二，加快技术进步和制造业升级，构建新的贸易优势，为人民币长期稳定创造条件。汇率稳定对人民币国际化具有重要意义。从理论上讲，汇率在短期内取决于跨境资本流动，而在长期内则取决于一国的贸易竞争优势。如前所述，以廉价劳动力作为贸易优势的时代在中国已经一去不复返。为了确保人民币汇率的长期稳定，中国必须加快构建其贸易优势，从而为人民币国际化的持续发展创造条件。为此，应积极利用新一代信息技术革命所带来的重要机遇，以实施“中国制造2025”计划为抓手，加快人工智能、5G、三维（3D）打印、移动互联网、云计算、大数据、生物工程、新能源、新材料等领域的创新与突破，力求在最短的时间内实现我国制造业的升级。

第三，加快金融改革，建立市场化的现代金融体系。首先，人民币国际化的持续发展，需要一个具有高度流动性、规模足够大的国债市场支持。正如我们曾经指出的，美元之所以能够在“二战”后数十年里一直占据主导性国际货币地位，除了其政治、经济、科技乃至军事等综合实力强大外，其高度发达、品种齐全、安全可靠的国债市场发挥了重要作用。而我国的国债市场尽管近年来发展比较快，目前已经成为全球第三大市场，但由于期限较长、流动性相对不足等，仍然难以满足外国投资者（特别是外国中央银行）拥有高流动性人民币金融资产的需要。其次，应加快人民币汇率制度改革，增强其弹性。从长远看，人民币国际化的深度发展（特别是成为主要的国际储备货币）要求资本跨境流动的自由化。而为了避免“三元悖论”引起的货币政策独立性下降，应该加快人民币汇率制度的弹性化改革，使其更多地由外汇市场供求决定。2015年8月11日，关于中间价报价机制的改革具有重要的积极意义，但由于准备不足，之后出现了反复和波折，进一步的改革仍然非常需要。再次，稳步推进资本账户可兑换。这是人民币国际化进一步发展的重要条件。在过去十多年时间里，我国的资本管制已经显著放松。在全部40个资本账户项目下的交易中，目前仅有货币市场工具和衍生产品等4个交易完全不可兑换，其余则是完全可兑换或部分可兑换。毫无疑问，继续扩大可兑换是基本方向，也是人民币国际化得以继续发展的最重要条件之一。

金融改革的推进与金融监管的加强并不矛盾，两者相辅相成。无论是债券市场的发展、汇率制度的改革还是资本账户的可兑换，都必须坚持审慎原则，必须高度重视改革的时机和条件。如果为了促进人民币国际化而不切实际地推进有关自由化改革，特别是过于急切地推进资本账户全面开放，那么很可能最终导致金融动荡甚至危机。而一旦发生危机，人民币国际化的最基本条件——经济稳定增长就可能受到损害，从而在根本上妨碍人民币国际化的继续发展。

我国现阶段还不具备完全开放资本账户的条件（张礼卿，2015），因此，在未来一个时期，人民币国际化可能仍将主要通过离岸金融市场来逐渐推进。只有当国内金融体制的市场化改革基本实现，人民币汇率制度真正实现了有管理的浮动汇率安排，以及有效的金融监管体系基本建立和完善，我国的资本账户才能全面开放。也只有到那个时候，人民币国际化才能主要通过在岸金融市场来实现。

第四，积极推动国际经济和金融合作。一般来说，人民币国际化是一个市场驱动的进程（Market - driven Process）。只要上述条件基本具备，政策选择上不发生明显失误，经过若干年，人民币国际化将水到渠成。在这个过程中，政府的作用主要是积极促成这些条件的形成。不过，从政府层面去积极推动国际经济和金融合作，也有一定的意义。美国当年借助布雷顿森林协议，成功地确立了美元作为各国官方储备货币的地位（因为只有大量持有美元，才能在必要时利用美元进行干预，从而确保本币和美元汇率之间的稳定）。当然，由于时代和环境不同，加上中国的综合实力也还未达到超强的地位，美元国际化的经验不可能简单复制。尽管如此，中国政府也可以有所作为。譬如，积极利用G20等国际经济对话机制，在重大国际经济事务中用好自己的话语权；继续推动国际货币基金组织的治理改革；积极推动亚洲货币金融合作，包括清迈倡议多边化和区域内各国的汇率合作；积极推动亚洲基础设施投资银行的建设和“一带一路”倡议的实施；等等。

四、人民币国际化与“一带一路”倡议

所谓“一带一路”倡议，是指中国政府于2013年提出的区域性经济合作设想。根据这个设想，由中国发起的该区域性合作框架将贯穿亚欧非大陆，将活跃的东亚经济圈、发达的欧洲经济圈，以及腹地广大并且发展潜力巨大的中亚、西亚、南亚和东南亚乃至部分非洲国家联系在一起，通过经济、贸易、金融和文化等领域的全方位合作，实现各国的共同繁荣和发展。

“一带一路”倡议是新时期中国实施对外开放战略的重要举措。在促进区域内各国的经济、贸易和金融发展的同时，也为人民币国际化带来了难得的机遇。同时，“一带一路”倡议实施过程中面临诸多风险，包括地缘政治风险、宗教民族冲突风险、法律法规风险乃至恐怖主义风险等。这些风险不仅会影响到“一带一路”倡议的顺利实施，也会影响人民币国际化在区域内的正常发展。抓住机遇，预防和控制风险，是“一带一路”倡议下人民币国际化战略必须面对的重要课题。

（一）“一带一路”倡议的提出及其积极意义

2013年9月和10月，中国国家主席习近平在出访中亚和东南亚国家期间，先后提出共建“丝绸之路经济带”和“21世纪海上丝绸之路”① 的重大倡议，得到国际社会高度关注。中国国务院总理李克强在参加2013年中国－东盟博览会时强调，铺就面向东盟的海上丝绸之路，打造带动腹地发展的战略支点。2015年3月28日，经国务院授权，国家发展与改革委员会、外交

---

① 丝绸之路是指起始于古代中国，连接亚洲、非洲和欧洲的古代路上商业贸易路线，分为陆上丝绸之路和海上丝绸之路。陆上丝绸之路是连接中国腹地与欧洲诸地的陆上商业贸易通道，形成于公元前2世纪与公元1世纪间，直至16世纪仍保留使用，是一条东方与西方之间进行经济、政治、文化交流的主要道路。海上丝绸之路是古代中国与外国交通贸易和文化交往的海上通道，该路主要以南海为中心，所以又称“南海丝绸之路”。海上丝绸之路形成于秦汉时期，发展于三国至隋朝时期，繁荣于唐宋时期，转变于明清时期，是已知的最为古老的海上航线。

部、商务部联合发布《推动共建丝绸之路经济带和21世纪海上丝绸之路的愿景与行动》，简称“一带一路”倡议。

丝绸之路经济带主要包括三条通道，即中国经中亚、俄罗斯至欧洲（波罗的海）；中国经中亚、西亚至波斯湾、地中海；中国至东南亚、南亚、印度洋。21世纪海上丝绸之路主要包括两条通道，即从中国沿海港口过南海到印度洋，延伸至欧洲；从中国沿海港口过南海到南太平洋。

“一带一路”倡议的具体合作框架是：①陆上依托国际大通道，以沿线中心城市为支撑，以重点经贸产业园区为合作平台，共同打造新亚欧大陆桥、中蒙俄、中国—中亚—西亚、中国—中南半岛等国际经济合作走廊；②海上以重点港口为节点，共同建设通畅、安全、高效的运输大通道；③中巴、孟中印缅两个经济走廊与推进“一带一路”倡议关联紧密，将推动进一步的合作和发展。

“一带一路”倡议的合作重点包括政策沟通、设施联通、贸易畅通、资金融通、民心相通。政策沟通，是指加强政府间合作，积极构建多层次政府间宏观政策沟通交流机制，沿线各国就经济发展战略和对策进行充分交流对接，共同制定推进区域合作的规划和措施。设施联通，是指沿线国家加强基础设施建设规划、技术标准体系的对接，共同推进国际重要通道建设，逐步形成连接亚洲各次区域以及亚欧非之间的基础设施网络。贸易畅通，是指着力实现投资贸易便利化，消除投资和贸易壁垒，积极同沿线国家和地区共同商建自由贸易区。资金融通，是指推进亚洲货币稳定体系、投融资体系和信用体系建设，扩大沿线国家双边本币互换、结算的范围和规模。民心相通，是指“一带一路”倡议的社会根基，包括扩大相互间留学生规模、加强旅游合作等多方面内容。

“一带一路”倡议的实施将遵循五项基本原则。第一，恪守《联合国宪章》的宗旨和原则，遵守和平共处五项原则。第二，坚持开放合作，即“一带一路”的相关国家基于但不限于古代丝绸之路的范围，各国和国际、地区组织均可参与。第三，坚持和谐包容，即尊重各国发展道路和模式的选择，加强不同文明之间的对话，求同存异、兼容并蓄、和平共处、共生共荣。第四，坚持市场运作，即遵循市场规律和国际通行规则。第五，坚持互利共赢，即兼顾各方利益和关切，寻求利益契合点和合作最大公约数。

“一带一路”倡议，涉及东北亚、东南亚、南亚、西亚、北非、独联体、中东欧、中亚等60多个国家、44亿人口，经济总量超过20万亿美元（表1－5）。“一带一路”倡议标志着中国开放型经济进入新的发展阶段。

表1－5　“一带一路”沿线国家名单

区域	国家
东北亚3国	蒙古、日本、韩国
东南亚11国	印度尼西亚、泰国、马来西亚、越南、新加坡、菲律宾、缅甸、柬埔寨、老挝、文莱、东帝汶
南亚8国	印度、巴基斯坦、孟加拉国、斯里兰卡、阿富汗、尼泊尔、马尔代夫、不丹
西亚、北非16国	沙特阿拉伯、阿联酋、阿曼、伊朗、土耳其、以色列、埃及、科威特、伊拉克、卡塔尔、约旦、黎巴嫩、巴林、也门共和国、叙利亚、巴勒斯坦
独联体7国	俄罗斯、乌克兰、白俄罗斯、格鲁吉亚、阿塞拜疆、亚美尼亚、摩尔多瓦
中东欧16国	波兰、罗马尼亚、捷克共和国、斯洛伐克、保加利亚、匈牙利、拉脱维亚、立陶宛、斯洛文尼亚 、爱沙尼亚、克罗地亚、阿尔巴尼亚、塞尔维亚、马其顿、波黑、黑山
中亚5国	哈萨克斯坦、乌兹别克斯坦、土库曼斯坦、吉尔吉斯斯坦、塔吉克斯坦

无论对世界还是中国，“一带一路”倡议都具有重要的意义。首先，应对全球经济增长放慢带来的各种挑战。当今世界正发生复杂深刻的变化，国际金融危机深层次影响继续显现，世界经济缓慢复苏、发展分化，各国面临的发展问题依然严峻。在这样的背景下，“一带一路”倡议主张区域内各国增进交流，加强合作，实现互联互通，共同谋求发展，显然具有重要的意义。

其次，顺应全球经济区域化、多极化发展的需要。当前国际投资贸易格局和多边投资贸易规则酝酿深刻调整：以世界贸易组织为代表的全球经济一体化进程遇到了很大的困难，其他各种区域化进程则在不断涌现和发展，区域化已经在一定程度上替代了全球化。“一带一路”倡议的实施，将促进亚欧非地区的经济合作乃至迈向一体化，因而也是顺应世界经济多极化发展的必然选择。

再次，促进国内经济的全方位开放。过去几十年来，中国的对外开放基本上都是在沿海地区。而在“一带一路”倡议的实施过程中，“东南西北中”都将被包括进去。借助“一带一路”倡议，东北、西北、西南、东南沿海和内陆省份正在构建各种对外开放合作平台，以便参与到这个进程中来。“一带一路”倡议有望促使更多的省份加入到共同致富的进程中来。

最后，有助于中国经济实现再平衡。近年来，中国经济结构性问题非常严重，钢铁、煤炭、建材、光伏环保等部分产业生产过剩问题比较突出。通过加强和亚洲其他地区、欧洲和非洲等国家的互利合作，特别是基础设施建设领域的合作，中国有望在一定程度上缓解当前面临的产能过剩问题，实现经济再平衡。

（二）“一带一路”倡议下人民币国际化面临的新机遇

1. 中国与“一带一路”沿线国家的经贸往来持续扩大

2001 年以来，中国与“一带一路”沿线国家贸易增长迅速，尤其是 2008 年金融危机之后，中国与“一带一路”沿线国家贸易步入快速发展时期。中国商务部公布的数据显示，2014—2017 年，中国与“一带一路”沿线国家贸易额超过 4 万亿美元，年均贸易额约为 1 万亿美元。仅 2017 年，贸易额高达 7.4 万亿元人民币（约合 1.2 万亿美元），与 2016 年相比，增长约 17.8%。同期，中国对“一带一路”沿线国家的外国直接投资已达 600 亿美元，年均增长 33%。以此同时，中国也接受了许多沿线国家在华新设立公司，2017 年共计有 3800 家公司成立，增长了 33%。另外，根据国家发展改革委发布的报告，中国已与 88 个国家和国际组织签署了 103 个合作文件。2017 年 5 月“一带一路”峰会宣布的举措或计划大约 90% 已经启动。

2. 人民币跨境贸易计价结算有望继续扩大

由于中国与“一带一路”沿线国家的经贸和投资合作不断扩大，人民币作为贸易计价货币在沿线国家也将获得越来越多的认可。人民币作为计价货币有利于降低“一带一路”沿线国家和地区对华贸易成本，便利贸易结算，同时也规避了双边贸易使用第三方货币带来的风险。特别是，有利于在大宗商品贸易领域开展人民币计价结算。另外，中国与“一带一路”沿线国家的跨境电商发展很快，也有利于跨境电子商务中使用人民币支付。

3. 人民币有可能成为最常用的基础设施投融资货币之一

“一带一路”倡议不仅能够为中国与沿线国家商品流通与金融合作提供良好的基础设施条件，也将为人民币国际化创造越来越多的投融资机遇。一是海上丝绸之路沿线国家的海路贸易通道建设是海上丝绸之路建设的基础领域，主要包括对沿路的贸易港口和交通干线进行投资，提高港口的吞吐能力和交通干线的物流运输能力，这将为人民币国际化投融资创造机遇。二是陆上丝绸之路经济带的交通设施和贸易通道建设以及海上丝绸之路的陆路贸易通道建设，将需要大规模的投资和人民币投融资业务。三是沿线国家的内陆港、空港、海港城市与经济中心城市的互联互通将产生大规模的人民币国际化投融资业务。四是沿线国家的交通枢纽城市、经济中心城市与经济腹地、欠发达地区之间的互联互通需要大量的基础设施投资。五是沿线国家与非沿线国家之间的互联互通所需的基础设施投资，也创造了人民币国际化投融资的机会。

据亚洲开发银行估计，2010—2020 年亚洲基础设施投资资金需要将达到 8 万亿美元。中国拥有比较高的基础设施建设水平和比较高的储蓄率，有条件成为“一带一路”基础设施融资体系的组织者和重要的资金供应方。2015 年，中国在沿线 60 多个国家中的 49 个国家投资金额共计 150 亿美元，同比增长 18%。截至 2015 年底，中国已与沿线的 60 个国家签订了 3987 个基础设施共建合作协议，包括高铁、港口、机场以及道路，涉及资金总额 926 亿美元。人民币在沿线国家基础设施建设中参与度的不断提高，将推动人民币成为最常用的基础设施投融资货币之一。另外，截至 2018 年 5 月，亚洲基础设施投资银行成员国已达 86 个，其中绝大多数国家为“一带一路”沿线国家。“丝路基金”已为 19 个项目签署了投资协议，投资额达 70 亿美元。

4. 境内金融机构的国际化经营和人民币业务将获得更大的发展空间

第一，“一带一路”沿线的俄罗斯、中亚等许多地区都是世界重要的能源输出地。从全球石油、天然气储量分布来看，“一带一路”国家分别占比近60%和80%；全球石油储量52%集中在沙特阿拉伯、伊朗、伊拉克、俄罗斯、科威特5国，天然气储量66%集中在伊朗、俄罗斯、卡塔尔、土库曼斯坦、沙特阿拉伯、阿联酋6国。而中国是主要的能源消费市场，围绕国际能源贸易以及油气战略通道的建设，为扩大人民币的国际支付提供了广阔的空间。第二，“一带一路”建设为中国向外输出优质富余产能，实现沿线国家共同富裕提供了可能，而中国本土企业“走出去”和沿线国家企业进行对接势必产生更多的融资需求。这些融资需求，可以通过境内金融机构向沿线国家提供人民币贷款和投资等方式加以满足。中国不断发展和开放的债券和股票市场，也可以为沿线国家符合条件的企业和机构发行人民币计值债券、进入中国筹集股权资金创造条件。第三，亚洲基础设施投资银行、丝路基金、中国－东盟投资合作基金、中国－东盟海上合作基金、中国－欧亚经济合作基金、亚洲区域合作专项基金、中国－中欧基金等七大资金平台为“一带一路”建设提供融资支持的同时，也将为人民币的境外计价、支付和结算等提供更多和更为有效的平台。

表1－6　“一带一路”的七大资金平台

平台	性质或宗旨
亚洲基础设施投资银行	由57个创始成员国共同成立的政府间性质的亚洲区域多边开发机构，旨在促进亚洲区域建设互联互通化和经济一体化的进程，并且加强中国及其他亚洲国家和地区之间的合作
丝路基金	由中国外汇储备、中国投资有限责任公司、中国进出口银行、国家开发银行共同出资成立的中长期开发投资基金，重点是在“一带一路”发展进程中寻找投资机会并提供相应的投融资服务
中国－东盟投资合作基金	由中国进出口银行连同国内外多家投资机构共同出资成立，主要投资于东盟地区的基础设施、能源和自然资源等领域，促进中国和东盟十国的经贸关系和战略合作，通过推动“商业成功和社会影响力结合”的投资项目来支持该地区的可持续发展，并承担推动中国与新兴市场开展“南南合作”和中国企业“走出去”的窗口作用，努力成为负责任、受尊敬的中国投资人

（续表）

平台	性质或宗旨
中国－东盟海上合作基金	由中国设立的开拓双方海上务实合作的基金，旨在开拓双方海上务实合作，积累政治互信。一是推动落实《南海各方行为宣言》（DOC）的示范基金；二是实现东亚海上互联互通的网络典范；三是建立区域海上安全合作机制的先行探索；四是培养地区涉海人才的重要研究平台
中国－欧亚经济合作基金	由中国进出口银行作为主要发起人出资设立，是“政府指导，市场化运作”的私募股权投资基金，通过股权或准股权方式，投资于上合组织成员国、观察员国和对话伙伴国域内的基础设施、能源资源及加工、物流、信息技术、制造业、农业等行业，深化上合组织区域内经济合作，推动丝绸之路经济带建设，提升我国与欧亚区域内国家经济合作水平
亚洲区域合作专项基金	由中国中央财政设立的专项资金，由财政部统一管理，主要用于资助我国或与亚洲区域组织共同组织的、以亚洲国家为主的区域合作机制下具有政府推动行为的多边合作项目，以及有亚洲区域成员参与的亚洲区域合作的专题研究
中国－中欧基金	中欧双方共同建立的共同投资基金，主要对接中国“一带一路”合作倡议和欧洲投资计划

资料来源：作者整理。

5. 沿线国家官方外汇储备资产中人民币的占比有可能逐步提高

货币国际化的进程分为三步，首先是成为结算货币，进而成为投资货币，最后成为储备货币。当前，人民币的储备职能尚处于初期阶段，但基于中国经济强劲的增长势头和人民币的良好声誉，人民币正逐渐被其他国家和地区的央行所接受，它已被视为一种事实上的储备货币，并且已稳步走在成为官方储备货币的路上。许多“一带一路”沿线国家和地区已选择将人民币资产作为该国的储备资产。人民币成为储备货币主要有三条途径：一是外国央行与中国人民银行签订购买人民币金融资产的投资协议；二是外国银行通过人民币离岸债券市场投资人民币资产；三是通过 QFII 渠道进行人民币储备投资。据不完全统计，截至 2017 年末，境外中央银行或货币当局在境内外持有债券、股票和存款等人民币资产余额约7724亿元（约折合1226亿美元）。随着“一带一路”倡议的深入推进，将有更多的沿线国家和地区开始选择人民币资产作为本国的储备资产。

6. 人民币离岸市场有望获得更大的发展

随着中国第一大贸易国地位的确立，大量国际企业开始把人民币纳入其资金负债管理与风险管理体系。尤其在人民币币值长期稳定和中国经济持续增长的预期下，离岸人民币投融资需求迅猛增长。目前，人民币离岸市场主要集中在中国香港、新加坡等亚洲地区，随着“一带一路”的推进，资本流动和金融需求必将推动欧洲、中亚、南亚、中东地区出现人民币离岸市场，这有利于形成人民币使用便捷的网络效应。

7. 人民币在全球金融安全网中的地位和作用将会得到增强

随着与“一带一路”沿线国家经贸往来的进一步密切，中国与沿线国家货币互换的需求越来越大。货币互换作为全球金融安全网的一个组成部分，将消除他国对人民币贬值的担心，提高他国对人民币稳定的信心。通过货币互换协定，未来双边贸易就不再通过美元计价，从而免去了兑换美元的中介费用，有利于互换国双方直接的贸易往来，有利于加强两国贸易的发展。截至2017年底，中国人民银行与32个国家和地区的中央银行或货币当局签署了总规模为3.2万亿元的货币互换协议，涉及“一带一路”沿线国家和地区的有22个，规模达到1.4万亿元。

（三）“一带一路”倡议实施过程中的风险及人民币国际化的应对策略

1. “一带一路”倡议实施过程中的风险

第一，沿线国家地缘政治风险问题突出。就其本质而言，地缘政治乃国家间缘于地理条件或地理因素而进行的政治互动，以及由此形成的政治关系。“一带一路”贯穿欧亚大陆，东连亚太经济圈，西接欧洲经济圈，涵盖政治、经济、外交、安全等诸多领域，涉及亚欧非60多个国家。它的实施不可避免地会对地区乃至全球各国基于地理因素的政治关系产生深刻的影响，并蕴含着很多值得我们高度重视的地缘政治挑战和风险。这里简要列出“一带一路”沿线国家所存在的地缘政治冲突。一是伊朗核危机，涉及伊朗、美国、欧盟、中国和俄罗斯；二是叙利亚危机，涉及叙利亚、美国、欧盟、中国和俄罗斯；三是中国南海争端，涉及中国、日本、菲律宾、越南和美国；四是中国台湾问题，涉及中国和美国；五是朝鲜半岛安全问题，涉及朝鲜、中国、美国、日本、韩国和俄罗斯；六是印度半岛安全问题，涉及印度、巴基斯坦、中国和美国；七是俄罗斯与乌克兰、格鲁吉亚矛盾，涉及俄罗斯、乌克兰、格鲁吉亚和美国；八是北约东扩与俄罗斯利益冲突，涉及北约、俄罗斯和美国。

第二，沿线国家宗教民族问题错综复杂。由于历史和现实的因素，“一带一路”国家处于东西方多个文明交汇的地区，不同宗教的矛盾与冲突，不同民族与种族的矛盾与冲突，呈现易突发、多样性、复杂化、长期化的特点，某一特定事件的爆发可能对周边国家乃至多个国家产生较强的国家风险外溢效应。尤其值得关注的是，中东地区民族众多，而且是伊斯兰教、基督教和犹太教的发祥地，错综复杂的民族、宗教、教派结构致使中东地区成为全球宗教民族冲突的高发地区，进一步加剧了该地区的政治风险。

第三，一些沿线国家的经济金融风险居高不下。大多数“一带一路”沿线国家属新兴市场和发展中国家，经济发展水平相对较低，增长的波动性较大，金融稳定性较差。2009 年第二季度以来，以“金砖四国”为代表的新兴市场内部需求受金融危机冲击相对较小，经济快速反弹并领先于发达经济体实现经济复苏，为降低全球经济的衰退程度做出了巨大贡献。但是，2013 年美联储释放了加息信号，拉开了新兴市场国家金融动荡和经济增速放缓的序幕。对于“一带一路”沿线新兴市场国家来说，在自身经济脆弱性、国内政治动荡及对美联储加息预期的叠加影响下，大部分国家出现了多轮资本大幅外流，经济增长趋势分化加剧，金融市场出现剧烈波动。经常账户逆差高、财政赤字大、大宗商品出口占比高，以及国内政权不稳定的新兴市场经济体大多面临着显著的经济金融风险。

第四，基础设施投入的回报率难以保证。“一带一路”沿线发展中国家确实存在建设基础设施的需求，但其中不少需求属于有建设愿望、无支付能力的需求。一般而言，基础设施建设投资规模大、回报周期长，民营企业往往缺乏投资热情。在难以保证政策稳定性和投资者利益的高风险国家，情况更是如此。在“一带一路”沿线许多发展中国家，基础设施的投资资金通常来源于政府，然而，这些国家的政府却长期处于较为严重的财政赤字状态。因此，如何保证投资项目的收益是“一带一路”基础设施建设过程中尤为值得重视的问题。

第五，大国博弈对沿线国家和地区参与“一带一路”的制约。“一带一路”沿线部分国家和地区是多个双边合作组织的成员，这些组织由不同的大国领导。中国发起的“一带一路”倡议会触动已有区域组织中的大国利益，在大国的争夺下，沿线小国参与“一带一路”的立场存在不确定性。尽管不少国家表示愿意与中国共建“一带一路”，但这种表达能否转化为真正的行动仍有待观察。

2.“一带一路”倡议下人民币国际化的应对策略

第一，加强对“一带一路”沿线国家和地区的国家风险研究和监测。由于“一带一路”沿线国家和地区面临较多的风险，包括地缘政治风险、宗教民族问题、区域经济金融风险等，加强对这些国家的风险研究和监测，对于“一带一路”倡议的实施，以及在沿线国家拓展人民币国际化业务，均具有非常重要的意义。

第二，分阶段在沿线国家鼓励和发展人民币业务。人民币国际化是一个长期过程，需要十年甚至数十年才能取得显著成效。因此，在“一带一路”沿线国家开展人民币业务时必须分阶段推进。第一阶段可以俄罗斯、巴基斯坦和中亚国家为主，重点关注人民币业务在基础设施投资领域的合作机会；第二阶段可重点推进与南亚、波斯湾国家在自由贸易区和产业园区建设方面的合作，同时有序扩大人民币业务在这些合作中的使用机会；第三阶段逐步覆盖西亚地区，向欧洲延伸，并相应扩大在这些国家和地区的人民币使用机会。

第三，建立区域金融合作机制，加强各国之间的金融联系。当前“一带一路”区域内金融合作水平低、范围小，金融需求迫切但金融支持不足。中国应与“一带一路”沿线国家在国家层面建立区域性金融合作框架，从而为企业和其他微观经济主体在这些国家开展人民币业务创造良好的环境条件。

第四，加快金融体制改革步伐，为人民币国际化的顺利发展积极创造条件。深化国内金融体制改革，加大金融产品创新，完善人民币汇率定价机制，稳步推进资本账户可兑换，加强金融基础设施建设，包括支付结算体系、信用评级制度、金融市场监管以及高端人才培养等，为人民币国际化在沿线国家的扩大和深化做好准备。

第五，保持人民币汇率相对稳定。当前，国际经济仍处于缓慢的恢复与发展阶段，不少国家都采取了宽松的货币政策，主要货币之间的汇率变动也比较大。保持人民币汇率的相对稳定，对于更好地实施“走出去”战略，提升和扩大人民币在区域内的使用机会，具有重要意义。

第六，鼓励人民币离岸市场的发展，推动国际债券市场的开放和合作。积极鼓励在具备条件的“一带一路”沿线国家建立人民币离岸市场，丰富人民币离岸市场金融产品的种类，扩大人民币合格境外投资者的业务范围。继续保持香港在亚洲地区人民币离岸债券市场的重要地位，加强香港离岸人民币债券市场服务对“一带一路”沿线国家的覆盖，同时加强香港离岸人民币债券市场与其他人民币债券市场的联系，提高市场的流动性，提升人民币的国际吸引力。

第二章　离岸人民币市场的发展历程和特点

建立并发展离岸人民币市场是推动人民币国际化的最重要措施。通过跨境贸易、直接投资、本币互换和个人携带四种跨境人民币流动渠道，形成了境外人民币资金池，也为离岸人民币市场的发展奠定了基础。因此，随着2009年以来人民币跨境贸易结算试点工作的逐步展开，香港、新加坡、伦敦等离岸人民币市场快速发展，其中，香港依托独特优势成为目前结构最完整、产品最丰富和规模最大的离岸人民币市场。中国近年来持续推进金融自由化进程，但由于现阶段基础较为薄弱，在推进改革的过程中还需要采取必要的政策手段来控制市场，防范风险。因而，离岸人民币市场的发展也离不开政策手段的干预和配合。但是长远来看，市场化的力量将在离岸人民币市场的发展中逐渐成为主导。

一、离岸人民币市场的建立背景

随着中国经济实力和人民币地位的提高，建立和发展离岸人民币金融市场对推进人民币国际化和我国国内金融体制改革具有重要的里程碑意义。我国的人民币国际化是在资本账户还没有完全开放的前提下进行的，采取跨境贸易人民币结算与离岸人民币市场发展相结合的形式来推动的人民币国际化。由此可见，离岸人民币市场的发展是和我国人民币国际化道路紧密联系在一起的。

一方面，经历了2007年美国次贷危机和2010年欧债危机，全球经济力量对比发生了深刻变化。以美国为代表的发达国家经济发展出现低迷甚至衰退迹象，发达国家的经济总量在全球经济中的比重以及对全球经济发展的影响力正在下降。而在2008年全球金融危机之后，中国成为全球最大的出口国、第二大贸易国和第二大经济体（GDP占全球经济比重在15%左右，贸易份额亦达12%），同时也连续九年保持全球货物贸易第一大出口国和第二大进口国的地位。即使2012年中国经济受美国经济放缓和欧债危机的双重影响，经济增长出现滑坡迹象，但经济增速仍保持在较高水平。2017年我国全年GDP增长6.9%，对外贸易增长14.2%，明显高于发达国家以及其他新兴经济体的经济增长速度，并远远高于全球平均增长水平。另一方面，多年稳定的经济高增长使我国累积起巨额外汇储备。2003年以来，我国外汇储备加速攀升，到2006年2月，我国超过日本成为全球外汇储备最多的国家。2006年底我国外汇储备突破万亿美元大关，这也是一件具有里程碑意义的大事件。截至2018年6月，我国外汇储备余额累计达3.11万亿美元，如何实现巨额外汇储备的有效管理，也是十多年来中国持续探索的重要问题。居于主导的巨额美元政府债券，不仅投资收益率低，而且面临着因美元贬值带来的严重损失，国际资本市场的风吹草动即会导致我国外汇储备数十亿美元的损失。2007年美国次贷危机和2010年的欧债危机，也让中国政府愈发深刻地认识到在国际贸易、资本流动和外汇储备中过度依赖美元、欧元等国际货币具有极大的风险。

在这一背景下，2009年4月我国开始试行人民币跨境贸易结算来推动人民币国际化进程。在当前地缘经济时代，中国以上海合作组织、金砖国家、东盟“10+3”、拉美以及非盟等多个经济体或经济区域为突破口，通过区域贸易和双边贸易合作等方式，使人民币跨境贸易性结算功能不断强化。事实上，自2004年2月24日起，香港银行业已开始提供人民币个人业务，香港离岸人民币中心（The Off-shore CNY Market in Hong Kong，简称CNH）逐步形成。2004年末，在我国周边接壤国家和我国港澳地区人民币现金的滞留量约为216亿元，占我国当年现金流通量（21468亿元）的1%。2007年7月，香港推出人民币境外的实时支付结算系统（RTGS）。2009年以来，随着人民币跨境贸易结算试点工作的逐步展开，香港、新加坡、伦敦等离岸人民币市场快速发展，人民币计价金融产品逐步丰富，东亚人民币区域性合作成效显著。特别是，香港金融机构推出了人民币计价的存款证、证券产品、基金、保险、黄金、外汇交易、贸易融资等金融产品，受到了投资机构和个人的欢迎。同时，香港的人民币通过人民币直接投资、境外人民币清算行等三类机构投资银行间债券市场、RQFII 投资债券市场和股票市场等渠道有序回流。此后，人民币跨境贸易结算规模在 2010—2015 年间迅猛增长，2016—2017 年有所回落。2017 年，人民币跨境贸易结算业务量为 4.36 万亿元；人民币对外直接投资和人民币外商直接投资分别为 4568.8 亿元和 11800 亿元，与人民币跨境贸易结算量变化趋势基本一致。2011 年 6 月，香港财资市场公会推出离岸人民币兑美元即期汇率定盘价，为离岸市场的人民币产品定价提供参考汇率。2011 年 8 月，国家“十二五”规划明确提出支持香港发展成为离岸人民币业务中心和资产管理中心，并提出八项政策措施，为全面建设香港人民币离岸市场提供了政策基础。2014 年 11 月 17 日，“沪港通”的开通为在岸、离岸人民币流通开辟了重要渠道。2016 年 12 月 5 日，“深港通”也正式启动，进一步推动人民币国际化进程。截至 2017 年底，人民币国际支付的全球市场份额为 1.61%，排名第五，其中中国香港所占比例为 75%。随着香港离岸人民币规模的增长以及离岸人民币市场结构的日趋完善，离岸人民币跨境流通以及离岸人民币市场活动的影响也在逐步扩大。与香港相同，新加坡也是最早的人民币离岸中心，发展相对成熟。与此同时，近年来伦敦、巴黎、纽约、悉尼以及台湾等地纷纷大力开展人民币离岸业务，争做人民币结算中心。其中，伦敦的优势最为突出，发展势头也最为迅猛，2013 年就超越了新加坡，成为全球第二大离岸人民币中心。

上述背景表明，离岸金融是一种创新的金融制度形式，在货币国际化进程中，离岸货币以及离岸金融市场的存在起了很大的推动作用。一国货币在境外流通成为国际货币之后，在国际市场交易以及国际贸易需求中自然而然就形成了该国际货币的离岸交易中心，如欧洲美元市场、欧洲日元市场等。然而历史经验也表明，离岸金融会对货币发行国境内货币政策造成不同程度的冲击，具体表现为：一方面，货币离岸交易中心的发展会增加发行国货币供给调控的难度，使中央银行保持货币政策的独立性和稳定性受到威胁和挑战。由于大量的本币在国外交易和流通，他们会通过跨境的离岸银行等机构实现资本的流出流入，增加发行国央行对存量货币进行监测和统计的难度，从而对发行国的货币供给产生影响，扰乱该国的在岸市场货币政策的调控预期，使央行损失货币政策的独立性。另一方面，离岸金融机构的司法管辖权、成本收益结构以及监管要求和在岸金融机构均有所不同，离岸金融机构没有存款准备金的约束，离岸市场的信贷扩张可能会通过国际金融市场间的密切关联而影响在岸市场上的信贷规模，进而影响到一国的货币总量，这同样会使央行损失货币政策的独立性。

目前，离岸人民币市场发展尚处于起步阶段，市场规模较小，人民币资金的跨境双向流动仍存在一定限制且处于央行的密切监测下，因此离岸市场对我国货币政策的影响仍有限，但却不容忽视。因为随着离岸市场的不断拓展，其影响必然不断扩大。同时，离岸人民币市场类似于欧洲美元市场的运行机制，决定了离岸人民币市场自身的存款创造并不会直接影响境内的货币总量，但资金频繁的跨境流动会提高货币流通速度，从而增加货币政策调控的复杂性。

特别是自 2009 年以来，人民币国际化开始成规模地实践操作并取得重要进展。2016 年 9 月，国际清算银行（BIS）公布三年度中央银行调查，人民币在全球外汇交易中的占比增长一倍，达 2020 亿美元，已成为全球排名第八位的外汇交易货币和交易最活跃的新兴市场货币。2016 年 10 月 1 日，人民币正式获准纳入国际货币基金组织（IMF）特别提款权（SDR）货币篮子，并以 10.92% 的第三大权重，与美元、欧元、英镑和日元共同构成国际货币体系的主要支柱。加入 SDR 是中国经济融入世界货币金融体系的重要里程碑，意味着国际社会对中国金融市场开放以及金融体系改革的高度肯定。2018 年 3 月，根据环球同业银行金融电信协会（SWIFT）的统计，人民币在国际支付市场的占比环比上涨 0.6 个百分点至 1.62%，成为全球排名第六位的支付货币和排名第二位的贸易融资货币。依托以上的发展机遇及“沪港通”和“深港通”形成的大型共同市场，香港离岸市场将面临三个方面的转变：第一，离岸市场的发展动力由主要依靠人民币升值预期和境内外套利交易等，转向发展丰富和深层次的金融产品，提供更多与人民币全球配置和跨境流动相适应的市场工具和管理手段；第二，在内地经济金融体系面临转型压力时，香港可以成为内地转型与经济金融结构调整的风险管理中心；第三，在金融市场开放逐步提高之后，香港市场将不仅仅是一个活跃的投资目的地市场，也正在成为一个活跃的门户市场。因此，香港离岸市场发展的着眼点将从前一阶段的规模扩张转向巩固市场的深度和有效性，通过建立更为有效、合理的在岸、离岸人民币市场定价基准，改变人民币定价体系分割的现状，保持在岸和离岸市场合理的价格差异，同时为内地资金进行国际化配置，以及国际资本进入内地资本市场投资提供良好的基础设施和平台。

但是，自2015年下半年以来，香港离岸人民币市场进入了调整期，出现以下几个方面的变化。其一是离岸人民币业务量持续收缩。2015年，香港市场的人民币存款余额首次出现同比萎缩15.2%。2016年以来，资金池继续收缩。截至2016年8月，人民币存款余额为6529亿元，较2015年底下跌23.3%；而人民币存款在总存款的占比也从2015年底的9.4%跌至6.7%。2015年的“点心债”发行额为750亿元，同比萎缩61.9%。2016年前8个月，“点心债”发行额只有221亿元，同比萎缩63.8%。其二是市场波动性上升。由于美元加息预期挥之不去，人民币汇率持续面临贬值压力，离岸市场人民币汇率波动幅度持续放大，截至2016年9月底，离岸人民币兑美元贬值约1.6%。离岸人民币市场的同业拆息亦出现大幅度波动。2016年春节后香港人民币拆息持续下降，大多数时间隔夜拆息不到2厘，甚至在个别时间段出现负利率。从2016年9月8日起，受远期交易到期交割等技术性因素及季节性因素的影响，部分资金集中流向内地，同业拆息大幅飙升，9月19日，隔夜拆息定盘价为23.68厘，1周拆息12.45厘，1个月拆息7.72厘，3个月拆息5.86厘，升至2016年1月12日以来最高水平。2018年7月，中国银行发布了2018年第一季度离岸人民币指数（ORI），这一指数主要反映离岸人民币市场的发展状况和人民币国际化水平。如图2－1所示，从2017年初开始至2018年第一季度，离岸人民币指数一直处于平稳上升的状态，但是上升幅度有限，只有0.1个百分点左右。在2018年第一季度，离岸市场人民币存款规模小幅回落，贷款及融资活动回暖，“点心债”市场发行活动增长，余额企稳回升。2018年6月开始，由于人民币面临美元走强、中美贸易摩擦等不利的外部环境及央行降准的内部政策，离岸人民币汇率持续大幅度下跌，并且屡创年内新低，也对香港离岸市场的发展形成了新的挑战。

在此背景之下，虽然推进人民币国际化和发展香港离岸市场的总体方向不变，但决策层也开始面对由于离岸市场发展可能导致的风险：①离岸市场发展是否会对境内货币供应量造成重大冲击，进而对货币政策效果产生冲击？②在岸与离岸市场之间利率（尤其是人民币债券利率和贷款利率）的差异是

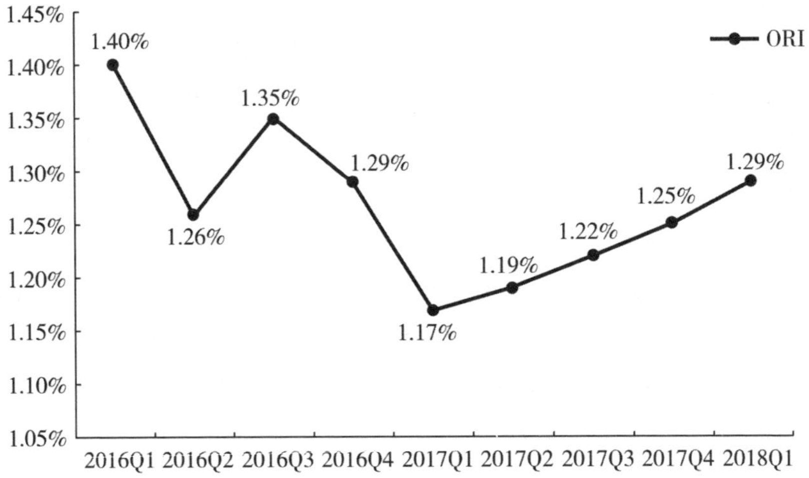

图 2－1　中国银行离岸人民币指数（ORI）

资料来源：中国银行官方网站。

否会导致资金大规模异常流动，从而影响境内金融市场的稳定？③境内人民币汇率（CNY）市场与离岸人民币汇率（CNH）市场之间汇率差异是否会导致大规模资金异常流动，从而冲击境内金融市场的稳定？如何识别、评估和应对这些风险，将会在相当程度上决定今后几年人民币离岸市场发展的速度、方向和效果。

基于以上背景，推动人民币离岸市场建设，加快在岸金融市场开放，处理好在岸与离岸资本流动的关系，已成为金融改革的重要课题。特别是，离岸人民币交易、跨境流通及其对货币发行国境内货币政策的影响越来越引起我国货币当局、学界及世界金融界的广泛关注。因此，需要从定性和定量的角度分析离岸人民币及其跨境流通对人民币在岸金融市场及我国中央银行货币政策调控的影响。

二、香港离岸市场的发展历程

离岸人民币市场主要包括香港、新加坡、伦敦、台湾等地和澳大利亚离岸市场。作为最早成立的人民币离岸中心，香港离岸市场发展相对成熟，超过 60% 的海外人民币业务都在香港离岸市场进行。

1993 年 5 月 26 日，中国人民银行与越南国家银行签署《关于结算与合作的协定》，建立了边境贸易双边本币结算安排，标志着跨境人民币清算安排的开始。之后，双边本币结算安排扩展到俄罗斯等其他周边国。1997 年香港回归后，香港离岸市场成为我国离岸金融业务发展的主要区域。2003 年 6 月 29 日，我国中央政府与香港特区政府在香港签订的《内地与香港关于建立更紧密经贸关系的安排》使内地与香港的经济贸易联系更加紧密，两岸资金能更加便利地互相流动。2003 年 12 月 24 日，中国人民银行授权中银（香港）成为香港人民币清算行，开始在香港提供人民币清算业务。离岸人民币个人业务在香港的出现也被认为是香港人民币离岸业务发展的开端。

2004 年 1 月 1 日，《内地与香港关于建立更紧密经贸关系的安排》正式实施，香港银行开始为当地居民提供人民币存款服务，开创了人民币离岸使用的先河。2004 年 2 月 25 日，香港持牌银行开始提供人民币个人业务，并可以进行每人每天不超过等值 2 万元人民币的兑换。2005 年 11 月 1 日，扩大了香港个人人民币业务的范围，并将个人现钞汇兑上限提高。2005 年 12 月 4 日，中国人民银行发布的《扩大内地与香港人民币业务补充规定》，提高香港汇入境内的人民币金额上限，取消香港银行发行个人人民币银行卡的信用额度限制。2007 年 1 月 10 日，中国政府同意内地机构在香港发行人民币计价的金融债券，中国人民银行并为此制定了《境内金融机构赴香港特别行政区发行人民币债券管理暂行办法》。2007 年 7 月香港推出了人民币实时支付结算系统（RTGS），能够实现人民币、港币、美元和欧元的实时结算。2009 年 1 月 20 日，中国人民银行与香港金融管理局签署 2000 亿元人民币货币互换协议，以提高香港离岸市场上人民币的流动性。2009 年 4 月 8 日，国务院常务会议决定，在上海市和广东省内四城市开展跨境贸易人民币结算试点，为境外人民币业务的发展奠定了市场基础，从此香港离岸人民币市场成为中国境外人民币业务发展的重点地区。2010 年 2 月，香港金融管理局颁布《香港人民币业务的监管原则及操作安排的诠释》，扩展香港人民币银行业务的范畴，并允许内地非金融机构在香港发放人民币债券。2010 年 6 月 22 日，中国人民银行宣布跨境贸易人民币结算试点范围扩大至北京、天津、内蒙古、辽宁、上海、江苏、浙江等 20 个省、自治区、直辖市，试点业务范围涵盖跨境货物贸易、服务贸易和经常项目人民币结算。2010 年 7 月中国人民银行与香港金融管理局就扩大人民币贸易结算安排签订了补充合作备忘录，汇丰控股、渣打、恒生、中信银行等国际银行成为首批推出人民币存款的香港银行，为客户提供高于港元近乎零的利率并享受人民币升值收益。2010 年 8 月 16 日，中国人民银行发布《关于境外人民币清算行等三类机构运用人民币投资银行间债券市场试点有关事宜的通知》，标志着离岸人民币资金回流机制建设正式起步。

2011 年 1 月《境外直接投资人民币结算试点管理办法》发布，允许境内试点企业以人民币开展境外直接投资，为人民币境外使用创造了更广阔的天地。2011 年 8 月 17 日，在香港召开的“国家‘十二五’规划与两地经贸金融合作发展论坛”上，时任国务院副总理的李克强提出大力发展香港离岸人民币业务的八项措施，被视为全面建设离岸人民币市场的开端。2012 年 12 月 27 日，深圳前海跨境人民币贷款业务启动，在前海注册成立并在前海实际经营或投资的企业可以从香港经营人民币业务的银行借入人民币资金，并通过深圳市的银行业金融机构办理资金结算。2013 年 6 月 27 日，香港发布人民币香港银行同业拆息定价，为离岸市场的人民币贷款业务提供定价参考。2013 年 7 月 25 日，香港金融管理局宣布推出两项优化离岸人民币流动资金的措施，加设翌日（T+1）和即日（T+0）交收的 1 天流动性资金，预期即日交收的资金总额不超过 100 亿元人民币。这意味着，由香港金融管理局提供的离岸人民币流动性机制，正式迈入“T+0”时代。2014 年 4 月 10 日，中国证券监督管理委员会、香港证券及期货事务监察委员会决定批准上海证券交易所、香港联合交易所有限公司、中国证券登记结算有限责任公司、香港中央结算有限公司正式启动沪港股票交易互联互通机制试点（简称“沪港通”）。2014 年 11 月 7 日，香港宣布取消居民每日每人兑换两万元人民币限额的规定以便香港居民参与“沪港通”及其他人民币交易。2014 年 11 月 10 日香港证券及期货事务监察委员会发布《中国证券监督管理委员会、香港证券及期货事务监察委员会联合公告》，公告指出，“沪港通”下的股票交易将于 2014 年 11 月 17 日开始。“沪港通”的正式开通进一步促进了内地与香港资本市场的双向开放。2014 年 11 月 27 日，中国人民银行与香港金融管理局续签规模为 4000 亿元人民币（5050 亿港币）的双边本币互换协议。2015 年 7 月 1 日，内地与香港基金互认正式实施，内地与香港基金互认初期投资额度是指资金进出各等值 3000 亿元人民币。基金互认开辟了两地投资者证券市场投资新通道，是集体投资类证券投资开放的第一步。2014 年 12 月，中国人民银行发布银发〔2014〕387 号文，规定将境外金融机构在境内金融机构存放纳入存款准备金交付范围，存款准备金率暂定为零。2016 年 1 月 25 日，人民银行对境外金融机构在境内金融机构存放执行正常存款准备金率政策。境外金融机构不包括境外央行（货币当局）和其他官方储备管理机构、国际金融组织、主权财富基金等境外央行类机构。2016 年 2 月 24 日，人民银行发布了 2016 年 3 号公告，进一步放开境外机构投资者投资我国银行间债券市场的范围，取消额度限制，简化管理流程，境外依法注册成立的商业银行、保险公司、证券公司、基金管理公司及其他资产管理机构等各类金融机构发行的投资产品，以及养老基金、慈善基金、捐赠基金等央行认可的其他中长期机构投资者，均可投资银行间债券市场，基本放开所有类型境外机构的准入。此外，2016 年 3 月 12 日，时任中国人民银行副行长易纲在十二届全国人大四次会议上强势表态，人民币国际化、支持香港离岸人民币市场发展的政策依旧在贯彻执行。2017 年 4 月 10 日，港交所推出我国财政部五年期国债期货合约，这也是全球首只对离岸投资者开放的在岸利率产品，与内地合约在设计上存在一定差异，其中最大的区别在于交割方式。这一产品是以中国国债为基准进行定价的，为国际投资者投资境内债市提供了利率对冲的工具，同时加大境外市场和境内市场的联动，能够满足国际投资者与日俱增的风险管理需求。2017 年 4 月 11 日，中国银行在境外成功完成 30 亿美元等值债券发行定价，募集资金将主要用于“一带一路”建设相关信贷项目。其中，约翰内斯堡分行的人民币债券是非洲首支离岸人民币债券。这也成为中国银行市场融资业务的重要突破，也是近一年来离岸人民币债券发行市场破冰式的标志性交易。

香港离岸人民币市场的发展历程见表 2－1。由表 2－1 列出的香港离岸市场大事记可以看出，2010 年 8 月至 2011 年 8 月我国内地、香港的一系列政策让离岸人民币资金回流机制开始建立且不断完善，中国开始全面建设离岸人民币市场，种种政策让境外投资者能更安心地持有人民币资产。香港市场人民币存款的第二个爆发式增长出现在 2013 年 6 月至 2014 年 5 月，上海银行间同业拆放利率（Shibor）的推出和“沪港通”的启动让香港离岸市场越来越活跃。

表2-1　香港离岸市场大事记

时间	事件	意义
1993年3月	首次允许个人游客每次可携带不超过6000元人民币出入境	香港市场开始流通人民币
2003年6月29日	我国中央政府与香港特区政府在香港签订《内地与香港关于建立更紧密经贸关系的安排》	使内地与港澳的经济贸易联系更加紧密，两岸资金能更加便利地互相流动
2003年12月24日	中国人民银行授权中银（香港）成为香港人民币清算行	中国人民银行在香港提供人民币清算业务
2004年1月1日	《内地与香港关于建立更紧密经贸关系的安排》正式实施	香港银行开始为当地居民提供人民币存款服务
2004年2月25日	香港持牌银行开始提供人民币个人业务，并可以进行每人每天不超过等值2万元人民币的兑换	香港离岸人民币金融业务正式启动
2005年11月1日	扩大了香港个人人民币业务的范围，并将个人现钞汇兑上限提高	香港人民币银行业务范围扩大
2005年12月4日	《扩大内地与香港人民币业务补充规定》	提高香港汇入境内的人民币金额上限，取消香港银行发行个人人民币银行卡的信用额度限制
2007年1月10日	《境内金融机构赴香港特别行政区发行人民币债券管理暂行办法》	中央政府同意内地机构在香港发行人民币计价的金融债券
2007年7月	香港推出了人民币实时支付结算系统（RTGS）	实现人民币、港币、美元和欧元的实时结算
2009年1月20日	中国人民银行与香港金融管理局签署2000亿元人民币货币互换协议	提高离岸市场人民币的流动性
2009年4月8日	国务院常务会议决定在上海市和广东省内四城市开展跨境贸易人民币结算试点	香港人民币离岸市场成为中国境外人民币业务发展的重点地区
2010年2月	香港金融管理局颁布《香港人民币业务的监管原则及操作安排的诠释》	扩展香港人民币银行业务的范畴，并允许内地非金融机构在香港发放人民币债券

（续表）

时间	事件	意义
2010年6月22日	跨境贸易人民币结算试点范围扩大至20个省、自治区、直辖市	跨境贸易人民币结算范围、规模进一步提高
2010年7月	中国人民银行与香港金融管理局就扩大人民币贸易结算安排签订了补充合作备忘录	允许人民币存款在香港的银行间往来转账
2010年8月16日	中国人民银行发布《关于境外人民币清算行等三类机构运用人民币投资银行间债券市场试点有关事宜的通知》	离岸人民币资金回流机制建设正式起步
2011年1月	《境外直接投资人民币结算试点管理办法》	允许试点境内企业以人民币开展境外直接投资
2011年8月17日	李克强提出大力发展香港离岸人民币业务的八项措施	全面建设离岸人民币市场的开端
2012年12月27日	深圳前海跨境人民币贷款业务启动	人民币回流途径进一步完善
2013年6月27日	香港发布人民币香港银行同业拆息定价	为离岸市场的人民币贷款业务提供定价参考
2013年7月25日	香港金融管理局宣布加设翌日（T+1）和即日（T+0）交收的1天流动性资金	离岸人民币流动性机制正式迈入“T+0”时代
2014年4月10日	启动“沪港通”	促进内地与香港资本市场共同发展
2014年11月7日	香港宣布取消居民每日每人兑换两万元人民币限额的规定	方便香港居民参与“沪港通”及其他人民币交易
2014年11月17日	“沪港通”正式开通	促进了内地与香港资本市场的双向开放
2014年11月27日	中国人民银行与香港金融管理局续签规模为4000亿元人民币（5050亿港币）的双边本币互换协议	进一步提高香港市场人民币的流动性
2014年12月	人民银行发布银发〔2014〕387号文，规定将境外金融机构在境内金融机构存放纳入存款准备金交付范围，存款准备金率暂定为零	加强对离岸市场人民币管理

（续表）

时间	事件	意义
2015 年 7 月 1 日	内地与香港基金互认正式实施	基金互认开辟了两地投资者证券市场投资新通道，是集体投资类证券投资开放的第一步
2016 年 1 月 25 日	人民银行对境外金融机构在境内金融机构存放执行正常存款准备金率政策	加强对离岸市场人民币管理
2016 年 2 月 24 日	人民银行发布 2016 年 3 号公告，进一步放开境外机构投资者投资我国银行间债券市场的范围，取消额度限制，简化管理流程	有利于人民币回流
2016 年 12 月 5 日	启动“深港通”	促进香港与内地互联互通的又一步
2017 年 4 月 10 日	发布首只中国国债期货——中国财政部五年期国债期货	以中国国债为基准的定价产品，为国际投资者投资境内债市提供了利率对冲的工具，同时加大境外市场和境内市场的联动
2017 年 4 月 11 日	中国银行在境外成功完成 30 亿美元等值债券发行定价，募集资金将主要用于“一带一路”建设相关信贷项目。其中，约翰内斯堡分行的人民币债券是非洲首只离岸人民币债券	中国银行市场融资业务的重要突破，也是近一年来离岸人民币债券发行市场破冰式的标志性交易
2018 年 2 月 13 日	授权美国摩根大通银行担任美国人民币业务清算行	中国央行授权的首家非中资人民币业务清算行

图 2－2 是 2015 年以来香港人民币存款情况。其实，香港离岸市场的人民币存款在 2007 年以前几乎为零。2007 年 7 月香港推出了人民币实时支付结算系统后，离岸人民币存款才有了少量增加。香港市场人民币存款的第一个爆发式增长出现在 2010 年 7 月至 2011 年 9 月。第二个爆发式增长出现在 2012 年 11 月至 2014 年 1 月，Shibor 的推出和“沪港通”的启动让香港离岸市场越来越活跃。从图中可以看到，在 2015 年 8 月的“8 · 11 汇改”之后，

香港人民币存款，特别是定期存款数量锐减。由于人民币兑美元贬值，导致投资者抛售人民币资产，令离岸人民币资金池和“点心债”等人民币资产收缩。通过不同种类存款数量的变化不难看出，汇改以后，香港人民币存款规模开始下降且主要是由于占比较大的定期存款下降所导致。2010—2014 年，由于离岸市场的不断发展与扩张，以及人民币的升值，离岸人民币存款规模持续上升，这是历史上香港人民币存款首次出现全年下跌。为了抑制人民币贬值，央行被迫动用外汇储备干预市场，此举又导致外汇储备显著缩水（如图 2－3 所示，只有个别月份外汇储备小幅上升，其余月份都有所下降，且很多月份下降规模极大）。为抑制外汇储备消耗过快，央行显著收紧了对短期资本外流的管制，引入了一系列宏观审慎措施，加强对跨境资本流动的逆周期调节，包括：对远期购汇性质的衍生品交易征收外汇风险准备金、对境外在境内人民币存款征收存款准备金、对境外人民币业务参加行到境内平盘提高交易手续费率等。汇改后香港离岸市场人民币存款的这种下降趋势一直持续到了 2017 年 3 月，并且降至六年以来最低水平。2017 年 4 月开始，随着人民币基本面向好，境外持有人民币信心得到逐步提升，带动离岸人民币存款总量企稳回升，这种平稳中略有上升的趋势一直维持到 2018 年 5 月。

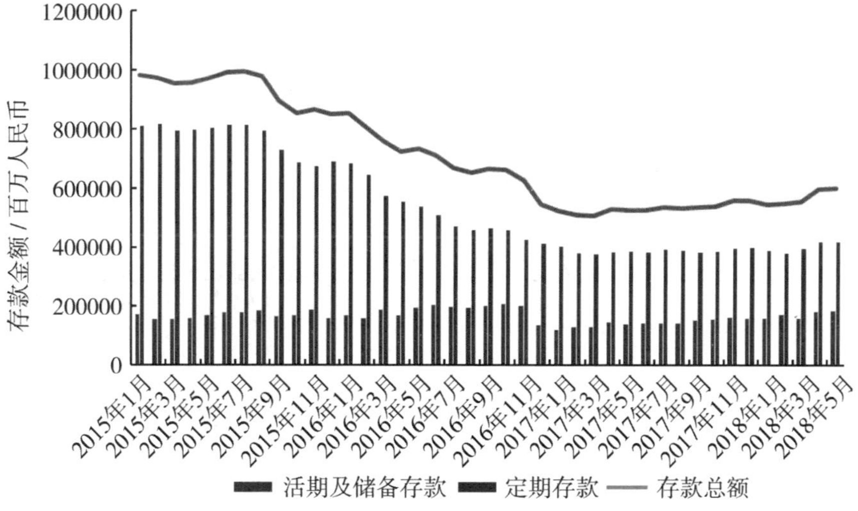

图 2－2　香港人民币存款情况

资料来源：香港金融管理局。

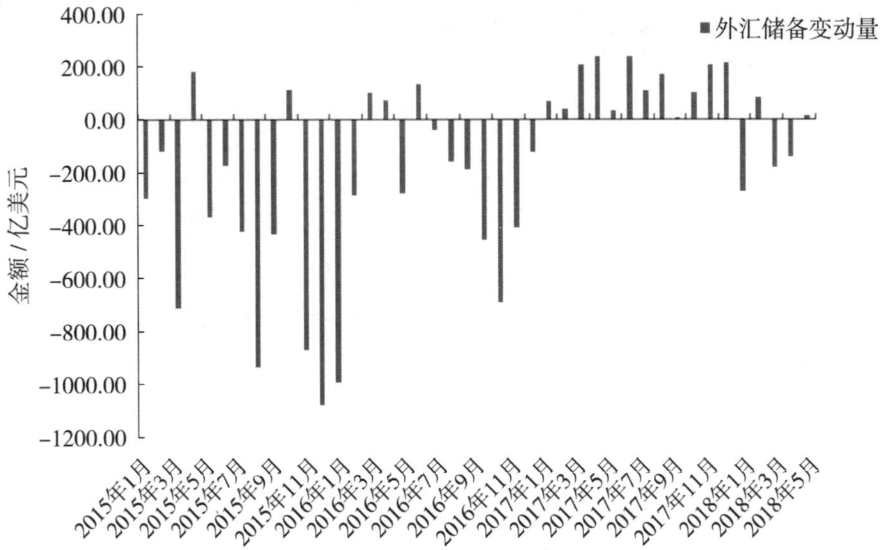

图 2-3　2015 年 1 月至 2018 年 8 月外汇储备变化

资料来源：Wind 资讯。

外汇交易也是离岸市场发展中的重要内容，图 2-4 给出了“8·11 汇改”前后在岸汇率收盘价较中间价的波动幅度。不难看出，汇改之前在岸人

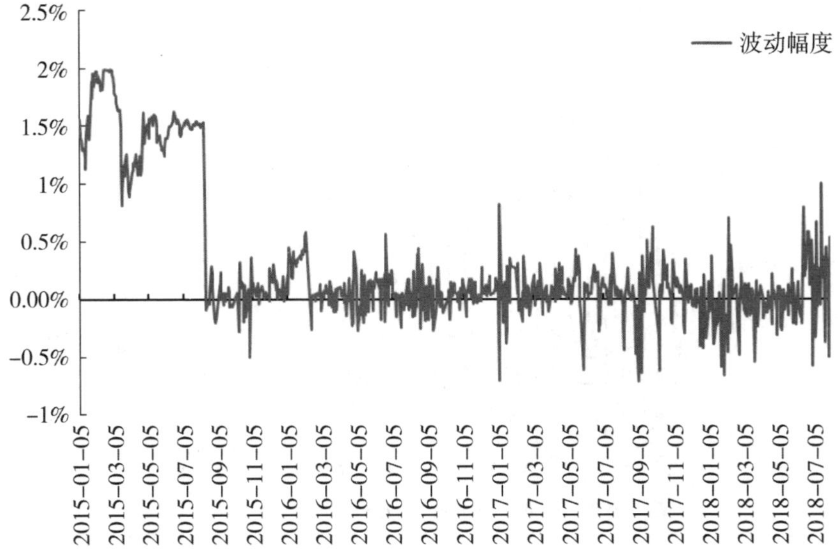

图 2-4　CNY 收盘价较中间价波动幅度——对比“8·11 汇改”前后

资料来源：Wind 资讯。

民币收盘价长期高于中间价，且波动幅度较大，多次接近日波幅2%的限制，说明存在贬值压力，中间价未能很好地体现市场信息，央行通过高开中间价来干预外汇市场，抑制人民币贬值；而汇改之后，在岸人民币收盘价较中间价波动幅度显著降低，且双向波动特征明显，表明中间价反映的市场信息已经较为充分，其基准地位得到加强。经过中间价报价的改革，中间价更接近市场汇率，可以提高整个汇率形成机制的市场化程度和汇率的弹性，有助于保持人民币实际有效汇率的相对稳定，为宏观经济创造较为稳定的外部条件。

至此，央行并未停下汇率改革的步伐。2015 年 12 月 11 日，中国外汇交易中心发布人民币汇率指数，强调要加大参考一篮子货币的力度，以更好地保持人民币对一篮子货币汇率基本稳定。2016 年初，在央行与 14 家报价商深入、充分沟通的基础上，提出了现行人民币兑美元汇率中间价定价机制。在新机制下，做市商在提供每日人民币报价时，需要同时参考两个目标。一是前一日人民币兑美元汇率的收盘价，二是为了维持人民币兑篮子货币汇率不变而需要的人民币兑美元汇率的变动。根据央行给出的具体例子，央行事实上要求，做市商在给出每日汇率报价时，上述两个目标的权重各占 50%。该定价机制使得中间价的决定完全透明化，同时增强了汇率走势的不确定性，有助于遏制投机，但是该机制并不能导致外汇市场出清，并且有可能导致不必要的外部冲击。人民币汇率定价新机制之所以存在上述缺陷，归根结底，是源自央行试图把自由浮动与“盯住一篮子”这两种截然不同的汇率制度强行捆绑到一起。但不可否认，该机制缓解了人民币贬值压力，在 2016 年初至 3 月底以及 2016 年 7 月 18 日至 8 月 17 日，人民币兑美元汇率显著升值，而进入 2017 年以来，人民币兑美元汇率则保持稳定，并未出现进一步贬值的趋势；同时降低了外汇储备缩水速度，从图 2－3 可以看出，2016 年 2 月以来，外汇储备流出规模明显下降，尽管出现了 2016 年底为维持人民币币值稳定，而不得不动用外汇储备的情形，其流出规模较汇改前也要少很多。而 2017 年外汇储备持续增加，2018 年初期外汇储备有所下降，也保持在平稳可控的范围内。2018 年 2 月 13 日，国家外汇管理局发布《国家外汇管理局关于完善远期结售汇业务有关外汇管理问题的通知》（汇发〔2018〕3 号），规定银行为客户办理远期结售汇业务时，在符合实需原则前提下，到期交割方式可以根据套期保值需求选择全额或差额结算。至此，远期结售汇在市场定价、交割结算、风险管理等方面完全实现了市场化，深化了外汇市场发展和开放，为贸易和投资自由化便利化提供了外汇市场支持与保障。

与此同时，离岸市场作为人民币国际化的桥头堡和实验田，其在“8·11汇改”后的表现同样值得关注。从图2－4和图2－5中可以看出，在“8·11汇改”刚刚完成的时候，由于两地投资者对经济前景与汇率政策走势看法不一，造成了两地价差一度扩大，滋生了大量套利活动。于是，央行于2015年9月2日宣布对代客远期售汇收取风险准备金，打击境内外投机套利；不久后的9月10日离岸人民币创史上最大单日涨幅，疑似因央行干预缩小境内外价差，这与央行为加入SDR货币篮子做准备，在离岸市场抛售美元买入人民币也有很大关系，于是离岸汇率接连升值，甚至出现倒挂。11月30日，国际货币组织宣布人民币加入特别提款权一篮子货币，在岸、离岸经历了短暂升值后，节节溃败，开始贬值，价差也不断拉大，这是由于离岸市场存在大量的投机做空势力，引发离岸市场贬值从而带动在岸贬值。央行为狙击离岸市场的做空人民币势力，想方设法抽干离岸市场的流动性，抬高做空人民币势力的做空成本，人民币离岸市场隔夜拆借利率在2016年1月11日升至13.4%，12日飙升至66.82%，最终在这两天内离岸人民币对美元汇率由6.6832反弹至6.5780，从而在岸市场和离岸市场长期存在的较大汇差得以收窄，离岸人民币汇率的波动暂时平息。2016年9月中旬，随着人民币正式“入篮”的临近以及美联储加息预期的再次来袭，做空者又一次蠢蠢欲动，卷土重来，使得香港离岸人民币汇率贬值压力显著增大。所以，央行也再次进行干预，9月19日，香港隔夜银行间利率暴涨23.683%，创2016年1月以来最大升幅，一周期利率暴涨12.446%，让离岸市场做空人民币的机构手中没有做空标的，从而削弱由于离岸人民币做空投机而引发的在岸人民币汇率动荡。2016年第四季度以来，离岸人民币市场中的做空方加大做空力度，离岸人民币再次面临贬值的压力。为缓解这一压力，央行继续抬高人民币资金拆借成本，导致市场中的流动性逐渐趋于紧张。而进入12月份，离岸人民币市场中的利率紧张已经成为常态，最终导致离岸市场中连续六个交易日的利率高企，人民币隔夜拆借利率更是一度暴涨至61.33%，直逼2016年初创下的历史高点（见图2－6）。伴随而来的是，离岸人民币迅速逆转先前不断贬值的颓势，在2017年1月4日出现超过1.2%的暴涨，令市场哗然。此后，在岸、离岸人民币价差呈现明显的反转趋势，表现为离岸人民币的资金价格大幅扭曲，这一点完全不同于“8·11汇改”后境内外人民币中以离岸货币的趋弱为主。之所以出现这种状况，一方面是因为香港离岸人民币市场中的流动性收紧且波动加大，以及离岸人民币资金池的明显萎缩；另一方面是由于监管当局收紧人民币跨境资金流动管理而导致在岸、离岸间的套利套汇机制被严重削弱。尽管后期的在岸、离岸汇差有所收窄，但仍难以掩盖香港离岸人民币市场的短暂停滞。与此类似，2017年5月开始，在岸与离岸人民币价差扩大，CNY大幅高于CNH，价差最高达641点。当时央行再次调整人民币中间价定价机制，引入逆周期因子，意图缓解市场贬值预期。同时，离岸人民币隔夜拆借利率涨至42.82%，共同打击人民币空头，导致离岸人民币相对在岸人民币升值。2017年6月以来，人民币单边贬值预期逐渐消散，人民币兑美元开启双向波动格局。市场对于未来人民币汇率走势不再押注单边方向，跨境资本流动整体平衡。隔夜拆借利率也无明显异动，利率调控基本退出离岸人民币外汇市场。在此背景下，离岸人民币与在岸人民币走势趋同，二者价差在零附近上下波动。

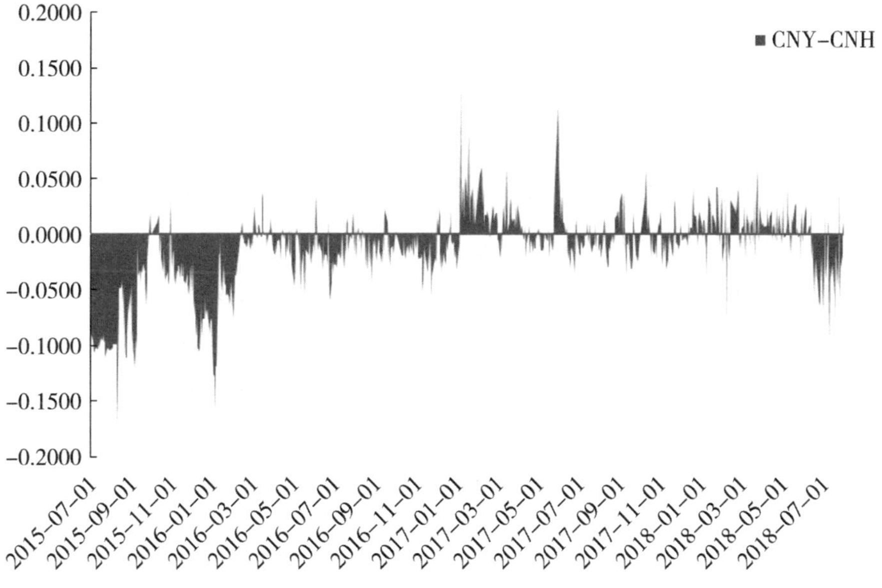

图2-5　“8·11汇改”前后人民币在岸离岸价差变换

资料来源：Wind资讯。

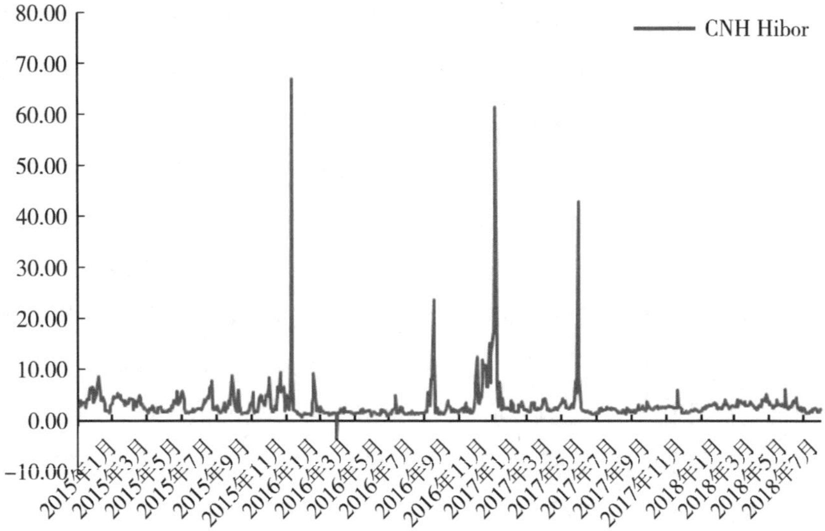

图2-6　香港人民币隔夜拆借利率的变化

资料来源：Wind 资讯。

三、其他离岸人民币市场的发展历程

目前，新加坡已成为全球第二大人民币清算中心。中国人民银行 2013 年 2 月 8 日宣布指定工商银行新加坡分行为新加坡人民币清算行，标志着新加坡离岸人民币市场的正式成立。2013 年 3 月，新加坡副总理兼财政部长尚达曼在第 52 届 ACI 国际金融市场协会全球大会上表示，新加坡积极支持人民币离岸市场在亚洲区域的发展，并愿意作为人民币新产品的试点，以协助提高人民币在亚洲区域的流通性。2014 年 10 月 28 日，中国外汇交易中心在银行间外汇市场开展人民币对新加坡元直接交易，来巩固新加坡作为第二大离岸人民币中心的地位，并进一步推进人民币国际化进程。2015 年 10 月，国内首只非金融企业离岸人民币债券在新加坡顺利发行，加快了人民币国际化进程。

伦敦与新加坡在人民币支付总额中占比接近。2013 年 6 月，英国央行与中国人民银行签署了为期三年、规模达 2000 亿元人民币的货币互换协议。2013 年 10 月，中国向英国的金融机构授予 800 亿元人民币合格境外机构投资者（RQFII）计划额度，伦敦成为大中华区之外首个获得 RQFII 额度的地区，人民币与英镑的直接交易也在同一时间开启。2014 年 4 月 18 日，中国人民银行宣布，决定授权中国建设银行（伦敦）有限公司担任伦敦人民币业务清算行。建行成为伦敦人民币业务清算行扩大了人民币全球流通使用范围的同时，也有利于加强伦敦人民币离岸中心地位。

台湾地区的离岸人民币市场起步较晚，但发展较快。由于两岸经贸联系密切，台湾地区离岸人民币市场有望成为一个活跃的金融市场，并在人民币国际化过程中扮演更重要的角色。2012 年 12 月，中国人民银行指导中国银行台北分行为台湾人民币清算行。2013 年 12 月 6 日，台湾证券柜台买卖中心正式公告核准交通银行在台发行人民币 12 亿元“宝岛债”，交行成为首家获核准的陆资银行。2014 年 9 月 1 日，台湾启动人民币汇率及利率定盘机制。2014 年 9 月 5 日，中国建设银行台北分行和中国银行台北分行分别在台北成功发行 20 亿元人民币债券，共计 40 亿元。

其他离岸人民币中心还有：德国清算中心、法国清算中心、韩国清算中心等。表 2 –2 是境外人民币清算行的成立时间。

表 2 –2　境外人民币清算行

国家和地区	时间	清算行
中国香港	2003 年 12 月	中国银行（香港）有限公司
中国澳门	2004 年 9 月	中国银行澳门分行
老挝	2012 年 6 月	中国工商银行万象分行
中国台湾	2012 年 12 月	中国银行台北分行
新加坡	2013 年 2 月	中国工商银行新加坡分行
柬埔寨	2014 年 3 月	中国工商银行金边分行
英国	2014 年 4 月	中国建设银行（伦敦）有限公司
德国	2014 年 6 月	中国银行法兰克福分行
韩国	2014 年 7 月	交通银行首尔分行
法国	2014 年 9 月	中国银行巴黎分行
卢森堡	2014 年 9 月	中国工商银行卢森堡分行
卡塔尔	2014 年 11 月	中国工商银行多哈分行
加拿大	2014 年 11 月	中国工商银行（加拿大）有限公司

（续表）

国家和地区	时间	清算行
澳大利亚	2014 年 11 月	中国银行悉尼分行
马来西亚	2015 年 1 月	中国银行（马来西亚）有限公司
泰国	2015 年 1 月	中国工商银行（泰国）有限公司
智利	2015 年 5 月	中国建设银行智利分行
匈牙利	2015 年 6 月	中国银行匈牙利分行
南非	2015 年 7 月	中国银行约翰内斯堡分行
阿根廷	2015 年 9 月	中国工商银行（阿根廷）股份有限公司
赞比亚	2015 年 9 月	中国银行赞比亚分行
瑞士	2015 年 11 月	中国建设银行苏黎世分行
美国	2016 年 9 月	中国银行纽约分行
俄罗斯	2016 年 9 月	中国工商银行（莫斯科）股份有限公司
阿联酋	2016 年 12 月	中国农业银行迪拜分行

资料来源：中国人民银行官方网站 http：//www. pbc. gov. cn/。

四、境内离岸人民币市场的构想

中国（上海）自由贸易试验区自 2013 年 9 月 29 日正式成立。2015 年区内新增企业 2.1 万家，其中外商投资企业为 4000 多家，占比 20%。截至 2015 年 12 月，共开设 FT 账户 4.4 万个①。国家发改委外经所国际金融室副主任刘翔峰表示：中国可以通过学习伦敦、纽约、香港等国际金融中心的成功经验，将上海自贸区现有的 FT 账户发展为离岸金融账户，在自贸区内实现资本项下人民币可自由兑换，最终实现境内人民币离岸市场②。

① 资料来源于《经济日报》2016 年 2 月 18 日。

② 刘翔峰：《推动上海自贸区建立境内人民币离岸中心》，《第一财经日报》2016 年 5 月 10 日，http://www. p5w. net/ news/xwpl/201605/t20160510_ 1441075. htm。

五、离岸人民币市场资金转移规模

根据香港金融管理局公布的香港人民币存款规模，2017 年 12 月底香港人民币存款总量为 559.14 亿人民币。香港离岸人民币市场的人民币存款自 2012 年 12 月到 2015 年 6 月的货币创造数量和资金转移规模，如图 2－7 所示。香港离岸人民币市场人民币存款的激增，80% 以上是由于人民币由中国境内转移至香港。2013—2014 年香港离岸人民币市场的人民币流入量迅速增加，截至 2014 年末，人民币流入香港的资金规模 2 年内已增加 85%。从 2010 年 1 月至 2015 年 6 月，香港离岸市场的人民币货币创造量为 997 亿元人民币，由在岸市场向离岸市场的净货币转移量为 8932 亿元人民币。

表 2－3　香港离岸人民币市场人民币存款的存款创造与资金转移

（单位：亿元人民币）

项目	2012 年 12 月	2013 年 6 月	2013 年 12 月	2014 年 6 月	2014 年 12 月	2015 年 6 月
存款创造	1076.0	1194.8	904.9	885.4	867.9	997.2
资金转移	4954.0	5784.8	7699.8	8373.8	9167.7	8932.0

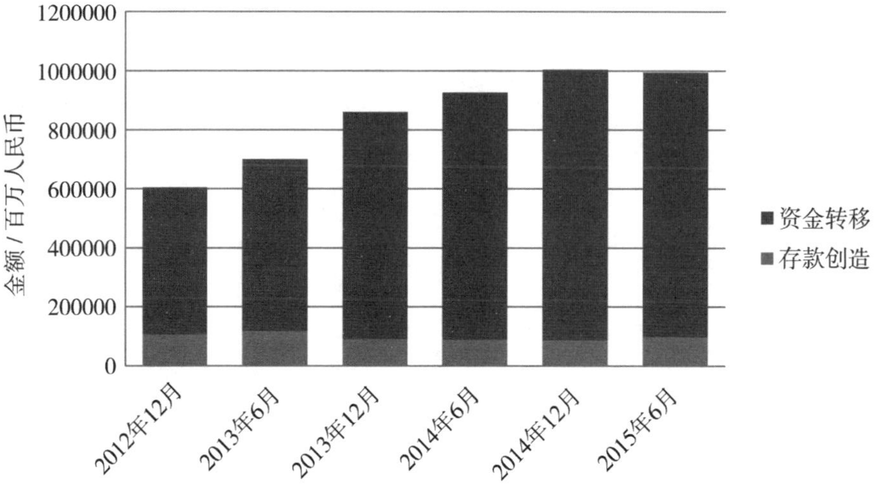

图 2－7　香港离岸人民币市场人民币存款的存款创造与资金转移

六、离岸人民币市场资金转移途径

目前，人民币跨境流动主要有四种渠道：跨境贸易、直接投资、本币互换和个人携带。

1. 跨境贸易

自2009年4月8日在上海市和广东省内四城市开展跨境贸易人民币结算试点起，跨境贸易人民币结算试点城市和境外地域在不断扩展，跨境贸易结算规模也在不断增加。到2017年底，中国国际收支中经常账户连续11年顺差，跨境贸易导致大量人民币流出中国境内，而根据国家外汇管理局公布的数据，2018年第一季度中国经常项目出现历史上第二次逆差。所以，可以预计随着市场持续对外开放，经常项目会逐渐由单边顺差转向收支平衡。然而，此前贸易项下常年顺差，已经导致了巨额人民币流出境内，这也是离岸市场人民币存款增长的主要原因。图2－8是2011—2017年年度经常项目人民币收付金额，可见，2011—2015年，中国跨境贸易中人民币结算金额持续增长，2016年和2017年则呈现下降趋势。根据《中国人民银行货币政策执行报告》统计，2015年，跨境人民币收付金额合计12.1万亿元，净流入

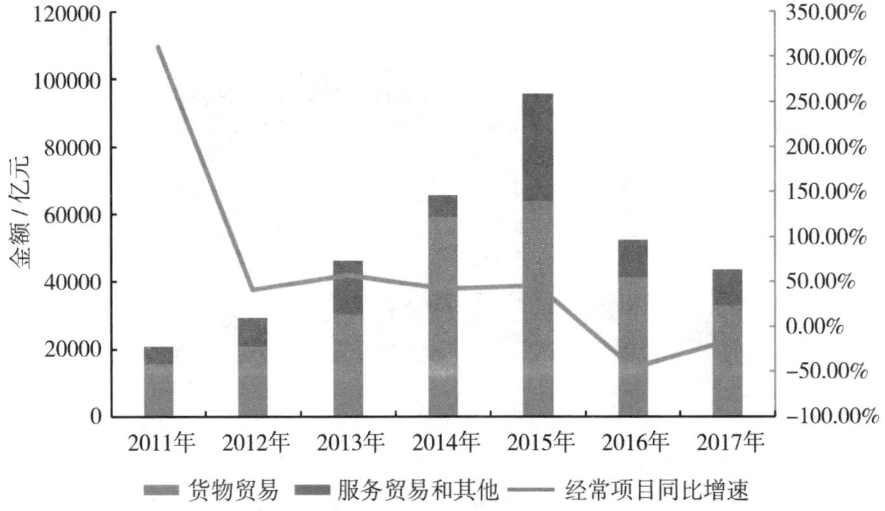

图2－8　2011—2017年年度经常项目人民币收付金额

资料来源：中国人民银行。

2714.6 亿元，经常项下跨境人民币收付金额合计 7.23 万亿元，同比增长 10%。其中，货物贸易收付金额 6.39 万亿元，服务贸易及其他经常项下收付金额 8432.2 亿元。而 2016 年至 2017 年底，中国跨境贸易人民币结算金额呈现出下降态势，2016 年同比下降 18.6%，2017 年降幅趋缓。2018 年第一季度人民币跨境收付金额开始上升，合计 3.15 万亿元，同比增长 87.1%。其中，经常项目人民币跨境收付金额合计 1.06 万亿元，同比增长 6.5%，其中，货物贸易收付金额为 7970.5 亿元，服务贸易及其他经常项下收付金额为 2619.3 亿元。

表 2-4　2009—2017 年年度经常项目人民币收付金额

（单位：亿元）

年份	货物贸易	服务贸易和其他	合计
2009 年	32	4	36
2010 年	4380	683	5063
2011 年	15606	5202	20808
2012 年	20617	8764	29381
2013 年	30189	16109	46298
2014 年	58974	6565	65539
2015 年	63911	31665	95576
2016 年	41200	11100	52300
2017 年	32700	10900	43600

资料来源：中国人民银行。

2. 直接投资

直接投资人民币结算也是人民币跨境流动的主要渠道。图 2-9 是 2010—2017 年跨境直接投资人民币收付金额。2015 年 8 月以后，受到人民币汇率中间价形成机制改革的影响，许多企业加快了全球配置资产的步伐，使得以人民币结算的对外直接投资规模及其占比总体上呈现倒 V 形。尤其是 8~9月，人民币对外直接投资从 851 亿元陡然升至 2078 亿元，达到人民币国际化启动以来的峰值。2016 年与 2017 年虽然较 2015 年有所回落，但仍然保持在较高水平。据商务部统计，2017 年全年，我国境内投资者共对全球 174 个国家和地区的 6236 家境外企业新增非金融类直接投资，累计实现投资

1200.8 亿美元。2017 年 11 月、12 月当月我国非金融类对外直接投资同比分别增长 34.9% 和 49%，扭转了此前的下降趋势。2018 年第一季度，我国境内投资者共对全球 140 个国家和地区的 2023 家境外企业进行了非金融类直接投资，累计实现投资 255 亿美元，同比增长 24.1%，连续五个月保持增长。

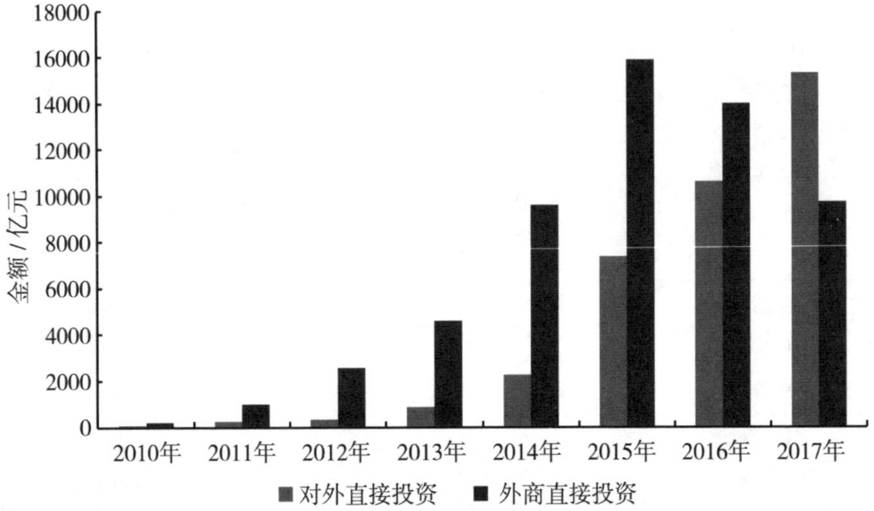

图 2－9　2010—2017 年跨境直接投资人民币收付金额

资料来源：中国人民银行。

表 2－5　2010—2017 年跨境直接投资人民币收付金额

（单位：亿元）

年份	对外直接投资	外商直接投资
2010 年	56.8	223.6
2011 年	265.9	1006.8
2012 年	311.9	2591.9
2013 年	866.8	4570.9
2014 年	2244.1	9605.5
2015 年	7361.7	15871.0
2016 年	10618.5	13987.7
2017 年	15319.4	9746.2

资料来源：中国人民银行。

3. 本币互换

中国人民银行与香港货币当局及其他中央银行签订的双边本币互换，也是商业银行跨境调运人民币的重要途径。中国与中国香港地区及其他国家的双边本币互换虽然并不意味着香港地区或外国拥有人民币资产，但是当香港地区或外国发生金融危机时，中国有义务为香港地区或其他国家提供人民币的流动性支持。根据中国人民银行的统计，截至 2017 年 7 月，中国人民银行已与香港货币当局及其他 35 个国家中央银行签署了双边本币互换，互换金额总计 33437 亿元人民币（见表 2－6）。

除了在央行层面签订货币互换协议外，清算行制度也在市场层面为人民币流动性提供了保障。2015 年，中国人民银行分别授权在吉隆坡、曼谷、悉尼、卡塔尔、智利、南非等地建立了人民币清算行，为当地使用人民币提供便利和支持。2015 年 11 月 30 日，美国多位金融及工商界领袖宣布，成立人民币交易和清算工作组，探讨在美国建立人民币交易和清算机制，以便美国机构使用和接收人民币付款，降低交易成本并提高效率。2016 年 9 月 20 日，中国央行发布公告，称根据《中国人民银行与美国联邦储备委员会合作备忘录》相关内容，决定授权中国银行纽约分行担任美国人民币业务清算行。2018 年 2 月 13 日，又授权美国摩根大通银行（J. P. Morgan Chase Bank, N. A）担任美国人民币业务清算行，这是中国央行授权的首家非中资人民币业务清算行。

表 2－6　中国人民银行与香港货币当局及其他中央银行双边本币互换一览表（截至 2017 年 7 月）

序号	国家及地区	协议签署时间	互换规模	期限
1	韩国	2009 年 4 月 20 日	1800 亿元人民币/38 万亿韩元	3 年
		2011 年 10 月 26 日（续签）	3600 亿元人民币/64 万亿韩元	
		2014 年 10 月 11 日（续签）	3600 亿元人民币/64 万亿韩元	
2	中国香港	2009 年 1 月 20 日	2000 亿元人民币/2270 亿港元	3 年
		2011 年 11 月 22 日（续签）	4000 亿元人民币/4900 亿港元	

（续表）

序号	国家及地区	协议签署时间	互换规模	期限
		2014 年 11 月 22 日（续签）	4000 亿元人民币/5050 亿港元	
3	马来西亚	2009 年 2 月 8 日	800 亿元人民币/400 亿马来西亚林吉特	3 年
		2012 年 2 月 8 日（续签）	1800 亿元人民币/900 亿马来西亚林吉特	
		2015 年 4 月 17 日（续签）	1800 亿元人民币/900 亿马来西亚林吉特	
4	白俄罗斯	2009 年 3 月 11 日	200 亿元人民币/8 万亿白俄罗斯卢布	3 年
		2015 年 5 月 10 日（续签）	70 亿元人民币/16 万亿白俄罗斯卢布	
5	印度尼西亚	2009 年 3 月 23 日	1000 亿元人民币/175 万亿印尼卢比	3 年
		2013 年 10 月 1 日（续签）（已失效）	1000 亿元人民币/175 万亿印尼卢比	
6	阿根廷	2009 年 4 月 2 日	700 亿元人民币/380 亿阿根廷比索	3 年
		2014 年 7 月 18 日（续签）	700 亿元人民币/900 亿阿根廷比索	
		2017 年 7 月 18 日（续签）	700 亿元人民币/1550 亿阿根廷比索	
7	冰岛	2010 年 6 月 9 日	35 亿元人民币/660 亿冰岛克朗	3 年
		2013 年 9 月 11 日（续签）	35 亿元人民币/660 亿冰岛克朗	
		2016 年 12 月 21 日（续签）	35 亿元人民币/660 亿冰岛克朗	
8	新加坡	2010 年 7 月 23 日	1500 亿元人民币/300 亿新加坡元	3 年
		2013 年 3 月 7 日（续签）	3000 亿元人民币/600 亿新加坡元	

（续表）

序号	国家及地区	协议签署时间	互换规模	期限
		2016 年 3 月 7 日（续签）	3000 亿元人民币/640 亿新加坡元	
9	新西兰	2011 年 4 月 18 日	250 亿元人民币/50 亿新西兰元	3 年
		2014 年 4 月 25 日（续签）	250 亿元人民币/50 亿新西兰元	
		2017 年 5 月 19 日（续签）	250 亿元人民币/50 亿新西兰元	
10	乌兹别克斯坦	2011 年 4 月 19 日（已失效）	7 亿元人民币/1670 亿乌兹别克斯坦苏姆	3 年
11	蒙古	2011 年 5 月 6 日	50 亿元人民币/1 万亿蒙古图格里克	3 年
		2012 年 3 月 20 日（扩大）	100 亿元人民币/2 万亿蒙古图格里克	
		2014 年 8 月 21 日（续签）	150 亿元人民币/4. 5 万亿蒙古图格里克	
		2017 年 7 月 6 日（续签）	150 亿元人民币/5. 4 万亿蒙古图格里克	
12	哈萨克斯坦	2011 年 6 月 13 日	70 亿元人民币/1500 亿哈萨克斯坦坚戈	3 年
		2014 年 12 月 14 日（续签）	70 亿元人民币/2000 亿哈萨克斯坦坚戈	
13	泰国	2011 年 12 月 22 日	700 亿元人民币/3200 亿泰铢	3 年
		2014 年 12 月 22 日（续签）	700 亿元人民币/3700 亿泰铢	
14	巴基斯坦	2011 年 12 月 23 日	100 亿元人民币/1400 亿巴基斯坦卢比	3 年
		2014 年 12 月 23 日（续签）	100 亿元人民币/1650 亿巴基斯坦卢比	

（续表）

序号	国家及地区	协议签署时间	互换规模	期限
15	阿联酋	2012年1月17日	350亿元人民币/200亿阿联酋迪拉姆	3年
		2015年12月14日（续签）	350亿元人民币/200亿阿联酋迪拉姆	
16	土耳其	2012年2月21日	100亿元人民币/30亿土耳其里拉	3年
		2015年9月26日（续签）	120亿元人民币/50亿土耳其里拉	
17	澳大利亚	2012年3月22日	2000亿元人民币/300亿澳大利亚元	3年
		2015年3月30日（续签）	2000亿元人民币/400亿澳大利亚元	
18	乌克兰	2012年6月26日	150亿元人民币/190亿乌克兰格里夫纳	3年
		2015年5月15日（续签）	150亿元人民币/540亿乌克兰格里夫纳	
19	巴西	2013年3月26日（已失效）	1900亿元人民币/600亿巴西雷亚尔	3年
20	英国	2013年6月22日	2000亿元人民币/200亿英镑	3年
		2015年10月20日（续签）	3500亿元人民币/350亿英镑	
21	匈牙利	2013年9月9日	100亿元人民币/3750亿匈牙利福林	3年
		2016年9月12日（续签）	100亿元人民币/4160亿匈牙利福林	
22	阿尔巴尼亚	2013年9月12日（已失效）	20亿元人民币/358亿阿尔巴尼亚列克	3年
23	欧盟	2013年10月8日	3500亿元人民币/450亿欧元	3年
		2016年9月27日（续签）	3500亿元人民币/450亿欧元	
24	瑞士	2014年7月21日	1500亿元人民币/210亿瑞士法郎	3年

（续表）

序号	国家及地区	协议签署时间	互换规模	期限
		2017 年 7 月 21 日（续签）	1500 亿元人民币/210 亿瑞士法郎	
25	斯里兰卡	2014 年 9 月 16 日	100 亿元人民币/2250 亿斯里兰卡卢比	3 年
26	俄罗斯	2014 年 10 月 13 日	1500 亿元人民币/8150 亿俄罗斯卢布	3 年
27	卡塔尔	2014 年 11 月 3 日	350 亿元人民币/208 亿卡塔尔里亚尔	3 年
28	加拿大	2014 年 11 月 8 日	2000 亿元人民币/300 亿加拿大元	3 年
29	苏里南	2015 年 3 月 18 日	10 亿元人民币/5.2 亿苏里南元	3 年
30	亚美尼亚	2015 年 3 月 25 日	10 亿元人民币/770 亿亚美尼亚德拉姆	3 年
31	南非	2015 年 4 月 10 日	300 亿元人民币/540 亿南非兰特	3 年
32	智利	2015 年 5 月 25 日	220 亿元人民币/22000 亿智利比索	3 年
33	塔吉克斯坦	2015 年 9 月 3 日	30 亿元人民币/30 亿塔吉克斯坦索莫尼	3 年
34	摩洛哥	2016 年 5 月 11 日	100 亿元人民币/150 亿摩洛哥迪拉姆	3 年
35	塞尔维亚	2016 年 6 月 17 日	15 亿元人民币/270 亿塞尔维亚第纳尔	3 年
36	埃及	2016 年 12 月 6 日	180 亿元人民币/470 亿埃及镑	3 年
总金额			33437 亿元人民币（失效：2927 亿元人民币）	

资料来源：中国人民银行官方网站 http：//www.pbc.gov.cn/。

4. 个人携带

个人携带是人民币现钞跨境流动的主要渠道。自 2005 年 1 月 1 日起，中国公民出入境、外国人入出境每人每次携带人民币限额由 6000 元调整为 2 万元。2017 年，中国居民全年海外旅行（包括海外购物及购买各种服务）共计消费 2500 亿美元。香港作为免税地区和购物天堂，吸引了许多内地居民前往消费。根据香港特区旅游发展局统计，2018 年上半年，访港旅客累计 3060 万人次，其中内地游客有 2368 万人次，占比 77%。

七、离岸人民币交易新变化

离岸人民币市场对于提高货币的国际地位意义重大，因此，香港依托与内地的紧密关系首先建立起了人民币离岸中心，同时中国也在世界范围内不断扩大人民币离岸市场。与此同时，中国政府并未放松对货币的控制，人民币离岸交易活动的范围和规模也在严密监控中。

国际清算银行三年一度的全球外汇市场调查报告提供了有关国际货币市场和场外衍生市场结构和规模的综合信息，这一调查报告开始于20世纪80年代，在2013年还对包括中国在内的新兴市场的货币数据进行了完善。根据2013年的汇市报告，人民币是第九大活跃的贸易货币，并且在所有新兴经济体的货币中，人民币的贸易体量的增加最为迅速。其中，日均人民币外汇市场交投总额从2010年的292亿美元激增至2013年的1196亿美元。

通过对国际清算银行2013年的汇市报告数据进一步研究可以发现，人民币离岸中心发展的影响因素，包括拉动因素和推动因素两大类，也就是发起国和中国两方主体，这些因素对于人民币离岸交易中心的建立与发展，以及交易活动的规模和活跃程度都有不同程度的影响①。发起国的经济特征会影响该国所设立的人民币离岸中心的交易活动。这些经济特征包括GDP体量、真实GDP增长率、外汇市场交投总额、股票市场规模、国际债券市场大小和该国金融发展水平。同时，中国经济和政策也会对离岸人民币中心的活动产生影响，尤其是双边货币互换协议的规模、双边贸易和双边FDI金额、自由贸易协定的存在与否及中国的政治伙伴关系协定等。具体而言，股票市场规模、该国金融发展水平、与中方的双边货币互换协议的规模和双边FDI金额都是对离岸人民币交易有显著影响的因素。同时，一个经济体能否建立人民币离岸市场，与其GDP体量，股票市场规模，该国金融发展水平和是否与中国签订了自由贸易协定有关。当人民币离岸中心成立之后，其交易规模则受到外汇市场交投总额、股票市场规模以及FDI流通渠道中与中国的双边联系

---

① Cheung Y W, Yiu M S, "Offshore Renminbi Trading: Findings from the 2013 Triennial Central Bank Survey," *International Economics*, 2016.

的影响。

中国现阶段金融发展基础较为薄弱，在推进改革的过程中还需要采取必要的政策手段来控制市场，防范风险。但是，中国近年来持续推进金融自由化进程，以上各个因素也是人民币离岸交易活动中市场化的力量，国际市场的需求是人民币在离岸市场的接受程度及人民币国际化进程中不可忽视的因素。因而，可以说，人民币离岸交易是在政策力量和市场力量的共同作用下推进的。

八、本章小结

随着我国发展为世界第二大经济体，在备受瞩目的同时，应该抓住机遇加强与世界各国的沟通交流，以实现互利共赢。因而，推进人民币国际化的进程就成了重要议题。近年来，以人民币贸易结算为突破口，人民币国际化已经取得了明显进展。然而，在货币国际化的过程中，仅仅扩大在国际贸易和金融交易中的使用量还远远不够，还要重视改善资产与币种的结构。因此，建立人民币离岸中心也是人民币国际化过程中的重要举措。

香港人民币离岸市场是目前结构最完整、产品最丰富、规模最大的人民币离岸市场，目前存款规模达6000 亿元人民币。香港依托自然地理位置、市场环境、金融市场自由化和金融市场基础等多方优势，形成的人民币离岸市场有以下特点：海外人民币的资金中心；人民币外汇、债券和离岸股票的定价中心和交易中心、资产管理中心等。总体来讲，香港将主要承担人民币离岸市场的批发功能，而其他地区（如伦敦、新加坡、上海等）主要承担零售功能①。

通过跨境贸易、直接投资、本币互换和个人携带四种跨境人民币流动渠道，形成了境外人民币资金池，也为人民币离岸市场的发展奠定了基础。尽管“8·11 汇改”后人民币贬值的预期对人民币跨境流动的体量产生了一定程度的影响，但是总体处于合理范围，同时，整个市场对于人民币双向波动的容忍度也已经逐步提升。长远来看，汇改使得汇率实现双向波动，对于外

① 马骏：《人民币离岸市场与资本项目开放》，《 金融发展评论》，2012 年第 4 期，第 1－41 页。

汇交易和跨境资本的平衡具有重要意义，进而有益于人民币离岸市场的发展。

尽管中国的经济发展成绩斐然，然而金融发展的基础仍然薄弱，因此在推进金融自由化、人民币国际化等制度安排的过程中，无法避免地需要采用政策手段进行干预和配合。因此，现阶段寻求国际市场对于人民币的需求及政策调控之间的平衡，从长远来看，逐渐突出人民币离岸交易中市场主体的拉动及自主力量，是人民币离岸市场发展的重要方向。

第三章　人民币离岸市场与在岸市场的联动

虽然当前人民币离岸市场与在岸市场并没有完全一体化，然而两个市场之间仍然存在相互影响及溢出效应，两个市场之间金融资产价格呈现联动特征。离岸与在岸市场之间的人民币流动渠道包括跨境贸易、直接投资、金融市场、银行、官方、个人及自贸区等。通过以上渠道，离岸与在岸市场紧密关联。但是由于两个市场的特征与差异还是存在较明显的分隔，也就存在离岸与在岸的价差，以及往返贸易套利、离岸账户套利、转口贸易套利等各种套利渠道。人民币离岸市场与在岸市场的价差受到了广泛的关注，总的来讲，主要受到宏观经济基础因素及市场条件、全球市场因素、政策性因素和投资者关注的影响。

一、人民币离岸与在岸市场间流动管道

图 3 – 1 描述了两个市场人民币流动的主要管道。概括地讲，人民币离岸市场与在岸市场之间的人民币流动管道从大的方面可以分为七个：跨境贸易渠道、直接投资渠道、金融市场渠道、银行渠道、官方渠道、个人渠道、自贸区渠道。

（一）跨境贸易渠道

依据《跨境贸易人民币结算试点管理办法》，可以通过清算行或境内代理行办理贸易项下人民币跨境支付。通过跨境贸易人民币结算，人民币可以输出到香港等离岸市场，同时香港离岸市场也可以回流至在岸市场。

中国人民银行 2011 年发布的《中国人民银行关于明确跨境人民币业务

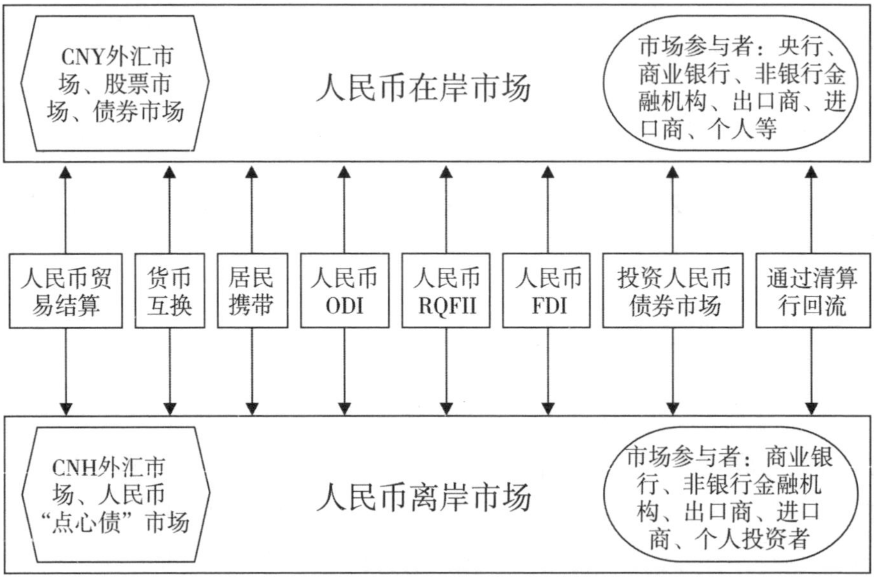

图3－1　人民币离岸市场和在岸市场之间的联系

相关问题的通知》明确了贸易项下人民币跨境支付的细则，进一步规范和促进了跨境人民币结算业务。在跨境贸易项下存在三个结算模式：第一，"清算行"模式。境外参加行在清算行开立人民币账户，人民币资金通过中国现代化支付系统（CNAPS）完成从境外清算行到境内结算行间的跨境转移。2013年7月5日发布的《中国人民银行关于简化跨境人民币业务流程和完善有关政策的通知》规定，对于通过境内代理行的跨境行为，境外参加行可以直接和境内代理行进行相关人民币的划付，无须通过境外清算行。第二，"代理行"模式。企业通过境外参加行在境内代理行开立的同业往来账户间接同境内结算行进行结算，通过SWIFT完成人民币资金在境外参加行和境内代理行的跨境转移。第三，"人民币NRA账户"模式。境外企业在境内开立境外机构境内外汇账户（NRA账户）和境内银行结算，整个银行间清算链条完全处于境内。根据中国人民银行《跨境贸易人民币结算试点管理办法实施细则》，参与跨境贸易人民币结算试点的境内结算银行可以向境外企业提供人民币贸易融资。在人民币进一步升值的背景下，人民币以输出到香港的居多，在岸市场人民币汇率、利率等价格都可能会影响跨境贸易人民币结算收付比。如果收付比小于1，意味着境外人民币供给大于需求；如果收付比大于1，意味着境外人民币需求大于供给。2016年11月29日，《中国人民银行关于进一步明确境内企业人民币境外放款业务有关事项的通知》印发，对人民币境外放款进行了更为明确的规定和更为审慎的管理。

（二）直接投资渠道

中国人民银行于2011年1月6日发布的《境外直接投资人民币结算试点管理办法》规定，跨境贸易人民币结算试点地区的银行和企业可开展境外直接投资人民币结算试点。2015年8月2日，央行再发新规，宣布正式启动境外直接投资以人民币结算。人民币在岸流出离岸的直接渠道主要为人民币对外投资（RMB－ODI）。相对应地，离岸流入在岸的直接渠道包括：人民币直接投资（RMB－FDI）、合格境外有限合伙人（QFLP）、人民币合格境外有限合伙人（RQFLP）。

第一，人民币直接投资（RMB－FDI），由商务部对项目和投资进行审核，中国人民银行对专用账户进行管理。2011年4月，国家外汇管理局出台《关于规范跨境人民币资本项目业务操作有关问题的通知》，将人民币FDI视为外币FDI进行管理。2011年10月，商务部发布规定，对人民币FDI规程予以明确，审批流程大幅简化。2013年12月16日，商务部发布公告对2011年的通知进行了修正，规定外商投资企业不得使用跨境人民币直接投资的资金在中国境内直接或间接投资有价证券和金融衍生品以及用于委托贷款。2011年10月13日，中国人民银行发布《外商直接投资人民币结算业务管理办法》，进一步扩大人民币在直接投资中的使用，规范银行和境外投资者办理外商直接投资人民币结算业务。为了进一步贯彻上述办法，2012年6月14日，《中国人民银行关于明确外商直接投资人民币结算业务操作细则的通知》颁布。从2011年10月人民币FDI启动到2011年12月，共有74项人民币FDI得到批准，投资额度达到165亿元人民币。根据商务部吸收外商直接投资月报数据，如表3－1所示，近年来外商直接投资的实际使用金额和项目数额都呈增长趋势。

表 3-1 商务部吸收外商直接投资数据

年（月）	实际使用外资金额/亿美元	项目数/个
2014 年	1195.6	23778
2015 年	1262.7	26575
2016 年	1260	27900
2017 年	1310.4	35652
2018 年 1—6 月	683.2	29591

资料来源：商务部。

第二，合格境外有限合伙人（QFLP）是证券市场 QFII 制度在股权投资领域的扩展，通过对外资机构投资者的资格审批，简化对外汇资金的监管，并允许在一定额度内以人民币结汇形式投资国内股权市场。对于境外投资人而言，QFLP 能够协助外资直达中国市场，在进一步深化改革扩大开放的中国获得回报。相较于一般的外商直接投资模式，QFLP 本身就体现了更强的投资属性。截至 2018 年底，全国有六个城市颁布了 QFLP 试点政策，分别为四个直辖市以及深圳和青岛，各地有关 QFLP 的政策规定如表 3-2 所示。

表 3-2 QFLP 试点城市的政策性规定

序号	城市	主要政策性规定
1	北京	《关于北京市开展股权投资基金及其管理企业做好利用外资工作试点的暂行办法》（京政办函〔2011〕16 号）
2	上海	《关于本市开展外商投资股权投资企业试点工作的实施办法》（沪金融办通〔2010〕38 号）
3	天津	《关于本市开展外商投资股权投资企业及其管理机构试点工作的暂行办法》（津发改财金〔2011〕1206 号）
		《关于本市开展外商投资股权投资企业及其管理机构试点工作的暂行办法的实施细则》（津发改财金〔2011〕1207 号）
4	重庆	《重庆市关于开展外商投资股权投资企业试点工作的意见》（渝办发〔2011〕132 号）
		《重庆市外商投资股权投资企业试点工作操作规程（试行）》（渝金发〔2011〕10 号）

（续表）

序号	城市	主要政策性规定
5	深圳	《深圳市外商投资股权投资企业试点办法》（深金规〔2017〕1号）
		《关于本市开展外商投资股权投资企业试点工作的暂行办法》（深府金发〔2012〕12号）（已失效）
		《深圳市外商投资股权投资企业试点工作操作规程》（深府金发〔2013〕3号）（已失效）
6	青岛	《青岛市开展合格境外有限合伙人试点工作暂行办法》（青金办字〔2015〕10号）

第三，人民币合格境外有限合伙人（RQFLP）是持有离岸人民币的投资机构用人民币在试点地区（上海等地）设立外商股权投资企业。该试点是在合格境外有限合伙人（QFLP）的基础上，参照RQFII创新性地推出来的，在申请的额度内，让合格的LP（有限合伙人）在合格的GP（一般合伙人）的管理下，能够用这个额度把海外募集的人民币资金直接输入试点地区，进行各类私募股权投资。与RQFII只能投资股市、债市不同，RQFLP可以投资未上市公司、上市企业的非公开交易股权、可转换债券、产业基金等。2012年10月25日，上海银行与海通证券香港子公司海通国际签署合作备忘录，在港发行RQFLP基金产品。RQFLP试点的启动，大大拓宽了海外资金，特别是离岸人民币资金投资中国内地市场的渠道。

（三）金融市场渠道

人民币在岸流出离岸的金融市场渠道包括合格境内机构投资者（QDII）制度、港股ETF、两地基金互认、“沪港通”与“深港通”等。离岸流入在岸的主要途径包括：合格境外投资者（QFII）制度、人民币合格境外机构投资者（RQFII）、两地基金互认、“三类机构”投资债券市场、境内机构境外发行人民币债券回流、“沪港通”与“深港通”等。

合格境内机构投资者（QDII）制度。境内金融机构可以通过合格的境内机构投资者（QDII）制度进入离岸市场，但是只能以人民币购买外汇形式出境，QDII利润汇回可以结汇成人民币，人民币资金实际上依托外汇流出。内地投资者投资海外证券市场，可以购买金融机构发售的 QDII 产品。2013 年，国家外汇管理局统一整合各类 QDII 机构外汇管理，淡化了资格管理要求。2018 年 4 月博鳌论坛期间，国家外汇管理局发文表示将同有关部门持续推进 QDII 改革，重新开放 QDII 额度。目前市场上 QDII 基金共计 143 只，累计规模 851 亿元。在所有的 QDII 里，股票型基金的数量最多，大约有 132 个，其次是债券类基金。剩下的混合型基金、房地产基金、大宗商品基金的数量和管理规模都比较有限。从规模来看，QDII 基金自 2017 年二季度末以来呈现下降态势，截至 2018 年一季度末，QDII 基金规模约为 870 亿元。2018 年一季度，QDII 基金表现不尽如人意，一季度整体亏损 31 亿元。

港股组合交易型开放式指数基金（ETF）。2011 年中国证监会推出港股组合交易型开放式指数基金（ETF），内地投资者可以购买此类产品投资香港证券市场。2012 年 7 月才首次发行相关产品——易方达恒生 H 股 ETF 和华夏恒生 ETF。截至 2017 年末，沪深两市总计只有 9 只股票型跨境 ETF，管理规模为 125.4 亿元，在全部股票型 ETF 中的规模占比约为 5.8%。从跟踪标的来看，上海证券交易所现有产品主要跟踪中国香港、美国、德国市场主要指数，其中有 6 只产品跟踪境外主流宽基指数，1 只跟踪行业指数。深圳证券交易所现有产品主要跟踪中国香港指数和美国市场主要指数。国内有 7 家基金公司管理跨境 ETF 产品。其中，易方达管理规模最大，规模占比超过 60%，华夏次之。

两地基金互认。2015 年 5 月 22 日中国证监会与香港证监会就内地与香港两地基金互认工作正式签署《监管合作备忘录》，同时发布了《香港互认基金管理暂行规定》，两地基金互认自 2015 年 7 月 1 日起施行。两地基金互认，将扩大内地公募基金投资者的基数，而引入香港基金也为内地投资者分散投资提供了新的选择。同时，实现两地基金互认会形成内地基金市场对全球的开放。根据外汇管理局的数据，截至 2018 年 6 月 30 日，香港基金境内发行销售资金累计净汇出 98.06 亿元，内地基金香港发行销售资金累计净汇入 5.19 亿元人民币，差异明显。

“沪港通”及“深港通”。2014 年 4 月 10 日，中国证监会和香港证监会宣布，在半年内推出“沪港股票市场交易互联互通机制”试点（简称“沪港通”）。2016 年 12 月 5 日，又进一步启动“深港通”。“沪港通”下的港股通标的范围是恒生综合大型股指数的成分股、恒生综合中型股指数的成分股，以及同时在香港联合交易所、上海证券交易所上市的 A + H 股公司股票。“深港通”下的港股通股票范围是在现行“沪港通”下的港股通标的基础上，新增恒生综合小型股指数的成分股（选取其中市值 50 亿元港币及以上的股票），以及同时在香港联合交易所、深圳证券交易所上市的 A + H 股公司股票。同时，目前有不少境内居民在香港开户买卖港股，香港对于内地居民开户并没有限制。

合格境外投资者（QFII）制度。我国 2002 年开始合格境外投资者（QFII）制度试点，作为人民币没有实现完全可自由兑换、资本项目尚未完全开放的情况下，有限度地引进外资、开放资本市场的一项过渡性的制度。这种制度要求外国投资者若要进入一国证券市场，必须符合一定的条件，得到该国有关部门的审批通过后汇入一定额度的外汇资金，并转换为当地货币，通过严格监管的专门账户投资当地证券市场。

2011 年 12 月 16 日，我国允许符合条件的基金公司、证券公司香港子公司作为试点机构开展 RQFII 业务。人民币合格境外机构投资者（RQFII）主要是指境外人民币在一定额度内通过在港中资证券及基金公司投资境内银行间和交易所市场债券和股票。该业务初期试点额度约 200 亿元人民币，2012 年 4 月增加了 500 亿元，扩大到 700 亿元。新发行的 500 亿元可以用于发行人民币 A 股 ETF 产品，投资于 A 股指数成分股并在香港交易所上市。2012 年 11 月，RQFII 投资额度进一步增加 2000 亿元人民币，香港 RQFII 总额度达到 2700 亿元，同时放开了申请主体的限制，境内金融机构香港子公司和香港本地的金融机构都可以申请。2013 年，RQFII 总额度在其他人民币离岸市场也逐步扩容。目前，QFII 总额度为 1500 亿美元，RQFII 试点区域拓展至 19 个国家和地区，总试点规模 19400 亿元人民币。

投资内地人民币债券市场。中国的债券市场主要包括银行间市场、交易所市场、商业银行场外市场。2010 年 8 月，中国人民银行允许跨境人民币业务境外参加行、港澳人民币清算行和境外央行等“三类机构”运用人民币投资境内银行间债券市场。2013 年“三类机构”在境内债券市场买入 2093 亿元债券，卖出只有 294 亿元，仍以买入为主。“三类机构”偏好政策性金融债、国债和央票等利率债券。表 3 – 3 是我国银行间市场可交易的债券。后来开放的范围再进一步扩大至 QFII、RQFII、国际金融机构、主权财富基金等。进入银行间债券市场的境外央行类机构 17 家，境外商业类机构 252 家，总投资余额超过 8000 亿元。

表 3 –3　我国银行间市场可交易的债券

类别	发行机构	说明
中国政府债券	财政部	又称国债，绝大多数发行期为 1 ~ 10 年
地方政府债券	地方政府	2011 年后中央允许部分地方政府发债
政策性银行债券	政策性银行	具有准国债性质
央行票据	中国人民银行	为实现货币政策目标发行的特殊债券
商业银行债券	商业银行	包括优先债、次级债、混合债
公司债权	非金融机构	包括企业债券和中期票据

境内机构在境外发行人民币债券回流。境内金融机构经中国人民银行和发改委批准可在港发行人民币金融债券。境内企业在境外发债有两种模式：一种是通过境内公司直接在境外融资，境外发债的管理由国家发改委和国家外汇管理局负责，但这种发债模式需要母公司承担负债压力，可能影响公司财务状况。另一种模式是境外子公司直接融资，境内母公司经商务部门批准在离岸设立子公司，由母公司出具担保在境外直接发债融资。这样安排规避了在岸监管，只受离岸监管，较前一种发债模式更优。人民币“点心债”资金回流有三种方式：一是通过股东贷款，利用“投注差”向境内公司贷款；二是通过人民币直接投资；三是通过贸易项下回流。目前，在香港发行“点心债”已回流 1000 多亿美元。

（四）银行渠道

人民币在岸流出离岸的银行渠道包括：同业拆借、人民币担保（内保外贷）、人民币贷款。离岸流入在岸的途径包括：境外结汇人民币流入、境外同业及联行拆入、人民币外债、人民币担保（外保内贷）、人民币贷款（前海试点）。

目前，客户存款已经不是香港银行业人民币资金的唯一来源，香港银行与内地银行或者海外银行在人民币同业往来拆借也越来越多，随着伦敦、新加坡等其他人民币离岸金融中心的建立，同业拆借人民币将更加活跃。境外银行通过 SWIFT 系统将资金收付信息传至境内代理行，境内代理行通过同业拆借为境外银行拆出人民币资金。由于境内外利差倒挂，清算行和代理行以拆出为主。图 3－2 描述了跨境贸易人民币结算与银行跨境同业拆借的关系。

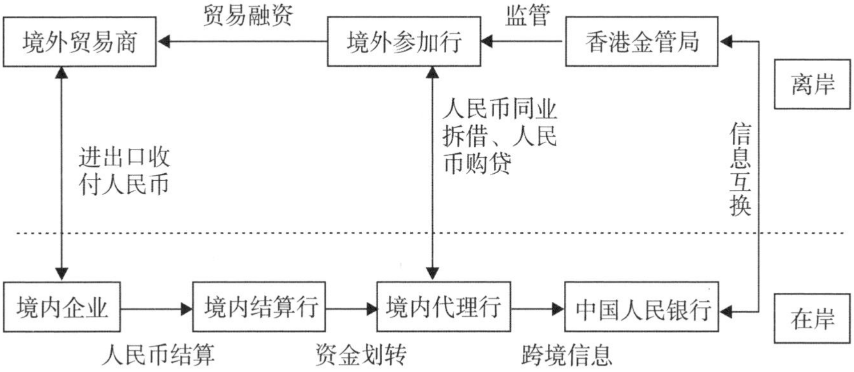

图 3－2 跨境贸易人民币结算与银行同业拆借

根据国家外汇管理局 2014 年 5 月颁布的《跨境担保外汇管理规定》，境内企业可以自行办理对外人民币担保，如果发生履约且债务未偿清，则会发生在岸人民币流向离岸。

2011 年，中国人民银行发布《境外直接投资人民币结算试点管理办法》，该办法第十五条规定"银行可根据有关规定向境内机构在境外投资的企业或项目发放人民币贷款"。工行、中行、国开行等银行进行了贷款试点。2013 年，深圳前海地区试点跨境人民币双向贷款，有两家深圳银行向香港企业提供了 6.2 亿元贷款，但是跨境贷款企业只能是在前海注册并经营的企业，其用途必须符合前海产业发展目录需求，不得用于投资证券、房地产、理财产品。

境内金融机构同时在两个市场充当做市商或者报价行，在两地开展针对客户需求的结购汇服务，成为流通的重要管道。以离岸、在岸人民币同业拆借市场做市商为例，中国银行、汇丰银行、渣打银行、建设银行、工商银行、交通银行、中信银行等七家银行在香港离岸市场和上海在岸市场同时充当做市商，成为两个市场资本流动最便利的渠道。比如，2011 年中国银行推出了"人民币转收款"、建设银行推出"跨境结汇通"等服务，通过香港的分支机构为客户办理中转结汇服务，增加了客户汇兑收益。如香港的结汇价格更高，企业会选择在香港结汇再汇入境内，并且规避了内地的结售汇管理，但增加了跨境人民币流入。

内地公司可以在“投注差”内借人民币外债，但与外汇外债不同，人民币外债无论短期还是中长期，均不实行余额管理，而是以发生额进行管理。境外企业对内地企业的人民币担保，如果发生履约且债务未偿清，则会发生离岸人民币流向在岸。

2013 年，中国人民银行深圳中心支行发布《前海跨境人民币贷款管理暂行办法实施细则》，1 月 28 日，首批跨境人民币贷款项目在深圳签约，15 家香港银行向注册在前海的企业签署总金额为 20 亿元的贷款协议，贷款利率为年息 3% ~5% 。

（五）官方渠道

人民币在岸流出离岸的官方渠道主要包括：人民币清算行流出、中国人民银行与香港金管局的货币互换。

境外参加行可以通过在清算行开立人民币同业往来账户购买人民币，清算行通过在中国人民银行深圳市中心支行开立人民币清算账户获取人民币流动性。如果境外人民币市场不能满足人民币敞口，可以通过此渠道获得人民币流动性。图 3 -3 描述了通过人民币清算行跨境拆借的流程。

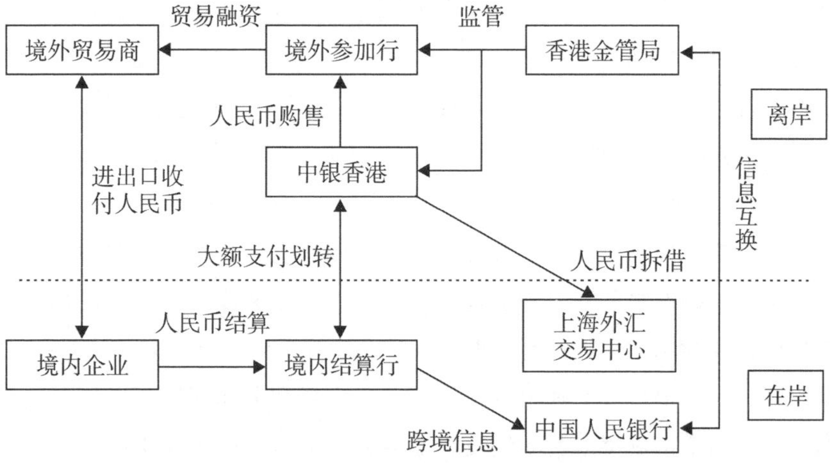

图 3 -3　香港人民币清算行结算模式

2009 年 1 月，中国人民银行和香港金管局签署了 2000 亿元人民币的货币互换协议。2011 年 11 月 22 日，中国人民银行与香港金管局续签 3 年期货币互换协议，规模扩大至 4000 亿元人民币。2012 年 6 月，香港金管局宣布向在港参加行提供人民币流动资金，接纳合格的证券作为抵押品，向有关参加行提供 7 天人民币资金，结算日为 T + 2，资金来源于两地货币互换协议。2013 年 1 月，香港金管局宣布结算日缩短为 T + 1。2013 年 7 月，香港金管局提出运用自身的离岸人民币资金为参加行提供即日交收的隔夜流动资金，即结算日进一步缩短为 T + 0。

人民币离岸流入在岸的官方渠道为人民币清算行回流。境外参加行可通过清算行卖出人民币，但境外清算行有总额度的限制，在跨境贸易结算项下中银香港的净卖出限额为 80 亿元人民币。

（六）个人渠道

人民币在岸流出离岸的个人渠道包括：香港居民兑换、内地居民携带现钞、地下汇兑等。

香港居民通过香港持牌银行兑换人民币没有上限，持牌银行则可以通过清算行平盘。境内居民出境携带人民币，用于商务、旅游、探亲等小额支付，每次入港可携带 2 万元人民币现钞。2012 年 8 月，香港首次对非本地居民开放人民币业务，即使只是赴港短期旅游的旅客也可以在香港银行开设人民币账户。此外，货币找换店、“地摊银行”、地下汇兑等也是在岸货币流向离岸市场的重要渠道。

人民币离岸流入在岸的个人渠道为非居民存款。香港、台湾地区居民将通过各种渠道取得的人民币收入存放于在岸市场的 NRA 账户，规模约有 7000 亿元。

（七）自贸区渠道

截至 2017 年底，我国分三批共成立了 11 个自贸区。2014 年 2 月 20 日，中国人民银行上海地区总部发布了《关于支持中国（上海）自由贸易试验区扩大人民币跨境使用的通知》，使得人民币跨境使用业务得以落地。并于 2016 年 4 月 13 ~ 15 日分别将此政策推广到了福建厦门、广东广州及福建福州自贸区。2016 年 11 月 4 日，又推广至天津自贸区。预计此项政策会继续推广至其他自贸区。

人民币在岸流出离岸的自贸区渠道包括人民币债券、人民币资金池、跨境电子商务结算。第一，区内企业母公司可以在境内发行人民币债券，人民币资金跨境使用。第二，自贸区内注册企业可开展集团内跨境双向人民币资金池业务，为集团公司提高境内外关联企业自有资金的集中调度和统一使用提供便利，并且没有额度上的限制。第三，跨境电子商务结算为在岸人民币直接通过电子商务平台进行消费提供结算渠道。银联电子支付、快钱公司等第三方支付公司与商业银行合作开展跨境电子商务人民币支付结算服务。

人民币离岸流入在岸的自贸区渠道包括：人民币贷款、人民币资金池、跨境电子商务结算。首先，向区内企业或非银行金融机构人民币融资，区内企业需要按照实缴资本 ×1 倍宏观审慎政策参数从境外融资，非银行金融机构按照实缴资本 ×1.5 倍宏观审慎政策参数从境外融入人民币。其次，按照人民币资金池业务要求，境外子公司将境外人民币划入区内资金管理方，资金来源要求为企业生产经营活动和实业投资活动的现金流。

二、人民币离岸与在岸市场的套利模式

人民币离岸市场和在岸市场套利模式基本上是利用两地的汇差、利差进行交易，主要存在以下几种形式：往返贸易套利、离岸账户套利、转口贸易套利。

（一）往返贸易套利

根据刘利刚（2014）的研究，往返贸易（香港将从内地进口而来的商品再出口到内地）是在岸和离岸市场金融套利的主要形式。由于内地海关统计的内地对香港出口数据与香港统计的香港从内地进口的数据经常存在较大差异，内地出口数据出现虚高，就说明存在贸易虚增和金融套利的情况。例如，自 2015 年 11 月起，内地和香港间的贸易数据差异就十分明显。2015 年 12 月，内地对香港出口额劲升 10.8% 达 460 亿美元，创出近三年最高，自香港进口额同比暴增 64.5%，而当月内地整体进口同比下滑 7.6%。有趣的是，

香港 12 月份进口同比下降 4.6%，12 月份出口同比下降 1.1%。

图 3-4 反映了往返贸易中的金融套利模式：①在岸公司将货物出口离岸公司 A，在岸公司获得美元货款。②在岸公司贸易结汇，用人民币购买高收益人民币理财。③离岸公司 A 从离岸银行获得低息美元贷款支付货款。④离岸公司 A 将货物卖给离岸公司 B 获得美元货款，并偿还离岸银行美元贷款。⑤离岸公司 B 将货物再出口至在岸公司，在岸公司用人民币支付货款。⑥离岸公司 B 将人民币存入离岸银行，并从离岸银行获得美元贷款。⑦在岸银行开立人民币信用证支持跨境人民币贸易。

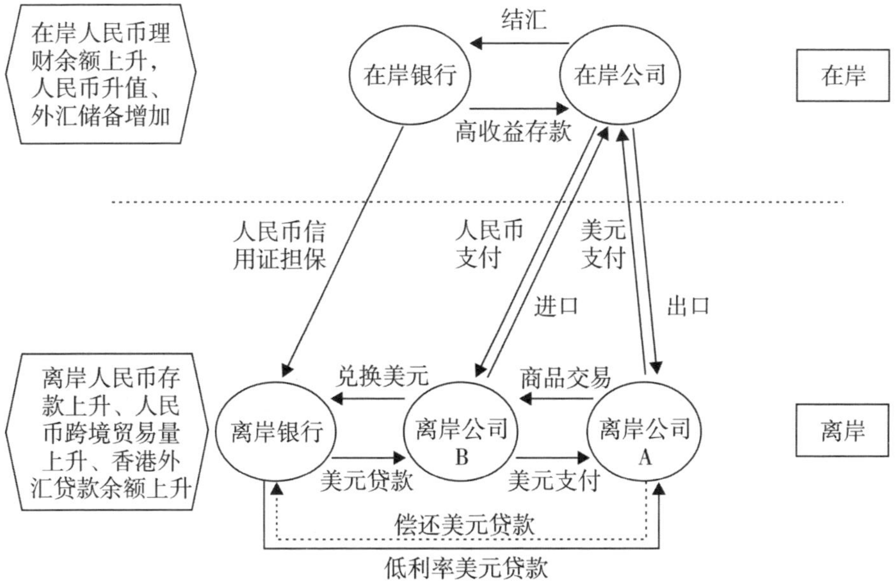

图 3-4　在岸与离岸市场往返贸易中的金融套利及其效果

这种往返贸易带来的效果是多元化的：对于在岸而言，带来资本流入、人民币理财余额上升、人民币升值、外汇储备增加等效果；对于离岸而言，带来人民币跨境贸易量上升、人民币存款上升、外汇贷款余额上升。多个离岸公司和银行之间的互动，使得两地金融监管和资本流动的管控越来越难，贸易融资内保外贷和人民币信用证被更多企业采用以获得低利率和长时间融资。

由于大部分的国有或私营大型企业在香港离岸市场设有子公司，关联企业的交易完全合法，通过关联交易实现利用离岸人民币的折价或溢价套利变得容易。对有跨境贸易的企业能更方便将资金在两个市场转移获得比较优势。2013 年，内地和香港往返贸易达到 9550 亿港元，比 2009 年的 5000 亿港元上升了 91%；2014 年 12 月，香港人民币存款规模突破 1 万亿元大关，而 2015 年，香港人民币存款余额则下降 1524 亿元，降至 8511 亿元，降幅达 15.2%，成为香港人民币存款有史以来的首次全年下跌。以上变化都与人民币汇率高度相关。

往返贸易实质是利用在岸市场和离岸市场的即期汇差和两地利差进行套利。当离岸人民币汇价比在岸存在明显升值时，在岸企业将人民币输出至香港关联企业，香港企业在离岸换成美元通过贸易支付在岸企业，在岸企业再将美元换成人民币实现汇差、利差套利。

（二）离岸账户套利

利用离岸账户套利是另一种主要的套利模式。具体而言，在境内外存贷款利率倒挂背景下，离岸公司通过开立 NRA 账户或 OSA 账户，便利地完成跨境资金调度并坐享境内外利差收益。目前，境外一年期美元 LIBOR 利率在 1.22% 左右，而境内 NRA 账户存款利率（执行一年期定期存款基准利率）在 1.5% 左右。离岸公司仅就资金存入 NRA 账户即可赚取利差收益。

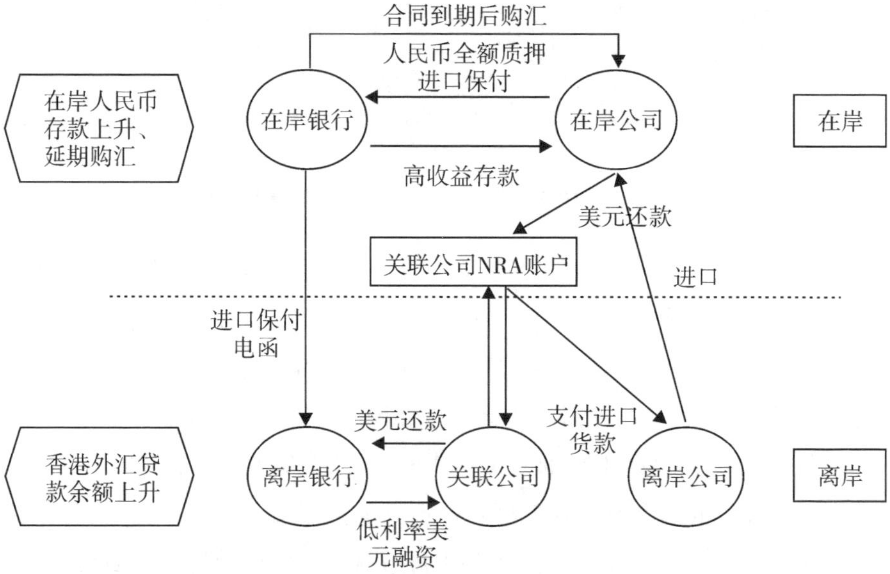

图 3-5　在岸与离岸市场离岸账户关联交易套利及效果

图 3－5 反映了离岸账户的关联交易套利模式：①在岸公司从离岸公司进口货物，在岸公司向在岸银行要求人民币全额质押进口保付。②在岸公司从在岸银行获得较高的人民币存款收益。③在岸公司在离岸设立的关联公司凭借这笔应收账款从离岸银行申请低利率贸易融资。④在岸银行根据在岸公司要求向离岸银行发出保付电函。⑤离岸银行收到保付电函后向关联公司发出低利率美元贸易融资款。⑥合同到期后在岸公司购汇归还关联公司 NRA 账户。⑦关联公司偿还离岸银行美元融资。

离岸账户套利的实质是利用两地利差套利。在岸公司在保付到期后支付人民币货款，境外出口商收到款项后在境外兑换为外币归还融资款。举例来说，套利者进口原油 1 亿美元，在岸的 A 公司与离岸的 B 公司和关联 A 公司签订三方合同，进口付汇时，A 公司在境内银行办理 3 年期全额质押进口代收保付业务 6.5 亿元人民币，质押人民币存款利率 4.25%，到期获得利息 0.87 亿元，关联 A 公司为境外收款方。关联 A 公司凭借应收账款在香港银行办理 3 年期美元/人民币贸易融资，融资利率为 2%，融资款汇入 NRA 账户支付 B 公司进口货款。3 年到期后，A 公司将还款资金购汇或以人民币形式归还关联 A 公司，关联 A 公司归还香港银行贸易融资。整个过程，如果不计算银行融资成本，以美元融资 A 公司将获得境内外利差 4400 万元人民币，人民币 NRA 的设立由于人民币升值效应使得该套利模式获得的利益更大。

（三）转口贸易套利

转口贸易又称中转贸易，指国际贸易中进出口贸易不是在生产国与消费国之间直接进行，而是通过第三国/地区易手进行的买卖。生产国与消费国之间并不发生贸易联系，而是由中转地区分别同生产国和消费国发生贸易。

转口贸易套利可以有以下运作模式：境内企业在境外设立关联企业做真实贸易、境内企业和境外企业联手构造虚假贸易、通过保税区的中转贸易。图 3－6 反映了具有真实贸易背景转口贸易的套利模式：①在岸公司 A 从离岸公司进口货物，在岸公司 A 将货款付给了其在香港的关联公司 A。②关联公司 A 将货款支付给在岸公司 B。③在岸公司 B 将货款全部结汇进行人民币全额质押，在岸银行为该公司开立受益人为关联公司 B 的远期信用证。④离岸银行根据信用证为在岸公司 B 在香港的关联公司 B 办理票据贴现美元融资，关联公司 B 获得低利率美元融资。⑤关联公司 B 根据与关联公司 A 签订的进出口合同，支付离岸公司货款。⑥在岸公司 B 获得高收益人民币存款，并以人民币支付关联公司 B 货款。⑦关联公司 B 归还离岸银行美元贷款。

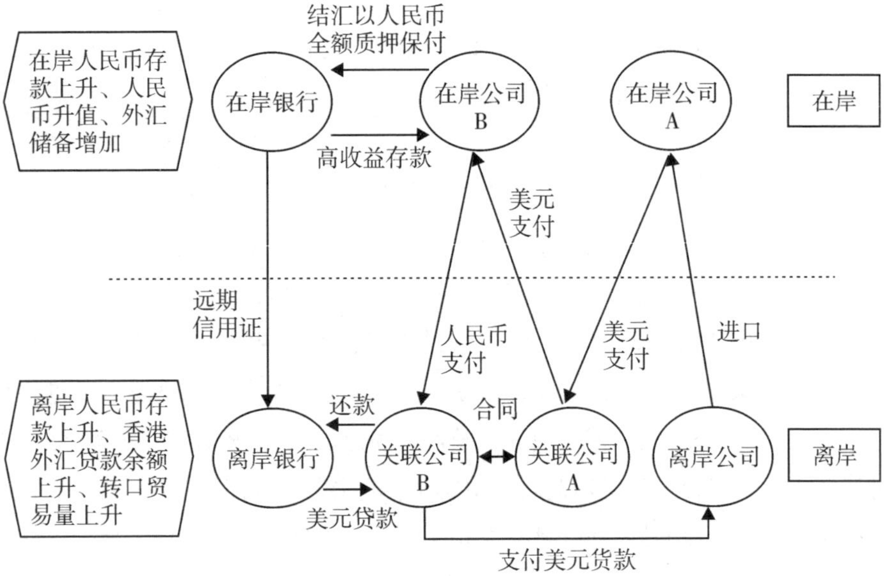

图 3－6　在岸与离岸市场转口贸易融资套利及效果

转口贸易套利的实质是利用境内外交易的利差、汇差套利，通过延长境内企业付款期限赚取汇差，通过关联公司交易赚取境内外利差。与离岸账户套利的模式相似，操作方式一般为：关联公司交易进口货物→人民币质押→进口远期贸易融资→境外融资代付。转口贸易具有无进出口报关行为、货物交割通过物权凭证转让、资金流与货物流分离、进口使用授信额度远期开证等特征。在岸公司能利用其在离岸的关联公司，通过签订合同甚至是虚假合同进行无风险套利。在岸公司在离岸公司境外融资成功后，出于套利动机容易进入新的循环开证操作，一旦出现利率、汇率波动或企业资金链断裂，会传动至在岸银行引发系统风险。

（四）离岸与在岸市场套利机理分析

1. 套利行为的决定因素

在岸离岸套利本质上是因为离岸人民币贷款利率水平基本上长期以来明显低于在岸，是一种企业和银行联手进行息差、汇差套利。套利取决于三个方面（见图3－7）：第一，境内外汇差。当离岸人民币（CNH）即期汇率低于在岸人民币（CNY）即期汇率，内地进口企业可以由外汇支付改为跨境人民币支付境外购汇实现套利，出现人民币进口大于出口现象。当CNH即期汇率高于CNY即期汇率，内地企业则在境内购汇，对外正常支付美元。当两地价差较小，则人民币收支平衡。第二，人民币汇率预期。当离岸人民币远期汇率（CNH DF）和无本金交割远期外汇（NDF）出现升水，表示人民币出现升值预期，内地出口企业会选择见汇即结，以及延迟付汇。当人民币出现贬值预期，则会选择多购汇，延迟结汇。第三，境内外利差。当境内利率高于境外利率，内地企业会选择人民币全额质押并获得境外外汇贷款支付货款，出现资产本币化、负债外币化。

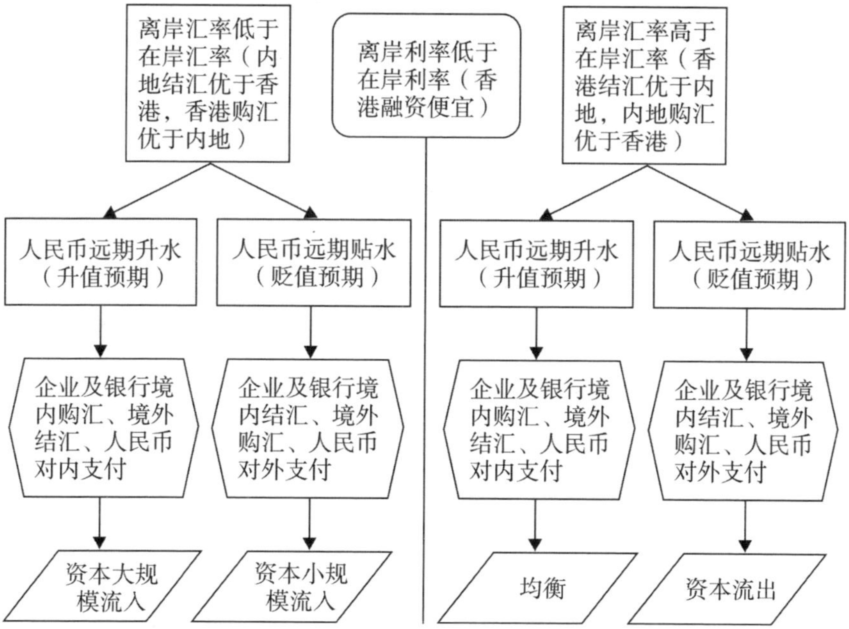

图3－7　离岸与在岸利率、即期汇率、远期汇率的关系及影响

如果具备以下因素，在岸和离岸之间的金融套利行为就将持续：人民币贸易结算为香港输入大量人民币；金融机构可以在 CNH 市场购入人民币；内地市场的外汇干预使得人民币保持单边升值预期，金融机构能以高出即期汇率价格卖出远期人民币。三者缺一不可。除此之外，在岸和离岸套利影响因素还取决于商业银行在两地汇款转账收取的手续费、两地结售汇的优惠程度，即境内外银行给予老客户在结售汇价格上加减的点差、出口退税的方便程度等。

2. 套利行为的影响

在岸和离岸市场的套利有正面影响，也有负面影响，有观点如张明（2013）认为，跨境贸易人民币结算规模扩大和外汇储备同步上升，与政府推动人民币国际化降低外储的初衷相背离，与这种套利行为密不可分。在人民币对美元升值的情况下，鼓励外国居民用美元资产换取人民币资产会造成福利损失。这种观点有一定道理，但是在发展离岸市场的过程中，套利可能是不可避免的。传统的观点把套利等同于投机倒把、不劳而获，却忽略了套利在市场中价格发现和市场均衡的重要作用。正如罗伯特·希勒（2012）在《金融与好的社会》中指出的，投机行为在当代经济运行中占据中心地位。市场所折射的信息和价格变动引发投机者的迅速行动使得投机行为在经济金融中越来越重要。如果人们都极力避免投机，而是采取广泛分散风险的投资方式，那么市场中就没有一股力量将价格推向确实“有效”的水平。因此，辩证地分析在岸、离岸的套利行为可以更好地理解发展离岸市场的重要意义。这种套利活动带来的影响包括：

第一，推动了人民币快速“走出去”。在人民币接受程度不高的情况下，选择香港离岸人民币市场作为中转站购汇或结汇，或者在香港开设关联公司相互支付，有利于增加人民币的境外需求。

第二，有利于香港离岸人民币市场和国际金融中心建设。人民币资金在香港的沉淀和运用加强了离岸人民币市场的广度和深度，全球的人民币结算业务向香港靠拢，有利于香港成为离岸人民币市场的中心。

第三，企业获得收益的同时也蕴含着潜在风险。在金融市场逐渐走向开放成熟的过程中，由于离岸市场与在岸市场利率、汇率价格的差异，会给企业带来套利机会，这是金融改革必须付出的成本代价。短期、投机性的交易除了面临政策监管的风险，也会面临市场的风险。比如，2013 年在香港人民币市场兴起的衍生人民币产品目标可赎回远期合约（TPF）是一种押注人民币升值的杠杆产品，在人民币升值时每个月都有回报，一旦汇率下跌则亏损会迅速加大。2014 年 2 月以来由于人民币汇率累计下跌近 3%，该产品净值由 2013 年的 3500 亿美元跌至 2014 年 3 月的 1500 亿美元。

第四，加大了跨境资金流动。延长融资期限和规避银行短期外债指标限制，境内关联企业以离岸企业作为中转融资环节，造成货物流与资金流的背离，以及更多的资本流动。当 CNH 对 CNY 升值时，企业会选择境内结汇、境外购汇，表现为美元流入，人民币流出。当 CNH 对 CNY 贬值时，企业会选择境内购汇，境外结汇，表现为人民币流入，美元流出。当人民币升值预期强烈时，企业倾向于采取展期、循环融资方式推迟购汇；当人民币贬值预期强烈时，企业则更会加快偿还外汇贷款。

第五，给市场带来潜在风险。在人民币单边升值预期强烈的情况下，人民币资产和美元负债之间的利差收益，导致离岸与在岸之间实现无风险套利轻而易举，银行和投机者在惯性思维下押注人民币升值，积累大量的升值多头。一旦人民币波动率加大出现贬值，买方不得不买入即期 CNH 对冲操作，将会加剧外汇与市场波动，给离岸人民币市场带来更大的螺旋式风险。

第六，银行货币错配的风险上升。在跨境贸易人民币结算中，香港的商业银行不断借出美元贷款，与此同时，人民币存款不断上升。内地银行也有相类似的情况，形成了期限和币种的错配。

三、离岸市场与在岸市场联动现状

国内外学者对于离岸市场与在岸市场之间联动的研究可以分为理论探讨和实证证据两大类，其中欧洲美元市场与美国境内相关市场是最具代表性的研究对象。同时，离岸市场与在岸市场之间相互的影响也会随着离岸市场发展特点及阶段的不同而产生变化。通常可得出这样的结论：离岸货币价格波动明显；离岸货币市场发展初期，价格引导关系表现为在岸价格引导离岸价格波动；随着离岸货币市场的发展，离岸价格引导在岸价格能力明显增强；在汇率自由浮动的情况下，离岸价格与在岸价格存在双向影响关系，而在固定汇率制下，离岸价格与在岸价格仅存在单向影响关系。此类成熟市场中的研究也会对人民币离岸及在岸市场之间的价格联动研究提供有力的支持。2009 年香港成立了人民币离岸中心之后，人民币离岸市场逐渐发展，国内外学者对于人民币离岸与在岸市场联动的研究也日渐丰富起来。对人民币境内外价格联动的研究多数集中在衍生品市场与现货市场、离岸衍生品市场和在岸本土市场，以及各国利率、汇率和商品期货市场之间联动关系的考察上。

（一）理论机制研究

1. 利率形成机制研究

离岸金融市场运行于宽松、成熟的市场环境，市场供求因素对离岸货币的价格形成有更为显著的影响。巴曙松、郭云钊（2008）认为，在离岸金融市场上，离岸货币的利率是离岸货币资金供求平衡的结果。Giddy（1979）、Kaen 和 Hachey（1983）研究发现，离岸美元对货币市场更敏感，能快速反映市场变动情况。李翀（2004）发现，香港的人民币利率主要取决于国内人民币利率和香港的港元利率，并随着香港市场上的人民币资金供需状况而改变。李晓、冯永琦（2012）认为，现阶段的香港人民币利率形成机制市场性不足，需要进一步改革现有的金融监管制度，让市场在香港人民币利率形成中发挥更大作用。冀志斌等（2015）对离岸与在岸人民币预期的关系进行了研究，发现离岸人民币利率预期的影响力更强。Maziad 等（2012）研究发现，由于人民币利率及汇率并未市场化，香港与内地之间的人民币市场存在套利空间，两地之间的资金流通，让香港市场化的人民币利率和汇率与内地市场相互影响。

2. 汇率形成机制研究

西方大部分学者在市场分割理论、金融市场一体化理论、供求理论、利率平价理论、国际收支平衡理论和预期理论等基础上，深入研究了人民币离岸与在岸的套汇形成机制。如 Culbertson（1957）提出市场分割理论是一种货币两种价格体系的真正原因；Rory C. Smith 和 Ingo Walter（1990）首次提出金融市场一体化理论，认为相同金融工具在不同金融市场上的价格趋于一致；贾彦乐等（2016）证实人民币在岸与离岸市场的一体化已经初具雏形，但人民币在离岸市场一体化程度仍较低，存在大量未被利用的套利机会；

Friedman（1953）提出一价定律，认为在同样的时点不同市场能以同样的价格购买同样标的资产，但由于一价定律有诸多限制，因此并不完全适用于人民币外汇市场问题。

3. 利率与汇率形成机制的差异

在人民币还没有成为可自由兑换的国际化货币的情况下，利率和汇率价格在离岸和在岸间的形成机制有着一定的差别。李翀（2004）在其研究中认为，人民币离岸金融市场是成熟的市场经济，利率价格的形成是由市场的供给与需求共同决定的，而由于在岸市场资本未开放的情况下，对于人民币供给不能完全按照市场需求进行供给，因而在离岸利率形成因素中，需求占主导因素，其中包括消费、贸易以及投资需求。离岸人民币汇率价格的形成同样也是由国际市场对兑换人民币的需求与供给共同决定的，而其中"管制差价"是导致在岸与离岸汇率价格不同的一个非常重要的原因。李隽（2011）指出，香港已经建立了与美元兑换港元即期汇率定价机制相似的离岸人民币汇率定价模式，当前香港由于贷款市场并不活跃，在岸人民币资本项目开放程度较低，人民币在在岸与离岸间的回流机制受限，最终导致了离岸人民币利率市场价格形成机制不够成熟和完善。实际上，香港离岸人民币利率市场价格的形成与其市场的存贷款政策以及现实发展情况息息相关。初期，香港离岸人民币存款利率是受到政策严格限定的，人民币存款准备金为100%，随着香港离岸人民币市场的发展，为了顺应市场发展规律，逐渐放宽了政策要求，降低了存款准备金要求，一直到现在香港离岸人民币市场在法律上不再对人民币存款准备金有要求了。曾之明（2011）以欧洲美元市场为例，介绍了离岸金融市场形成的机理，将美元离岸市场与在岸市场的价格形成机制进行对比，并提出香港人民币离岸市场作为特殊的离岸市场其价格形成具有不同的特点。

（二）实证研究

对于经历了长期发展的欧洲美元、欧洲日元等离岸市场来说，离岸市场与在岸市场的相互溢出作用经历了不同的发展阶段，基本以20世纪90年代为分水岭，国内外学者的实证研究也产生了一些发展变化。对于人民币离岸市场与在岸市场之间价格联动关系的研究还处于起步阶段。

1. 利率联动

20 世纪 90 年代以前，多数成果认为，在岸金融市场利率影响离岸金融市场利率。Hendershott（1967）研究发现，美国国债利率每变化一个基点会引起欧洲美元存款利率 0.14～0.23 个基点的调整，这一调整存在一个月至一年的时间调整时滞。即美国国债利率引导欧洲美元利率变动，但调整周期较长。Giddy 等（1979）通过对美国国内利率与欧洲美元利率的比较研究发现，相对美国美元利率来说，欧洲美元利率对市场环境表现出更强的敏感性，且利率价格调整速度更快。Hartman（1980）研究了美国金融市场和欧洲美元市场的关系，发现 1971—1974 年间美国货币市场受到外部影响不明显，但是 1975—1978 年外部影响效应明显；1975—1978 年间的欧洲美元市场利率受到美国国内利率的影响。Kaen 和 Hachey（1983）对美元和英镑进行研究发现，在布雷顿森林体系瓦解和资本管制取消之后，国内货币市场利率和相对应的欧洲货币利率常常表现出单向的价格引导关系。这主要是因为存在市场结构和交易成本的差异，使得国内货币市场对经济金融环境变化所作出的反应要快于离岸市场。Hartman（1984）和 Swanson（1988）研究发现，美国离岸市场利率受在岸市场利率引导，美元利率价格信息是从境内传递到境外。该结论表明美元利率在国内外的信息传递中，价格发现发生在美国国内金融市场。Fung 和 Isberg（1992）、Chan 和 Lee（1996）考察了 1983 年前后欧洲美元市场利率与美国在岸美元利率的价格引导关系，发现 1983 年之前离岸美元利率受在岸美元市场利率的单向价格传导影响；1983 年之后，离岸美元与在岸美元的利率变动即表现为双向传导关系。

而 20 世纪 90 年代以后，随着离岸市场的进一步发展，离岸利率的影响力增强，两者之间呈现出比较复杂的相互关系，并且这种关系会随市场变化而呈现不同的特征。Lo 等（1995）研究了 1990 年前后在岸日元利率与欧洲日元存款利率的价格传导关系，发现 1990 年之前在岸的日元利率受 3 个月期欧洲日元存款利率的单向价格变动传导影响，1990 年之后在岸日元利率与欧洲日元存款利率即表现为双向变动传导关系。Apergis（1997）对英国、美国、日本和德国在 1975—1993 年期间离岸货币市场利率与国内货币市场利率之间的关系进行了研究，结果发现，汇率是否自由浮动对国内货币市场和离岸货币市场利率之间的相互关系存在显著影响。汇率自由浮动时，离岸与在岸货币市场的利率表现为双向影响关系；汇率固定时，离岸货币市场利率表现出对国内货币市场利率的单向影响关系。Chong 和 Yang（2000）研究发现，1999 年放开 NDF 市场对国内的交易限制后，韩国离岸 NDF 市场的信息更快速有效地传递至在岸的即期市场。Jinwoo Park（2001）运用多元 GARCH 模型研究了韩国在 1997 年前后进行汇率制度改革时，境内外韩元市场间的报酬溢出效应与波动溢出效应。实证结果表明，汇率制度改革对韩元 NDF 市场与即期市场间的相关关系存在显著影响。Yang 等（2007）研究了 1983—2002 年美国和欧洲美元利率因果关系，得出结论，1992 年之前两种利率之间不存在长期协整关系，1992 年以后表现出了明显的长期协整关系，揭示了随着离岸美元市场的发展，境内货币政策制定不能独立于境外离岸市场。他们对欧洲美元存款利率研究还发现，20 世纪 80 年代在岸美元市场利率受欧洲美元存款利率的单向价格传导作用。Nagan 等（2007）讨论了日本 2006 年量化宽松政策出台后在岸和离岸日元市场套利交易情况，发现外国金融机构利用欧洲离岸日元市场开展活跃的套利交易，使得在岸、离岸的日元短期利率差不断收窄，但是保守的日本国内金融机构极少开展套利交易。

对于人民币离岸、在岸利率联动效应的研究，在香港人民币离岸（CNH）市场建立之前，主要以人民币境内利率和与人民币无本金交割远期外汇（NDF）市场相关的利率之间的研究为主。巴曙松（2002）指出，香港人民币离岸市场的发展可以形成一个类似伦敦的 LIBOR 利率一样完全市场化的人民币利率指标，反过来可以对内地利率市场化起到积极作用。Ma 和 McCauley（2007）在 LIBOR 利率、中美汇率和人民币 NDF 汇率价格基础上计算人民币资产的隐含回报，发现中国的资本管制还是有效的，这使得中国货币当局保留了一定程度的货币自主权。刘亚等（2007）运用二元 GARCH 模型，研究了人民币在岸利率与离岸利率之间的联动效应，发现境内外人民币利率之间总体上存在双向波动溢出效应，境外利率占有波动溢出优势，境内外利率之间的动态正相关关系不稳定。Yu 和 Zhang（2008）利用远期汇率定价公式从 NDF 中计算出隐含利率，与上海银行间同业拆放利率（Shibor）建立双变量 DVEC-GARCH 模型，结果显示两者的信息传递效应并不强，只有 3 个月期以上的 NDF 隐含利率对 Shibor 有显著的波动溢出效应。刘亚、张曙东、许萍（2009）选取了新的境外利率指标——境外人民币无本金交割利率互换（NDIRS），境内利率选取了银行间人民币利率互换价格、固息国债和政策性金融债利率三个指标，对2007年3月5日至2009年6月8日期间的1、3、5年期的数据进行实证分析，结果显示双方存在双向报酬溢出效应和波动溢出效应，离岸市场居于主导地位。但是其选择的利率期限较长，对市场信息的反应能力有限，降低了研究结果的可信度。另外，NDIRS作为风险对冲工具难以准确反映离岸市场上人民币的供需关系。在CNH市场建立后，严佳佳、黄文彬、黄娟（2015）采用2012年1月4日至2014年5月5日3月期以下Shibor和CNH Hibor数据，运用VAR-BEKK-GARCH模型进行实证分析，结果显示离岸利率对在岸利率影响正逐步增大，但主要限于中长期如1月、3月期利率，而对隔夜、7日、14日期利率的价格发现功能还比较弱。周文婷、李淑锦（2016）等研究认为内地市场的利率水平对香港离岸市场的利率水平具有引导作用；而香港离岸人民币兑美元的即期汇率与境内人民币兑美元即期汇率之间存在双向联动关系。

2. 汇率联动

由于美元不存在离岸和在岸市场的不同汇率问题，学者们对两个市场汇率的联动关系主要集中在人民币离岸与在岸市场的汇率联动上。由于香港离岸人民币市场出现较晚，早期不同人民币市场关系的研究主要集中在人民币NDF市场上。已有对香港离岸人民币市场的研究在数据规模有限的情况下，发现离岸人民币市场与境内市场即期价格无影响关系或影响关系较弱；部分研究得出结论，人民币境内价格影响离岸价格。由于CNY Hibor外汇市场发展时间较短，数据获得相对有限，境内对香港人民币外汇市场，境内人民币即期外汇市场、境内人民币远期外汇市场以及境外人民币NDF市场之间关系的定量研究较少。仅有的研究得出结论，人民币境内外即期外汇市场价格无引导关系。

对于该问题的研究随着人民币国际化的进程逐步深入。2006年8月，美国芝加哥商品交易所（CME）推出人民币期货、期权合约，人民币NDF进入场内交易。国外学者大多从人民币NDF市场本身（Fung，2004；Ma，2004）、中国资本管制的有效性（Ma and McCauley，2008）以及人民币NDF市场与其他货币NDF市场之间的报酬和波动溢出效应（Colavecchio and Funke，2008）等方面进行研究，对境内市场和NDF市场的信息传递研究较少。而国内学者对两个市场的收益和波动溢出效应进行了较为丰富的研究，得出的结论也不尽相同：黄学军和吴冲锋（2006）运用 Granger 因果检验比较研究了我国 2005 年汇改前后人民币即期汇率与 NDF 的信息传递关系，结果显示汇改后两个市场的相互作用加强，在岸现汇市场成为信息中心；严敏和巴曙松（2010）运用 VECM 模型、DCC-MVGARCH 模型对 2006 年 11 月 1 日至 2010 年 1 月 20 日数据进行分析，结果显示在岸市场因设施落后和制度约束，使得境外 NDF 市场处于市场价格信息的中心地位。黄勇、文兰娇和陶建平（2011）以次贷危机为界将 2006 年 8 月 11 日至 2009 年 11 月 30 日的在岸市场和 NDF 市场数据分两个时段进行研究，结果显示次贷危机后短期限品种 NDF 汇率对于境内人民币远期汇率单向引导关系减弱，长期限品种 NDF 汇率对于境内人民币远期汇率的引导关系不变，NDF 市场是市场信息的中心。许祥云、朱钧钧和郭朋（2013）利用 DCC-GARCH 模型实证分析了国际金融市场动荡程度（VIX 指数、TED 利差）与人民币 NDF 汇率之间的动态关系，较为新颖地研究了人民币 NDF 市场与宏观金融变量的关系。结果显示，在金融危机前，VIX 指数与 NDF 之间无明显关系，危机后其相关性迅速增加；TED 利差则在总体上与 NDF 相关性不显著，只在非常危机阶段才表现出一定的相关性。但这些研究或在香港人民币离岸市场建立之前，或没有涉及离岸市场远期汇率，使得研究具有一定的局限性。

2010 年 7 月 19 日，中国人民银行与中国银行（香港）有限公司签署《香港银行人民币业务的清算协议》，这标志着香港人民币离岸（CNH）市场的初步建立，CNH 汇率开始进入学者们的研究视野。加入 CNH 的研究比较早的是 Ding 和 Tse（2011），基于因果分析法的研究结果显示，CNH 即期与 CNY 即期之间不存在价格引导关系，CNY 即期与 NDF 之间存在价格引导关系，这反映早期 CNH 市场的引导作用较弱。贺晓博和张笑梅（2012）采用当时的最新数据，构建 VAR 模型对 CNH 和 CNY 即期价格之间的关系进行研究，结果显示 CNH 对 CNY 影响有限，而 NDF 对 CNY 影响较大，这是国内较早将 CNH 纳入研究范围的文献，与国外 Ding 和 Tse 的研究结果基本一致。Maziad 和 Kang（2012）发现 CNH 市场试运行后，不同时期价格信息传导机制发生了变化，前期均值溢出和波动溢出效应从离岸市场传导至在岸市场，而后期均值溢出效应变成从在岸市场传导至离岸市场，波动溢出效应没有变化。Cheung 和 Rime（2014）加入 CNH 订单流（order flow）这一变量，运用 VECM 模型进行研究，发现在岸和离岸即期汇率间的关系具有动态时变性，表现为由在岸单向引导离岸向离岸单向引导在岸转变，人民币定价权正逐步转向离岸市场，但是没有将远期汇率纳入研究框架。阙澄宇和马斌（2015）将 CNH、CNY 即期和远期汇率纳入 VAR-GJR-MGARCH-BEKK 模型框架，研究了其均值溢出效应、波动溢出效应和非对称效应。刘华、李广众和陈广汉（2015）将研究对象拓展到了国际市场，从报酬溢出和波动溢出两个方面研究 CNH 汇率对亚洲国家货币汇率的信息传导，认为中央银行退出外汇市场常规干预减弱了在岸人民币市场的影响力，而离岸市场影响力在逐步增大。胡炳志、张腾（2017）实证研究了远期外汇市场，认为远期汇率与有效市场汇率具有较强的关联性；同时研究认为利率平价机制对远期汇率也有较大影响，但相比而言，利率平价机制对境内人民币远期汇率影响大于对境外人民币远期汇率影响。

3. 微观结构与联动

Evans 和 Lyons（2002）最早提出了微观结构的方法，强调了按订单流量确定的净需求力量在确定汇率中的作用。Evans（2011）对于微观的汇率决定研究进行了概述，包括局部均衡理论模型、微观结构研究的传统模型，以及在一般均衡条件下的宏观模型中，有关货币交易及宏观条件的研究。研究表明，微观基础能够对宏观条件及政策下的汇率决定研究提供更深入的解释。King 等（2013）同样研究了汇率问题的微观解释。Zhang、Chau 和 Zhang（2013）运用了中国内地市场的人民币订单流数据，研究发现订单流、宏观因素和汇率之间存在长期协整关系。Chinn 和 Moore（2011）研究发现微观结构方法与月度频率相关，这可能是中央银行更感兴趣的。除了 CNH 订单流量数据之外，当前的研究还运用了限价指令订单数据。以上提到的两种类型的微观结构数据都来自路透推出的电子经纪系统 D2000－2，这也是现阶段最主要的 CNH 电子中间商平台。

Yin-Wong Cheung 和 Dagfinn Rime（2014）运用专门的微观结构数据对于 CNH 汇率的动态过程及 CNH 与 CNY 汇率的联动关系进行了研究，发现 CNH 价格受到其外汇市场订单流和限价指令的不平衡性影响。在岸与离岸的联动关系方面，CNH 汇率对 CNY 汇率的影响越来越大，对官方人民币中间汇率有显著的预测力。尤其在样本的后期，CNH 对于 CNY 短期动态产生了非常显著的影响，然而反之并不成立。CNH 订单流量以及 CNH 汇率也影响着人民币汇率和中间汇率，然而 CNY 汇率并没有发现类似的影响。同时，上述的各种相互作用随时间变化。每个交易都有供求双方，订单流通过区分主动交易方来评估需求方的力量。由于在岸交易要受到严格的管制，并且国际市场的参与者非常少，因而订单流对于价格的影响作用在在岸交易中可能会受到限制。

通过上述论述不难发现，离岸货币的利率形成主要取决于离岸货币市场上的供求关系，并与在岸货币利率互相影响。上述对离岸货币利率形成机制的研究主要针对成熟离岸货币市场，由于中国金融市场化改革进一步加速，利率和汇率市场化取得重大进展，这些研究的时效性不足。同时，香港离岸人民币的汇率与利率市场定价是随着离岸市场的发展而逐渐完善和成熟的，目前，香港离岸人民币市场与其他成熟的离岸货币市场相比还是有着一定的区别，相对其他成熟的离岸货币市场，香港离岸人民币的交易规模和市场需求还是有限的，国内学者针对香港人民币离岸金融市场利率和汇率价格形成问题的研究还非常少。有很多学者研究了人民币离岸、在岸市场的价格联动关系，但是鉴于 CNH 市场出现较晚以及数据缺乏，同时，我国也从未间断推进人民币国际化的进程，各种改革政策的出台，多种政策监管的放开，都对人民币在岸、离岸市场上的价格产生影响，因而实证研究仍然需要继续丰富和补充。

四、人民币离岸与在岸价差（CNH-CNY Pricing Differential）影响因素

（一）离岸与在岸价差概述

中国内地的外汇市场虽然在推进改革，但仍受到高度监管。特别是，外汇批发市场的准入只授予国内银行、融资公司（大型国有企业的子公司）和外国银行的国内子公司。固定利率是由央行决定的，尽管有几轮放松，汇率变动仍保持在 ±2% 的每日交易区间。在不同类型的交易中，现货合约占交易的大部分，远期和衍生品的份额较小。尽管中国的经济增长速度惊人，但中国与世界其他国家的经济联系仍然很小。相比之下，日本的对外贸易是中国

一半的规模，但日元的在岸贸易是在岸人民币贸易的八倍多。与在岸外汇市场不同，离岸市场是一个自由市场。任何市场参与者都可以进行丰富的交易，例如贸易结算、投资、套期保值等。汇率是由市场力量决定的，不受每日交易区间的限制，不受中国人民银行或香港金融管理局干预。

离岸市场与在岸市场隔绝，尽管很大程度上是有效的，但依然无法阻止套利、套汇行为的发生。例如，出口商和进口商可以选择以最有利的利率在在岸或离岸市场进行人民币结算，使用人民币资本账户交易拓宽渠道寻找额外的套利机会。尽管如此，两个市场之间的套利仍然不完整：在岸市场和离岸市场在很大程度上仍然是不同的流动性池子，而这两种汇率经常显著地偏离。

人民币国际化持续推进，让人民币离岸市场愈发活跃。离岸市场与在岸市场一些金融资产的价格往往存在差异，这种价差的存在也证明了资本管制的有效性和套利的局限性。突出的例子是股票市场中的 A 股和 H 股、在岸可交付资产和离岸不可交付人民币远期汇率，以及在岸和离岸人民币即期汇率，等等。这种价差也并不稳定，例如，2014 年 1 月 24 日离岸人民币汇率为 6. 0391，在岸人民币汇率为 6. 0488，二者相差 97 基点，而到了 2 月 7 日，差距扩大到了 400 基点，几周之后，差额又下降到 21 基点。

其中有两个时期，在岸与离岸市场之间的价格偏差特别大。第一个时期是在 2010 年末离岸市场运行的最早期阶段，贸易结算相关人民币交易的转换配额严重限制了离岸人民币市场的流动性。由于海外离岸市场的巨大压力，在 2010 年 10 月触及配额上限，离岸市场上对人民币的需求加大导致人民币升值，且 CNH 比 CNY 市场上高得多。第二个时期是在欧洲债务危机加深，全球风险规避急剧增加的背景下，2011 年秋季发生了相反的情况。由于香港特区对美元的需求激增，再次触及配额上限，CNH 的疲软程度远远超过 CNY 市场。此外，这些事件期间人民币汇率的波动也明显加剧，表明波动性可能从离岸市场溢出到在岸人民币市场。

研究离岸与在岸市场价差的问题具有重要的政策意义。一方面，即使存在中央银行，两个市场的不同定价信号所反映的价格不确定性也可能会增加在岸市场的波动性。另一方面，价格差异对金融稳定和货币政策传导具有重要意义。价差创造的套利机会导致跨境资金流动，中国的资本账户还没有完全自由化，这种流动通常采用非正式渠道，从而使得货币当局更难评估银行和非银行金融机构的货币状况和风险敞口。这显然会对货币政策造成影响，尽管中国在积极推进人民币国际化，但同时也希望避免过度的汇率波动。同时，作为人民币国际化的重要内容，离岸人民币市场对发行国和全球经济都有根本性影响（Maziad and Kang，2012；Wang et al.，2014；Shu et al.，2015）。因而，进一步理解离岸和在岸人民币市场价差对于推进人民币国际化有重要意义。

CNY 和 CNH 市场价差的持续存在和波动主要由于对国内和全球条件下在套利渠道的不同反应而产生的。不同的市场反应可能是由多个因素造成的。第一，CNY 市场受到在岸参与者约束、中央银行干预和日常交易规则约束，而 CNH 市场是更加多样化的自由市场。第二，由于没有资本流动的限制，CNH 市场与全球市场联系更紧密，因此可能受到外部因素的影响。在中国内地，资本管制的存在导致了两个市场严重的分割，因而定价缺口不能轻易套利。近年来，中国出台了一系列措施，促进离岸和在岸人民币市场的发展，在一定程度上增加了两个市场之间的融合程度，势必也会对 CNY 和 CNH 市场价差产生影响。

这种人民币离岸与在岸价差的水平和波动程度受到了国内外学者的关注。据现有研究，在岸和离岸价格之间的差异很大程度上反映了对在岸外汇交易的限制和跨境人民币流动的障碍，放松这些限制往往会降低价差的水平和波动性。离岸市场中流动性的增加及消除跨境流动对离岸市场的障碍，降低了离岸和在岸价格差异的波动性，而全球风险厌恶情绪的上升往往会增加这种差异的波动性。在政策方面，允许跨境人民币流出的措施具有特别明显的影响，能够降低两个市场之间价格差距的波动性。针对不同市场的自由化政策对于离岸市场与在岸市场的统一也会产生不同的影响，针对离岸市场的自由化政策更为有效。例如，允许跨境人民币资金从在岸市场流动到离岸市场的措施能够显著降低 CNH 与 CNY 价差的波动程度，相比之下，允许人民币资金回流到在岸市场的措施及对于贸易约束的放松等政策，对于价差的影响效果很小。这些结果表明，在早期阶段的一系列促进离岸市场的发展、增加流动性和离岸市场深化的政策，在促进在岸和离岸市场一体化方面发挥特别重要的作用。

（二）离岸与在岸价差的具体影响因素

总结来说，人民币离岸市场与在岸市场的价差主要受到宏观经济基础因素及市场条件、全球市场因素、政策性因素和投资者关注的影响。

1. 宏观经济基础及市场条件

宏观经济的发展是汇率最基本的决定性因素之一。宏观经济数据的公布会导致汇率及时的调整性的波动，因为这些数据会引导市场参与者及时调整对经济前景的预期，进而调整投资组合。现有文献对于宏观经济公告对汇率的影响也有过充分的研究，认为汇率会由于对通胀的意外下降和高于预期的增长而产生波动（Andersen et al.，2003，2007；Faust et al.，2007）。对于人民币市场，由于对同一条消息的不同解释，在岸和离岸市场的参与者对同一宏观经济数据的反应可能不同。此外，CNH 市场相比于 CNY 市场缺乏货币干预和贸易限制，使得 CNH 市场的价格对同一信息做出的反映更强烈。

Funke 等（2015）研究了两类宏观经济基本面因素，第一类来自宏观经济预测调查，包括 GDP 增长、工业生产增长、采购经理人指数（PMI）、通货膨胀和出口增长等市场最密切关注的指标，这些因素的预测指标与真实数据的差异会影响市场参与者对于这些宏观经济判断后的调整程度。第二类是股票指数，作为经济基本面的间接度量，香港和内地股票价格的比率可以捕捉离岸市场相对于在岸市场对宏观经济状况的影响。与在岸和离岸外汇市场的情况一样，内地和香港股市都有两家公司的双重上市，但由于内地现有的资本管制，它们也被隔离开来。同时，特定的外汇市场条件也是离岸与在岸人民币市场价差的重要推动因素。在岸人民币市场比离岸市场发展更成熟，流动性更强，但是离岸市场也在迅速发展中，这种流动性的差异及发展也会导致市场价格的变化。

2. 全球市场因素

除了国内宏观条件外，全球市场上的外部条件对于离岸和在岸人民币价差也会产生显著的影响。新兴市场的汇率普遍受到全球环境的影响：根据“Risk-on，Risk-off”循环，全球流动性和风险偏好可以影响资本流向新兴市场的方向和幅度，进而影响汇率。由于与全球金融市场的联系更为密切，这种外部条件对离岸市场的影响可能更大。在岸市场上的资本管制一定程度上隔绝了外部冲击的影响。这样，全球金融市场上的冲击对 CNY 和 CNH 市场的价格会产生不同的影响，因而导致了离岸与在岸市场的价差。这种全球市场因素的影响也可以用全球市场流动性等基础因素和投资者风险偏好来度量。

3. 政策性因素

限制价格自由波动及增加两个市场分割的政策都会增加离岸与在岸市场的价差。因而，消除价格约束，促进人民币跨境流动的政策都会减少这种价差。有关的政策包括贸易限制、经常项目自由化、资本账户自由化和流动资金安排。

（1）贸易限制。

贸易限制的一种手段是控制在岸市场上的每日交易波幅，这限制了在岸市场上人民币汇率对经济和市场条件变化的反映程度。更大的汇率弹性将使人民币市场的价格更符合经济和市场的基本面以及情绪，同时在岸和离岸人民币市场的价格会以更一致的方式移动，从而减少二者之间的差异。对于离岸市场而言，当市场交易量很小时，转换配额构成了市场发展初期的约束。触及配额上限将极大地影响市场流动性，扩大离岸和在岸市场的价差。

（2）经常项目自由化：跨境人民币贸易结算。

跨境人民币贸易结算试点于 2009 年 4 月推出，允许内地五个城市的进出口商与香港、澳门等地和东盟国家进行贸易结算，随后试点有几次增加。2012 年 3 月，所有对外贸易都能以人民币结算，这意味着完全取消人民币对经常项目交易的限制。从表面上看，贸易结算政策允许我国企业使用人民币结算跨境贸易交易，事实上，企业会利用内地与香港之间的资金渠道进行交易，并进行汇率套利。Garber（2011），Gagnon 和 Troutman（2014）都在文献中强调了跨境人民币贸易结算在发展离岸人民币市场中的重要性。

（3）资本账户自由化：人民币内外流动。

从 2010 年下半年开始，我国出台了一系列措施，鼓励资本账户下的跨境人民币流动。离岸人民币回流中国内地的主要渠道包括：①符合条件的离岸金融机构在内地银行间债券市场投资离岸人民币基金；②外国投资者在境外使用人民币直接投资中国内地；③合格境外机构投资者在内地股票和债券市场投资离岸人民币；④境内实体向境外募集人民币资金并将这些资金汇回中国内地。人民币流出渠道较少，其中包括内地企业利用人民币进行海外直接投资和内地银行向国内企业发放人民币贷款，以供海外经营。

（4）流动资金安排。

为改善离岸人民币市场的流动性状况，香港金融管理局于2012年中推出人民币流动资金安排。这一政策能够改善流动性的有效性。有关跨境人民币流动的政策能够提高离岸人民币市场的效率，从而降低离岸和在岸价差的波动性。人民币贸易结算与人民币流出的政策有助于扩大离岸人民币市场，深化市场。虽然促进人民币回流内地的政策可能会将资金从离岸人民币池中流出，但也能促进CNH市场的发展，人民币流动渠道的拓宽及资本账户的交易也增加了套利机会。在更长的时间跨度内，跨境人民币流动更大，有利于两个市场的价格发现，使得离岸市场和在岸市场都能变得更加有效。因而，这些因素都能够降低离岸与在岸价差的波动性。

4. 投资者关注

前面曾提到，离岸和在岸市场对于经济数据的反映差异会导致价差的存在，主要由于公告的经济数据与预期有差异。然而，有文献表明没有基本新闻公告的情况下，有时也会发生剧烈的汇率变动，这表明许多突然的价格变动不能归因于经济基本面因素（Balke et al.，2013）。一些吸引投资者关注的事件，例如，上海香港证券交易所的公告，允许合格内地投资者和香港投资者进行双向跨市场股票投资；"8·11汇改"后，市场化的报价机制改进；在SDR篮子中包含人民币等，都表明传统经济变量并不足以反映出所有相关信息。此外，离岸市场的投资者不仅接受内地经济基本面的信息，也能够接受海外信息的影响。因此，投资者的行为因素在帮助我们理解两个人民币市场之间的信息鸿沟方面也能够起到一定的作用，投资者关注对于离岸和在岸市场的定价差异有重要影响。

投资者关注现有的度量指标包括极端收益、交易量、新闻报道、广告支出、涨停限制、换手率等，但是这些变量具有明显缺陷，极端收益、交易量等还包含了其他与投资者关注无关的信息，而新闻报道并不能保证投资者一定会关注到。基于以上不足，Da（2011）提出了用基于Google Trends① 的搜索量指数（SVI），这种方法能更为直接、高频地反映投资者关注，搜索量可

① HTTP：//www. Google. /TrdNe/.

视为关注的外在表现，其大小可直接表示投资者的关注程度。此后，国内外学者都证明了以搜索量指数衡量的投资者关注确实对资产价格有一定影响。具体到离岸和在岸市场价差方面，根据 Liyan Han 等（2018）的研究，投资者关注因素在较短的时间内对于在岸和离岸市场定价差异会有显著的影响。正向的投资者关注会导致正的 CNY - CNH 价差。当离岸汇率高于在岸时，投资者关注增加，由于离岸市场的反转效应，离岸汇率贬值幅度要小于在岸汇率，有利于缩小价差；而当离岸汇率低于在岸时，投资者关注则会增大价差。综合来看，投资者关注会使人民币贬值，但离岸与在岸市场自身的差异会导致贬值幅度不同。离岸市场的汇率价格更多地体现国际市场对人民币的供求关系，与此同时离岸市场规模较小、深度不够且不受政府管制，因此，离岸市场对投资者关注的变化反应更为灵活。

总之，对于人民币离岸与在岸市场价差的影响因素，宏观经济条件方面，人民币在岸市场和离岸市场流动性差异对人民币在岸和离岸汇率差异水平和波动都会产生显著影响，香港离岸人民币外汇市场的流动性改善有助于减少 CNH - CNY 价差，减缓其波动。全球市场影响方面，美元走强和全球避险情绪高涨都会导致 CNH - CNY 差异及其波动增大，由于我国资本项目没有完全开放，相对于在岸市场，香港离岸人民币市场与国际金融市场联系更加紧密，更加容易受影响。政策方面，不同作用目标的政策产生的差异较大，促进人民币离岸市场扩张和深化、鼓励离岸人民币使用的政策措施会减少这种定价差异，促进两个市场的一体化。例如，允许人民币流出的政策有助于减小 CNH - CNY 差异，增加其波动，反之亦然。人民币的国际化有助于减少人民币在两个市场的定价差异，促进两个市场的趋同。投资者关注方面，投资者行为等非理性因素往往更能够对一些突发的、剧烈的价格波动进行解释。投资者对于一些事件的关注对离岸和在岸市场价差也存在显著的影响。

五、本章小结

推动人民币离岸市场建设，加快在岸金融市场开放，处理在岸与离岸资本流动的关系，是推动我国金融市场改革和人民币国际化的重要内容，其中，拓宽人民币离岸市场与在岸市场之间的人民币流动渠道是必须的举措。两个市场资本流动渠道包括跨境贸易渠道、直接投资渠道、金融市场渠道、银行渠道、官方渠道、个人渠道、自贸区渠道，等等。想要在两个市场建立起人民币输出、境外流通和回流的良性循环机制，除贸易渠道外，还要加强直接投资、资本市场的渠道畅通，拓宽个人跨境投资渠道。除人民币输出和回流，人民币的外循环也非常重要，香港要与其他离岸市场形成良性互动，吸引大的国际资产管理公司参与人民币资产配置，支持离岸市场之间的人民币投资、贷款活动。此外，要加强在岸与离岸市场的货币互换，通过货币互换增强流动性，加快离岸人民币全球体系构建。

虽然 2018 年 4 月 11 日央行宣布多项金融开放举措，在一定程度上放松了外资进入内地在岸市场，但人民币回流渠道仍未完全开放。如果把在岸和离岸人民币市场比作两个人民币存量资金池，则人民币跨境流动可以被视为联系这两个资金池的通道。相较于两端庞大的资金池存量，能够通过通道的流量有限，导致两个资金池存在不同，并且不同得以维持。这种不同导致离岸与在岸市场存在价差，进而可以通过套汇套利行为利用差异进行获利。套利的主要模式包括往返贸易套利、离岸账户套利、转口贸易套利等。套利规模扩大使得人民币离岸和在岸两个市场趋同发展，但伴随套汇套利规模扩大，汇率差波动性加剧，进而会影响市场稳定。

国内外现有文献表明，人民币在岸离岸汇差存在自动收敛趋势，人民币在岸离岸市场的一体化已经初具雏形，只是一体化程度仍较低。因而，同步在岸与离岸市场人民币价格，加强离岸与在岸市场的联动关系，充分发挥市场自我调节能力具有重要意义。人民币在岸和离岸两个市场的定价差异反映了人民币价值的不确定性，这种差异会影响到金融的稳定性和货币政策的实施，还会产生套利机会诱导跨境资本流动。虽然在岸市场仍是人民币汇率的定价中心，但是很多研究也证实了离岸市场人民币汇率波动会对在岸市场产生影响。因此，防止在岸和离岸人民币汇率出现大幅波动和偏离，对于维持人民币汇率稳定、国内金融安全和人民币国际化战略均具有重要意义。

第四章　离岸人民币市场的国际影响

离岸人民币市场的建设与发展是推动人民币国际化的必经之路。作为人民币国际化进程中的关键环节和重要渠道，离岸人民币市场的定价效力究竟怎样？本章首先通过探讨离岸人民币与中国港澳台地区及周边国家货币的溢出效应及其时变特征来定量分析离岸人民币的区域影响力，进而给人民币国际影响力的发挥提供借鉴。其次，基于扩展的非抛补利率平价等式来研究离岸人民币相对主流货币以及“一带一路”沿线国家货币的双边汇率变动问题，进而借此来探讨离岸人民币的避险特征。相关结果为发展香港离岸人民币市场、完善汇率形成机制以及协调中国对周边国家经济政治政策提供政策依据，对于更好地理解中国对亚洲区域经济的影响以及人民币国际化的未来走向具有一定的战略意义。

一、人民币区域影响力的研究现状

随着中国成为世界第二大经济体以及全球最大的贸易国，境外市场对人民币的需求愈发旺盛，人民币国际化的呼声亦愈发强烈。而作为一种尚不能完全可自由兑换的货币，积极建设与发展离岸人民币市场便成了题中之义。虽然离岸人民币市场肇始于 2004 年，但直到 2009 年 7 月随着跨境贸易人民币结算试点的正式实施才得以迅速发展，人民币才逐渐融入全球市场。2015 年 11 月 30 日人民币被批准加入 IMF 特别提款权货币篮子，意味着人民币作为国际储备货币将对全球货币体系带来深远影响。

近年来，香港离岸人民币市场不断发挥着离岸人民币定价权的诸多角色。2011 年，离岸人民币兑美元即期汇率定盘价的确立使其成为离岸市场人民币产品定价的参考汇率。2012 年，离岸人民币衍生市场的诞生给离岸人民币产品价格的确立提供了良好的竞价平台。2013 年，人民币香港银行同业拆息的推出给离岸人民币贷款及利率合约提供了准确的定价参考。在金融全球化中，各国家（地区）间金融市场的关联性将大大增强，香港离岸人民币市场的波动亦可能会对其他市场产生重大影响。

作为人民币国际化进程中的关键环节和重要渠道，离岸人民币市场的定价效力究竟怎样？离岸人民币定价效力对周边国家的货币是否存在溢出效应以及溢出程度如何？若离岸人民币的定价效力未能表现出区域性主导货币的特征，究竟受到了哪些货币的影响？以上效应有无时变特征？在当前人民币国际化的大背景下，剖析清楚这些问题有助于我们从定量的角度认识离岸人民币的区域影响力，考察突发事件下的区域性货币信息溢出程度，进而为人民币离岸市场的后续建设提供经验证据和政策依据，对后金融危机时代货币政策的选择与汇率机制的安排具有重要的参考价值。

目前国外学者对货币的溢出效应进行了许多有益的探索。已有文献大多针对欧元展开，这或许是因为对区域性货币单位的研究更能产生有意义的结论。Kitamura（2010）发现，欧元、英镑、瑞士法郎三种货币间存在相互关联性，但欧元在波动传导过程中占据着主导地位。Boero 等（2011）分别考察了引入欧元前后，马克、英镑、瑞士法郎和日元等货币间的波动关系，发现引入欧元后货币间的相互波动关系要强于引入前。Antonakakis（2012）也得出了类似结论，并进一步发现极端事件的发生以及美元的升值也会对货币间的溢出形成影响。由此可见，经济实力越强、国际化程度越高的货币通常会成为溢出效应的净输出者。

针对其他主要货币的研究也有着类似的结论。例如，Frankel 和 Wei（1994）通过建立隐形货币篮子模型得出：1979—1992 年，美元在东亚地区货币篮子中占有极高的比重，东亚地区已成为“事实上的美元区”。Wang 和 Yang（2009）得到澳大利亚元、英镑和日元间的非对称波动关系。具体地，日元贬值将引起澳元和英镑更高幅度的升值，而相反的效应却并不存在。

随着人民币与亚洲国家经贸往来的日益密切以及人民币国际化战略的不断推进，人民币区域影响力正在不断上升，很多研究都证实了这一点。例如，Shu 等（2007）首次论证了人民币在亚洲的区域影响力，他们指出自 2005 年中国实施有管理的浮动汇率制度后，人民币在亚洲货币中正变得越来越重要。Ito（2010）借鉴 Frankel 和 Wei（1994，2008）的方法也得到了类似的结论，即 2005 年后，人民币在东亚国家中扮演着事实上的货币篮子的角色。Henning（2012）认为东南亚四个主要经济体（新加坡、马来西亚、泰国和菲律宾）已经形成了松散但却有效的“人民币货币区”。Pontines 和 Siregar（2012）的研究也支持了上述结论。

Shu 等（2015）提供了人民币的影响力在亚太地区日益增长的较为详细的证据。首先，离岸人民币（CNH）市场被发现对亚洲货币具有一定的影响，且与在岸人民币（CNY）市场的影响不同。具体地，CNY 和 CNH 被发现对亚洲货币有着非常显著的影响，无论它们是以独立方式还是联合方式进入到基本回归方程中。之所以会产生这样的影响，是因为亚洲地区各货币的隐含篮子中均包含人民币。而 CNH 对亚洲货币产生的影响与 CNY 有很大区别，在控制 CNY 对亚洲货币汇率变动的影响后，CNH 对亚洲货币汇率变动存在影响。此外，CNY 具备更高的市场定价权，即对投资者而言，源自 CNY 市场的政策信号更具价值。

其次，在控制其他主要货币（澳大利亚元、新西兰元和港币）的走势以及中国货币政策向亚洲地区的溢出后，在岸和离岸市场的人民币兑美元汇率对亚洲货币兑美元汇率的变化具有显著的统计和经济影响。人民币对亚洲地区货币的影响，可能因中国货币政策的不同而产生不同的效应。中国货币政策的变动可能首先影响投资者的货币投资组合调整，进而波及亚洲地区货币汇率的变动。一方面，中国作为亚洲地区最大的经济体，其货币政策立场的变动可能被视为一种重要的信号，从而引发该地区其他国家的政策追随（He and Liao，2012）。另一方面，如果紧缩的货币政策生效，则可能导致该地区的经济增长前景趋弱。通过包含有中国货币政策指标的回归模型，可以发现货币政策同样具有重要意义，其对亚洲地区货币的影响方向显著为负，这一影响机制类似于中国的基准利率发生改变从而对外部经济体产生的影响。也就是说，如果中国为了应对通货膨胀而收紧货币政策，则亚洲地区各经济体预期将上调基准利率。这将促使国际投资者将资金从其他区域转移至亚洲地区以获取较高的固定收益，进而导致该区域的货币预期升值。此外，前述回归结果还显示，即便将中国货币政策指标纳入模型中，在岸和离岸人民币对亚洲地区货币的影响并未发生明显的改变。

再次，在岸和离岸人民币在市场压力期（2010 年第四季度和 2011 年第四季度）以及正常市场条件下的影响依然存在。但是，它们的相对重要性在不同时期发生着变化。在市场压力期下，在岸人民币相比离岸人民币的影响更加突出，而在正常市场条件下则完全相反。这表明，人民币外汇市场处于压力期时，投资于其他亚洲货币的投资者将更加关注在岸人民币市场的波动状况，而在正常市场条件下，投资者的注意力将更多地投放在离岸人民币市场。这可能是因为，离岸人民币市场面临着相对较少的流动性基础的限制，尤其是在早期发展阶段。当离岸人民币市场出现的剧烈波动是由流动性问题，而不是经济和市场基本面的变化引发时，投资者倾向于更多地依赖在岸人民币市场来获取定价信息。

Ito（2017）提出了一种分析货币国际化程度的框架，并将其应用于评估人民币的国际化程度。这一框架包含：私人部门和官方部门对货币计价单位、交换媒介以及价值储藏的应用情况。过去几年，人民币在私人部门国际融资中的份额都有所增长。Ito 基于 2004 年 4 月至 2016 年 5 月的数据，研究了香港地区私人部门人民币存款变动的原因，发现：尽管不同样本区间的效应不尽相同，但人民币每升值 1% 将导致人民币存款在下月增长 3% ~4.5%；从事人民币业务机构数量的增加通过扩大人民币业务来扩充人民币存款，而随着机构数量逐渐趋于稳定，这一效应亦缓慢减弱。

Ito 还发现，在每一种国际货币的评估标准中，人民币全球使用量的排名都在上升。具体地，人民币在国际清算银行（BIS）的调查中已经成为世界第八大结算货币，在环球同业银行金融电讯协会（SWIFT）的调查中则跃居世界第七。尽管没有货币宣称钉住人民币，但是部分亚洲货币似乎与人民币汇率变动紧密相关。为了寻找这种货币间的联动关系，Ito 使用了 Frankel-Wei 回归方法，该方法能够找到某种货币在其他货币定价中的组成权重。Ito 一方面选取瑞士法郎（CHF）为基准单位，比较美元、欧元、人民币和日元在亚洲货币（印度尼西亚卢比、韩元、马来西亚林吉特、菲律宾比索、新加坡元和泰铢）中的权重差异。结果发现，在 2008 年金融危机后，人民币已经超过美元在亚洲地区货币中的影响力，特别是马来西亚林吉特、印度尼西亚卢比和韩元。另一方面，考虑到瑞士法郎与欧元的比率在样本内的一段时期内

（2011年9月9日至2014年12月18日）接近常数，这就使得欧元的权重（回归系数）变得不大可靠，故重新选取新西兰元（NZD）为基准单位，比较美元、欧元、人民币和日元在亚洲货币中的权重差异。结果发现，人民币在亚洲货币中的权重变得更高。也就是说，自2005年“7·21汇改”始，亚洲其他国家（地区）的货币已经从追随美元慢慢转向追随人民币了，即人民币逐渐成为该地区的锚货币。使用事件分析法来检验极端事件发生时，可以考察亚洲其他国家（地区）货币是否与人民币的升贬值趋势基本一致。这里选取了两个样本期，一个是自2005年“7·21汇改”后的人民币汇率变动发生极大跳跃的30个交易日，另一个是2005年7月21日至2016年6月24日之间的汇率变动超过0.1%的交易日。总的来说，后金融危机时代，人民币在亚洲国家的隐性货币篮子中的权重已经超过了美元。特别是随着人民币对美元汇率弹性的增强，亚洲其他国家（地区）货币与人民币汇率的共振走势明显超过美元。也就是说，亚洲其他国家（地区）货币与人民币的升贬值趋势基本一致。

有些研究还指出人民币的影响力可能不仅仅局限在亚洲。Balasubramaniam等（2011）选取世界范围内的132种货币进行分析，发现有34种货币对人民币汇率变动敏感，因此人民币在全球汇率安排中可能发挥着潜在的重要作用。Subramanian和Kessler（2013）的研究表明，人民币的影响力正逐步上升为全球性的，特别是在2010年中期以后。这一扩大的影响既体现在全球范围钉住人民币的广度上，也体现在赋予人民币更高权重的深度上。

中国学者也对人民币影响力特别是区域影响力的问题展开了研究，目前已取得较为丰硕的成果。宋雅楠（2012）运用动态滞后分布模型探讨了人民币对亚洲部分主要货币的长期影响效力，发现人民币的区域影响力十分有限。简志宏和郑晓旭（2016）从空间和时间的双重维度得到人民币与除日元外的东亚货币保持着正相关关系，并且对泰铢、马来西亚林吉特的影响力相当显著，但仍然不能撼动美元在东亚货币中的主导地位。不过也有学者认为人民币的影响力异常突出，特别是在2008年金融危机后，东亚部分国家已将人民币纳入货币篮子里充当锚货币。方霞和陈志昂（2009）运用G-PPP模型分析得到，东亚地区的货币已从金融危机前的锚定美元逐渐转向锚定人民币。刘刚（2013）指出，金融危机后，美元在东亚地区仍然占据着主导地位，但人民币对部分东亚货币的影响已超过了美元，美元的地位正面临着挑战。此外，赵华（2007）、丁剑平等（2009）还认为，在2005年汇改后，由于人民币采取参照一篮子货币调整汇率的做法，使其与发达货币市场的联系显著增强。

梳理现有文献，我们可以发现国内外研究人民币影响力的文献已十分丰富，但却鲜有站在离岸人民币视角下定量分析离岸人民币影响力以及离岸市场发展对提升人民币影响力作用的文献。目前仅有：Shu 等（2015）沿用 Frankel 和 Wei（1994）的分析框架，首次提出离岸人民币市场是人民币发挥对亚太区域货币影响力的一个重要市场。刘华等（2015）得出离岸人民币已经在东亚地区发挥着区域影响力的结论。但需要指出的是，Frankel 和 Wei（1994）的模型是建立在本国货币紧盯货币篮子且不允许汇率波动的严苛假设上的，而刘华等（2015）的分析则过于简化。有鉴于此，本章尝试运用 Diebold 和 Yilmaz（2012）提出的方法来全面分析中国香港离岸人民币市场在亚洲地区的影响力。

二、研究框架与数据

（一）研究框架

本章主要借鉴 Diebold 和 Yilmaz（2012）提出的方法来构造溢出指数。具体如下：

首先建立一个具有平稳协方差的滞后 p 期的 N 变量 VAR 模型：

$$X_t = \sum_{i=1}^{p} \varphi_i X_{t-i} + \varepsilon_t \tag{4-1}$$

其中，$X_t = (x_{1,t}, \cdots, x_{N,t})'$，$\varphi_i$ 是 $N \times N$ 的系数矩阵，误差向量 ε_t 均值为零，协方差矩阵记为 $\sum$ 。

假设该 VAR 模型具有平稳的协方差，故可将式（4－1）转换为移动平均的形式：

$$X_t = \sum_{t=0}^{\infty} A_i \varepsilon_{t-i} \tag{4-2}$$

其中，系数矩阵 A_i 满足递归形式 $A_i = \varphi_1 A_{i-1} + \varphi_2 A_{i-2} + \cdots + \varphi_p A_{i-p}$，$A_0$ 为

$N \times N$ 单位阵，且当 $i<0$ 时，$A_i=0$。

在上述模型的基础上，通过对协方差矩阵 $\sum$ 进行方差分解，有助于我们将每一种货币的汇率变动预测误差的方差分解为源自系统内各货币的汇率部分，并将其归因于来自各货币的汇率变动冲击，即各货币汇率变动的溢出效应。

（1）方差分解及溢出效应定义。

为了衡量各货币间汇率变动的溢出效应和总溢出效应，先定义汇率变动的溢出效应：第 j 国货币的汇率 x_j 对第 i 国货币的汇率 x_i 的溢出效应是指 x_i 的 T 步（方差分解的期数）预测误差的方差受到来自 x_j 部分的冲击，其中 $i \neq j$，公式如下：

$$\theta_{ij}(T) = \frac{\sigma_{jj}^{-1}\sum_{t=0}^{T-1}(e_i'A_t\sum e_j)^2}{\sum_{t=0}^{T-1}(e_i'A_t\sum A'_t e_i)} \tag{4-3}$$

上式中的 σ_{jj}^{-1} 为第 j 个变量预测误差的标准差形式，e_i 为一个 $N \times 1$ 的向量，其中第 i 个元素为 1，其余元素为 0。$\theta_{ij}(T)$ 代表变量 x_j 对变量 x_i 的溢出效应，但必须注意的是 $\sum_{j=1}^{N}\theta_{ij}(T) \neq 1$，因此对 $\theta_{ij}(T)$ 进行标准化：

$$\tilde{\theta}_{ij}(T) = \frac{\theta_{ij}(T)}{\sum_{j=1}^{N}\theta_{ij}(T)} \tag{4-4}$$

由此可得：$\sum_{j=1}^{N}\tilde{\theta}_{ij}(T) = 1$ 和 $\sum_{i,j=1}^{N}\tilde{\theta}_{ij}(T) = N$。

（2）总溢出指数。

通过上式我们可以得到总溢出效应的百分比形式（即总溢出指数）：

$$S(T) = \frac{\sum_{i,j=1,i\neq j}^{N}\tilde{\theta}_{ij}(T)}{\sum_{i,j=1}^{N}\tilde{\theta}_{ij}(T)} \times 100 = \frac{\sum_{i,j=1,i\neq j}^{N}\tilde{\theta}_{ij}(T)}{N} \times 100 \tag{4-5}$$

由式（4-5）可知，在经过广义方差分解后，将所得 $N \times N$ 矩阵中的所有元素加和作为总溢出指数的分母，非对角线元素加和作为总溢出指数的分子。在本章中，总溢出指数度量不同货币间汇率变动的总溢出效应程度，可作为衡量汇率变动相关程度的量化指标。总溢出指数越高，则汇率变动更多的来源于不同货币间的信息溢出，表明各国货币间的联系越紧密。

（3）定向溢出指数。

基于式（4-4）中的标准化 $\tilde{\theta}_{ij}(T)$，我们还能探究各货币间汇率变动的定向溢出效应。其中，j 货币对 i 货币的定向溢出指数定义为：

$$S_{ij}(T) = \frac{\tilde{\theta}_{ij}(T)}{\sum_{i,j=1}^{N}\tilde{\theta}_{ij}(T)} \times 100 = \frac{\tilde{\theta}_{ij}(T)}{N} \times 100 \tag{4-6}$$

所有其他货币对 i 货币的定向溢出指数定义为：

$$S_{i\cdot}(T) = \frac{\sum_{j=1,i\neq j}^{N}\tilde{\theta}_{ij}(T)}{\sum_{i,j=1}^{N}\tilde{\theta}_{ij}(T)} \times 100 = \frac{\sum_{j=1,i\neq j}^{N}\tilde{\theta}_{ij}(T)}{N} \times 100 \tag{4-7}$$

i 货币对所有其他货币的定向溢出指数定义为：

$$S_{\cdot i}(T) = \frac{\sum_{j=1,i\neq j}^{N}\tilde{\theta}_{ji}(T)}{\sum_{i,j=1}^{N}\tilde{\theta}_{ji}(T)} \times 100 = \frac{\sum_{j=1,i\neq j}^{N}\tilde{\theta}_{ji}(T)}{N} \times 100 \tag{4-8}$$

而 i 货币对 j 货币的净溢出效应被定义为从 i 货币到 j 货币的溢出效应与从 j 货币到 i 货币的溢出效应之差。

（4）动态溢出指数。

为反映汇率变动溢出效应的动态特征，本章还依据总溢出指数和定向溢出指数得到相应的动态时变图，以便进一步研究各货币间汇率溢出效应的时变特征。

（二）研究数据

本章的研究对象是各国货币的名义汇率。依据中国与周边国家的政治经济联系，本章选取了东盟国家及中国港澳台地区的货币，包括文莱元（BND）、港元（HKD）、印度尼西亚卢比（IDR）、日元（JPY）、柬埔寨瑞尔（KHR）、韩元（KRW）、老挝基普（LAK）、缅甸元（MMK）、澳门元（MOP）、马来西亚林吉特（MYR）、菲律宾比索（PHP）、新加坡元（SGD）、泰铢（THB）、新台币（TWD）、越南盾（VND）以及上海合作组织成员国的货币，包括印度卢比（INR）、吉尔吉斯斯坦索姆（KGS）、哈萨克斯坦坚戈（KZT）、巴基斯坦卢比（PKR）、俄罗斯卢布（RUB）、塔吉克斯坦索莫尼（TJS）、乌兹别克斯坦苏姆（UZS）。在人民币跨境贸易结算区域全面推广开来之前，东盟以及中国香港、澳门地区就已经成为境外的先行试点区域，突出反映该区域与中国内地经贸往来的密切性，也反映出该区域对人民币的高度认可①。此外，新加坡和中国香港还成为离岸人民币交易的重要境外市场。而上海合作组织则是第一个由中国主导创立的区域性国际组织。在后续的实证分析中，我们将分别考察两大体系中的货币与离岸人民币在汇率上的整体关联以便全面衡量离岸人民币的区域影响力。

为全面考察这些货币的汇率波动对离岸人民币溢出的时变特征，本章选取的时间范围是2010年8月24日至2015年12月31日。对离岸人民币而言，这个阶段恰好覆盖离岸人民币自有市场活跃交易以来的绝大部分数据②。对其他国家货币而言，该阶段能较好地控制金融危机和欧债危机对汇率波动的极端影响，从而准确分析各货币与离岸人民币间的溢出效应。本章选取的所有货币的名义汇率均取自 Datastream 数据库，并且是以美元标价法下的日度收盘数据为准。

表4-1展示了离岸、在岸人民币与中国港澳台地区及周边国家21种货币名义汇率的描述性统计量指标，表中的各汇率数据均经过对数差分处理。从统计指标可以看出，所有货币的汇率变动率均具备“尖峰厚尾”特征，同时 Jarque-Bera（JB）统计量表明各序列均不服从正态分布。

---

① 参见2010年6月颁发的《中国人民银行财政部　商务部　海关总署　国家税务总局　银监会关于扩大跨境贸易人民币结算试点有关问题的通知》。

② 虽然香港离岸人民币兑美元的即期汇率始于2004年，但彼时的市场交易规模很小。直到2010年7月，离岸人民币即期外汇市场和可交收远期外汇市场的出现，才使得交易规模逐渐扩大。因此，离岸人民币汇率在此之后才具备一定的市场效力。

表4-1 离（在）岸人民币与中国港澳台地区及周边国家货币汇率变动率的统计特征

货币	均值	标准差	最大值	最小值	偏度	峰度	JB 统计量
CNH	-0.000	0.001	0.027	-0.012	3.993	83.996	515025.3***
CNY	-0.000	0.001	0.016	-0.008	2.511	39.987	108327.17***
BND	0.000	0.003	0.032	-0.028	0.437	20.792	24672.868***
HKD	-0.000	0.000	0.002	-0.002	-0.272	24.428	35721.048***
IDR	0.000	0.004	0.043	-0.036	0.314	30.480	58741.966***
JPY	0.000	0.004	0.030	-0.020	0.798	9.854	3850.360***
KHR	-0.000	0.004	0.037	-0.038	0.047	19.851	22078.748***
KRW	-0.000	0.004	0.029	-0.021	0.580	8.503	2459.501***
LAK	-0.000	0.003	0.040	-0.036	0.279	47.457	153692.79***
MOP	-0.000	0.002	0.009	-0.011	-0.031	8.665	2495.137***
MYR	0.000	0.004	0.046	-0.042	0.205	28.969	52445.444***
PHP	0.000	0.003	0.016	-0.015	0.264	6.842	1169.374***
SGD	0.000	0.003	0.033	-0.031	0.642	28.714	51535.095***
THB	0.000	0.002	0.014	-0.012	-0.042	6.894	1179.221***
TWD	0.000	0.002	0.017	-0.016	0.194	12.812	7497.520***
VND	0.000	0.003	0.068	-0.014	10.017	267.810	5483385.2***
INR	0.000	0.004	0.032	-0.026	0.347	11.175	5485.728***
KGS	0.000	0.004	0.063	-0.063	0.358	132.732	1371722***
KZT	0.000	0.007	0.192	-0.064	19.062	497.004	20007706***
PKR	0.000	0.002	0.016	-0.019	-0.474	19.425	22061.196***
RUB	0.000	0.009	0.167	-0.099	2.921	72.312	394314.83***
TJS	0.000	0.006	0.092	-0.091	-0.947	185.918	2727207.8***
UZS	0.000	0.003	0.029	-0.029	0.081	35.099	83973.006***

接下来，本章分别针对离岸人民币与东盟国家和中国港澳台地区货币以及上合组织成员国货币的名义汇率进行建模，通过对模型预测误差的方差分

解来构造汇率变动的溢出指数；同时还采用滚动回归分析方法刻画离岸人民币溢出效应的时变特征，从而对离岸人民币与中国及其周边国家货币的信息溢出程度和动态特性给予全景式定量分析。

三、离岸人民币在东盟国家及中国港澳台地区的货币影响力分析

表 4－2 给出了离岸人民币与东盟国家及中国港澳台地区货币间的汇率溢出程度。这里，东盟国家排除了在 2012 年前没有统一汇率制度的缅甸（下同）。T 取 6 天和 12 天，表示溢出持续的时间①。$T=6$ 以下的 15 行表示在 6 天内受到的来自其他货币的溢出影响程度。例如，离岸人民币受到文莱元的影响为 2. 841%，受到港币的影响为 3. 420%。最后一列表示受到其余 14 种货币的溢出影响的加总，即各行中除去自身影响以外的各个数字的加总。各列表示对外的溢出程度。

基于 6 天和 12 天 2 个考察期，我们获得离岸人民币和 14 种货币相互之间的汇率溢出效应。在 6 天内，离岸人民币汇率中所受外部影响程度为 35. 694%，离岸人民币对外部的影响总和为 3. 099%，15 种货币相互之间的影响为 46. 04%。从 12 天的长期时间来看，离岸人民币受到东盟国家及中国港澳台地区货币的溢出程度的高低顺序依次是：新加坡元（6. 676%）、新台币（5. 283%）、韩元（4. 905%）、马来西亚林吉特（3. 736%）、菲律宾比索（3. 552%）、港元（3. 420%）、泰铢（3. 352%）、文莱元（2. 841%）、印度尼西亚卢比（0. 934%）、日元（0. 391%）、澳门元（0. 220%）、老挝基普（0. 196%）、柬埔寨瑞尔（0. 150%）、越南盾（0. 041%），总和为 35. 697%。离岸人民币对于外部的影响总和为 3. 099%，15 种货币相互之间的汇率影响为 46. 04%。可以看到，6 天以后离岸人民币对外部的影响总和维持在 3. 099%，而离岸人民币所受到的外部影响在 6 天后达到了 35. 697% 的程度。所以，在一周内的溢出效应信息已基本释放完毕，离岸人民币的汇率波动有 35. 697% 来自外部，或者说东盟国家及中国港澳台地区货币对于离岸人民币的汇率传导占到 35. 697%。

---

① 限于篇幅，$T=1$ 和 $T=3$ 的结果没有报告（下同），但并不影响主要结论。

表 4－2　离岸人民币与东盟国家及中国港澳台地区货币间的汇率溢出效应程度

（单位：%）

T＝考察天数	CNH	BND	HKD	IDR	JPY	KHR	KRW	LAK	MOP	MYR	PHP	SGD	THB	TWD	VND	本国受外部影响
T＝6																
CNH	64. 306	2. 841	3. 420	0. 934	0. 391	0. 150	4. 905	0. 195	0. 220	3. 736	3. 552	6. 676	3. 352	5. 283	0. 041	35. 696
BND	1. 344	29. 323	1. 986	3. 892	1. 409	0. 066	7. 602	0. 732	3. 998	11. 709	5. 768	20. 905	5. 633	5. 212	0. 420	70. 677
HKD	2. 909	5. 069	58. 32	2. 118	0. 148	0. 187	7. 531	0. 080	0. 761	3. 935	4. 932	7. 175	3. 830	2. 816	0. 191	41. 680
IDR	1. 205	7. 234	1. 729	52. 067	0. 167	0. 631	5. 054	0. 052	0. 277	12. 549	4. 780	9. 510	3. 466	1. 155	0. 125	47. 933
JPY	0. 512	2. 774	0. 781	0. 057	84. 589	0. 095	1. 038	0. 438	1. 613	0. 152	0. 407	3. 698	2. 282	1. 380	0. 185	15. 411
KHR	0. 229	0. 319	0. 173	0. 793	0. 606	82. 454	0. 023	5. 451	4. 944	0. 620	1. 347	0. 290	0. 515	2. 098	0. 138	17. 546
KRW	2. 297	9. 012	3. 659	3. 121	0. 706	0. 121	31. 213	0. 067	0. 297	9. 824	10. 222	13. 37	6. 774	9. 223	0. 092	68. 787
LAK	0. 301	1. 633	0. 053	0. 170	0. 331	4. 711	0. 096	80. 099	6. 163	0. 137	0. 056	0. 570	1. 336	2. 064	2. 281	19. 901
MOP	0. 245	8. 505	0. 571	0. 260	1. 076	4. 653	0. 160	7. 389	67. 187	0. 069	0. 049	1. 068	0. 985	4. 637	3. 146	32. 813
MYR	2. 045	12. 264	2. 012	7. 218	0. 312	0. 317	9. 187	0. 006	0. 281	30. 473	8. 976	16. 006	6. 212	4. 633	0. 057	69. 527
PHP	1. 911	7. 346	3. 035	3. 374	0. 437	0. 742	11. 469	0. 003	0. 344	10. 352	35. 843	10. 507	9. 250	5. 242	0. 145	64. 157
SGD	2. 609	18. 605	2. 726	4. 723	1. 520	0. 106	10. 393	0. 132	0. 594	13. 632	7. 404	26. 216	6. 445	4. 845	0. 050	73. 784
THB	2. 041	7. 653	2. 340	2. 528	1. 236	0. 118	7. 937	0. 135	0. 537	7. 800	9. 982	10. 195	41. 215	6. 271	0. 012	58. 785
TWD	3. 535	8. 143	2. 257	1. 181	1. 017	0. 817	12. 187	0. 678	2. 279	6. 243	6. 070	9. 131	6. 574	39. 718	0. 170	60. 282
VND	0. 215	1. 581	0. 100	0. 263	0. 074	1. 030	0. 019	4. 021	5. 512	0. 105	0. 059	0. 221	0. 016	0. 326	86. 458	13. 542
本国对外溢出	3. 099	13. 465	3. 598	4. 436	1. 365	1. 990	11. 238	2. 807	4. 029	11. 711	9. 211	15. 832	8. 207	7. 992	1. 022	46. 04

（续表）

T＝考察天数	CNH	BND	HKD	IDR	JPY	KHR	KRW	LAK	MOP	MYR	PHP	SGD	THB	TWD	VND	本国受外部影响
T＝12																
CNH	64. 305	2. 841	3. 420	0. 934	0. 391	0. 150	4. 905	0. 196	0. 220	3. 736	3. 552	6. 676	3. 352	5. 283	0. 041	35. 697
BND	1. 344	29. 323	1. 986	3. 892	1. 409	0. 066	7. 602	0. 732	3. 998	11. 709	5. 768	20. 905	5. 633	5. 212	0. 420	70. 677
HKD	2. 909	5. 069	58. 319	2. 118	0. 148	0. 187	7. 531	0. 081	0. 761	3. 935	4. 932	7. 175	3. 830	2. 816	0. 191	41. 681
IDR	1. 205	7. 234	1. 729	52. 066	0. 167	0. 631	5. 054	0. 052	0. 277	12. 549	4. 780	9. 510	3. 466	1. 155	0. 125	47. 934
JPY	0. 512	2. 774	0. 781	0. 057	84. 587	0. 095	1. 038	0. 439	1. 613	0. 152	0. 407	3. 698	2. 283	1. 380	0. 185	15. 413
KHR	0. 229	0. 319	0. 173	0. 793	0. 606	82. 451	0. 023	5. 451	4. 945	0. 620	1. 347	0. 290	0. 515	2. 099	0. 138	17. 549
KRW	2. 297	9. 012	3. 659	3. 121	0. 706	0. 121	31. 212	0. 068	0. 297	9. 824	10. 222	13. 371	6. 774	9. 223	0. 092	68. 788
LAK	0. 302	1. 633	0. 053	0. 170	0. 331	4. 710	0. 096	80. 093	6. 161	0. 138	0. 056	0. 571	1. 339	2. 066	2. 280	19. 907
MOP	0. 246	8. 505	0. 571	0. 260	1. 076	4. 653	0. 160	7. 390	67. 18	0. 070	0. 049	1. 070	0. 987	4. 638	3. 146	32. 820
MYR	2. 045	12. 264	2. 012	7. 218	0. 312	0. 317	9. 187	0. 006	0. 281	30. 473	8. 976	16. 006	6. 212	4. 633	0. 057	69. 527
PHP	1. 912	7. 346	3. 035	3. 374	0. 437	0. 742	11. 469	0. 003	0. 344	10. 352	35. 843	10. 507	9. 250	5. 242	0. 145	64. 157
SGD	2. 609	18. 604	2. 726	4. 723	1. 520	0. 106	10. 393	0. 132	0. 594	13. 632	7. 404	26. 216	6. 445	4. 845	0. 050	73. 784
THB	2. 041	7. 653	2. 340	2. 528	1. 236	0. 118	7. 937	0. 135	0. 537	7. 800	9. 982	10. 195	41. 215	6. 271	0. 012	58. 785
TWD	3. 535	8. 143	2. 257	1. 181	1. 017	0. 817	12. 187	0. 678	2. 279	6. 243	6. 070	9. 132	6. 574	39. 718	0. 170	60. 282
VND	0. 215	1. 581	0. 100	0. 263	0. 074	1. 031	0. 019	4. 024	5. 512	0. 105	0. 059	0. 221	0. 017	0. 327	86. 453	13. 547
本国对外溢出	3. 099	13. 464	3. 598	4. 436	1. 365	1. 990	11. 238	2. 807	4. 029	11. 710	9. 211	15. 832	8. 207	7. 992	1. 021	46. 04

在区分不同汇率制度下的溢出效应时①，我们发现：离岸人民币与东盟国家及中国港澳地区中实行浮动汇率制的货币的溢出效应要明显高于实行固定汇率制的货币的溢出效应。依据表4－3和表4－4，12天内，离岸人民币与浮动汇率制下货币的溢出效应为41.41%，与固定汇率制下货币的溢出效应则仅为25.97%。同时，12天内，来自浮动汇率制下货币的溢出效应为25.772%，来自固定汇率制下货币的溢出效应为17.607%。该结果表明离岸人民币受浮动汇率制下货币的影响程度要大幅高于固定汇率制下货币的影响程度。但是，在对外溢出层面上则呈现相反的结果，表现为离岸人民币对浮动汇率制下货币的溢出效应要低于对固定汇率制下货币的溢出效应，不过两者相差较小。此外，不同汇率制度下的溢出效应信息均是在一周内基本释放完毕的，这与前述总体溢出效应的结论一致②。

表4－3　浮动汇率制下东盟国家及中国台湾地区货币与离岸人民币的溢出效应程度

（单位：%）

$T=12$	CNH	IDR	JPY	KRW	MYR	PHP	THB	TWD	本国受外部影响
CNH	74.228	1.089	0.422	5.814	4.321	3.971	3.850	6.305	25.772
IDR	1.438	64.68	0.211	6.320	15.641	6.023	4.296	1.391	35.32
JPY	0.531	0.072	93.712	1.146	0.179	0.396	2.498	1.465	6.288
KRW	3.187	4.270	0.948	42.288	13.486	14.041	9.029	12.752	57.712
MYR	2.921	10.472	0.457	13.442	43.978	13.111	8.889	6.731	56.022
PHP	2.366	4.368	0.498	14.892	13.41	45.86	11.703	6.904	54.14
THB	2.567	3.199	1.563	9.941	9.814	12.56	52.375	7.982	47.625
TWD	4.710	1.516	1.247	16.15	8.207	8.092	8.493	51.585	48.415
本国对外溢出	5.349	7.542	1.614	20.437	19.637	17.565	14.717	13.139	41.41

① 以IMF发布的*Annual Report on Exchange Arrangements and Exchange Restrictions* 2015为区分汇率制度的标准。

② 考察天数为6天和12天的溢出效应无明显差异。

表 4－4　固定汇率制下东盟国家及中国港澳地区货币与离岸人民币的溢出效应程度

（单位：%）

$T=12$	CNH	BND	HKD	KHR	LAK	MOP	SGD	VND	本国受外部影响
CNH	82. 393	3. 741	4. 536	0. 162	0. 281	0. 316	8. 529	0. 042	17. 607
BND	2. 338	49. 898	3. 414	0. 146	1. 259	6. 583	35. 682	0. 680	50. 102
HKD	4. 037	6. 792	78. 025	0. 270	0. 113	1. 055	9. 453	0. 254	21. 975
KHR	0. 221	0. 332	0. 210	87. 174	6. 357	5. 237	0. 320	0. 148	12. 826
LAK	0. 294	1. 594	0. 047	5. 292	83. 545	6. 363	0. 498	2. 366	16. 455
MOP	0. 271	9. 001	0. 616	5. 042	8. 002	72. 619	1. 078	3. 373	27. 381
SGD	5. 161	36. 536	5. 332	0. 176	0. 254	1. 110	51. 346	0. 086	48. 654
VND	0. 212	1. 550	0. 108	1. 056	4. 096	5. 530	0. 215	87. 233	12. 767
本国对外溢出	6. 033	28. 660	6. 864	5. 846	9. 800	12. 608	26. 845	3. 344	25. 97

为分析溢出效应的动态时变特征，我们基于 112 天滚动窗口和 12 天预测期描绘出总体溢出效应和方向性溢出效应的时变图。具体如图 4－1 所示，离岸人民币与东盟国家及中国港澳台地区货币的总体溢出效应在 2011 年和 2012 年呈波动上行特征，从 50% 上升到 70%，特别是 2012 年下半年的上升幅度更加明显。这主要是因为，从 2012 年 9 月起，中国与东盟的双边贸易逐渐回暖。2012 年 8 月，中国与东盟的累计进出口额为 322. 97 亿美元，12 月则增长到 402. 27 亿美元，增长 24. 55%。2013 年，受累于东盟地区经济增速放缓带来的双边贸易增速迟滞，加上 2014 年发生的两起“马航事件”，均给区域经济带来不小的影响。于是，总体溢出效应自 70% 振荡下行到 2014 年 7 月的 55% 左右。而受多重利好消息的驱动，如：2014 年 10 月，亚投行决定成立；2014 年 11 月，中国政府宣布出资成立丝路基金等，这些举措促使东盟各国与中国建立更深层次的联系，从而推动中国与“一带一路”沿线国家多领域的经济金融合作，进而使得人民币对相应国家的影响逐渐增强。此外，2014 年 11 月“沪港通”启程，将内地同香港的资本市场紧密连接起来；

2014 年 12 月 1 日，韩、中银行间韩元对人民币直接交易在韩国正式启动，加强了韩元与离岸人民币的直接联系，以上均使得东盟国家对离岸人民币的信心有增无减。因此，总体溢出效应自 2014 年底以来表现为上升趋势。特别是，2015 年“8 · 11 汇改”使得离岸人民币汇率出现巨幅波动，溢出效应迅速攀升，接近历史均值的 1.3 倍。这一方面表明中国与东盟的联系越来越紧密，相应地，人民币汇率波动与东盟国家货币的变动亦日益趋紧；另一方面也可在一定程度上反映出离岸人民币的区域影响力。

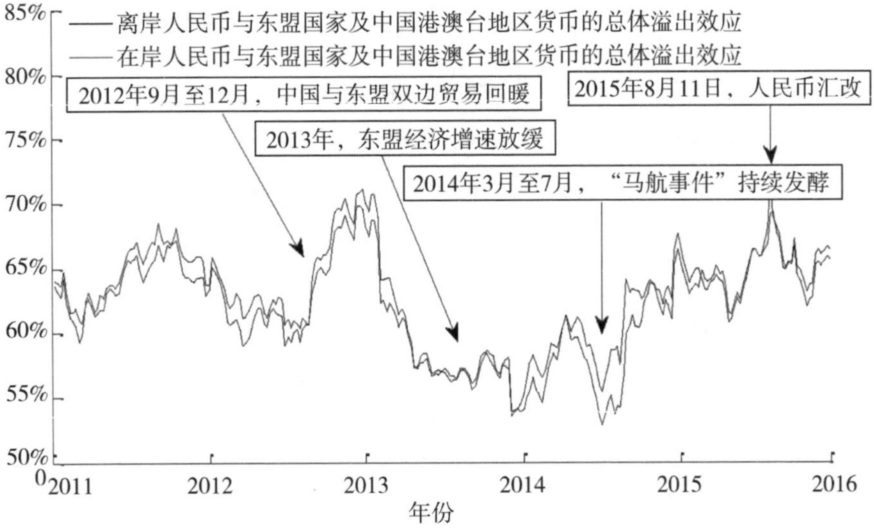

图 4－1　离（在）岸人民币与东盟国家及中国港澳台地区货币的总体溢出效应

2011 年，东盟已经成为中国的第三大重要贸易伙伴，巨大贸易量的背后是跨境人民币的大规模使用和结算。2013 年，受东南亚最大的 3 个经济体经济增速放缓的影响，区域内对人民币的需求明显降低，这可能是 2013—2014 年东盟国家货币对离岸人民币的溢出效应逐渐减弱的一个重要原因。但并不是所有的溢出效应改变都能用贸易变动来解释的。例如，2011 年 3 月 11 日，日本发生 9.0 级大地震，导致市场避险情绪高涨，快速攀升的日元随后就遭到打压。因此，来自东盟国家对分担着部分避险功能的离岸人民币的需求增加促使溢出效应大幅攀升。至于 2014 年 9 月底的异常下滑，则可能是因为香港非法“占中”事件的爆发，引发的社会动荡显然影响到了投资者对持有离岸人民币的信心，加上大宗商品价格的持续下跌以及美国9月就业数据稳定与转好的叠加影响更导致溢出效应迅速跌入谷底。

离岸人民币对东盟国家及中国港澳台地区货币的溢出基本呈振荡走势。但2011年的波幅较大，前期的迅速拉升，后期大幅下调。前期的迅速拉升是由人民币和日元在3月的极端异常波动共同造成的。后期的大幅下调主要归咎于宏观因素：2011年下半年，中国经济开始呈现疲软迹象，GDP增速连续数个季度下滑。此外，2011年6月27日正式公布的离岸人民币兑美元即期汇率定盘价也使得离岸人民币的调整变得有迹可循，从而减少了极端情况的出现。而2014年底的大幅下降则是因为外部环境的转变：2014年10月底，美联储宣布结束量化宽松政策使得市场选择关注美元，加上国际大宗商品价格步入下行通道，尤其是石油价格陷入暴跌局面更强化了该趋势。

为更好地比较在岸与离岸人民币的区域影响力，通过计算得出在岸人民币与东盟国家及中国港澳台地区货币间的汇率溢出效应程度①，结果发现：在岸人民币受到的外部影响明显低于离岸人民币所受到的影响，并且在岸人民币对外部的影响程度也不及离岸人民币。此外，比较在岸人民币与不同汇率制度下货币的溢出效应，可得出：在岸人民币与浮动汇率制下货币的溢出效应程度要强于固定汇率制下的货币。同时，在岸人民币与不同汇率制度下货币的溢出效应仍是明显低于离岸人民币的。图4－1和图4－2也提供了类似的证据：虽然在总体溢出走势上，在岸与离岸人民币几乎完全一致，但是在方向性溢出上，不管是对外部的影响还是受外部的影响，在岸人民币的溢出效应程度均明显弱于离岸人民币。这一现象揭示出人民币的定价权可能已落在境外，对此我们应保持高度警惕，国际主要货币如美元的定价权就落在欧洲市场，这对于人民币基础利率、以人民币计价的金融产品定价甚至中国货币政策执行的影响必将是深远的。

① 限于篇幅，有关在岸人民币与中国港澳台地区及周边国家货币间的汇率溢出效应程度的详细信息不在文中展示（下同）。

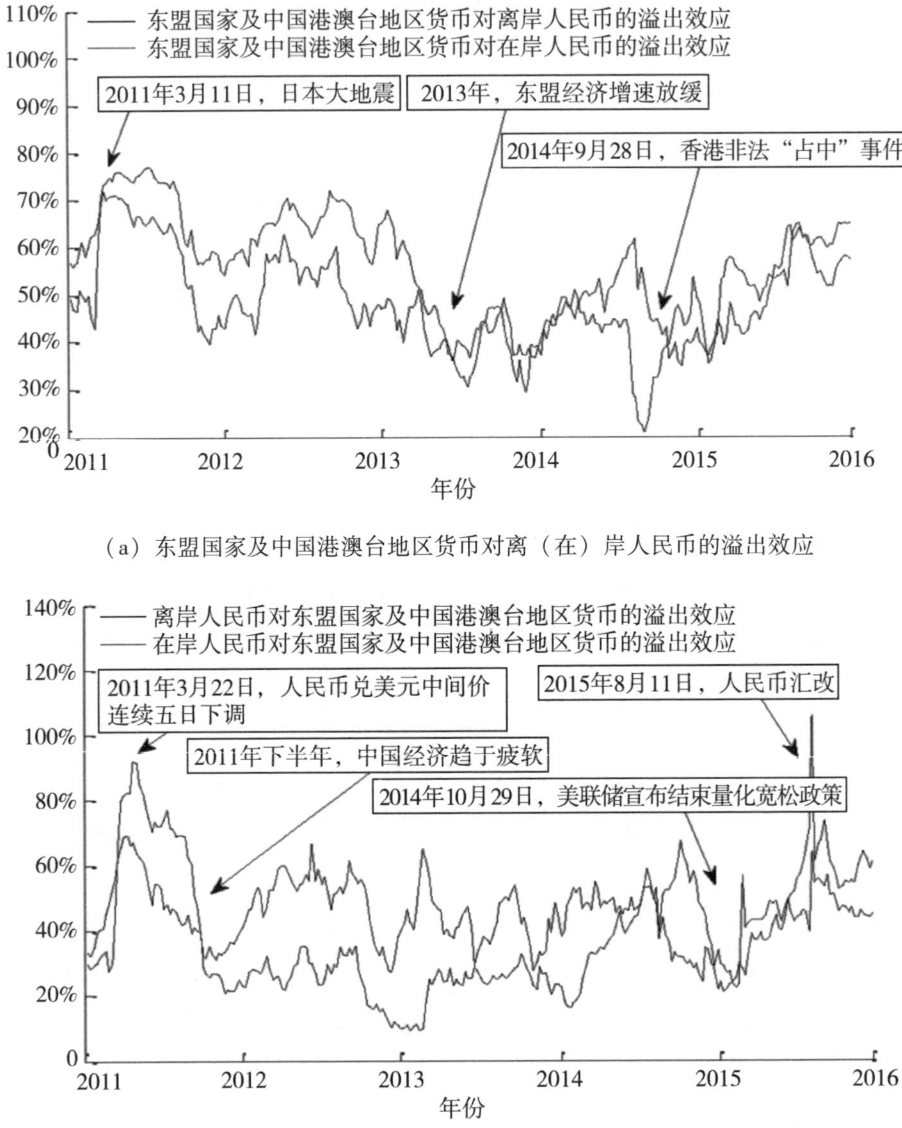

（a）东盟国家及中国港澳台地区货币对离（在）岸人民币的溢出效应

（b）离（在）岸人民币对东盟国家及中国港澳台地区货币的溢出效应

图4-2　离（在）岸人民币与东盟国家及中国港澳台地区货币的方向性溢出效应

此外，2011—2015年，中国人民银行与东盟国家、中国香港地区以及上合组织成员国的央行或货币当局共签署了17份货币互换协议。我们发现在货币互换协议签署后的数个交易日内，离岸人民币与大部分货币都存在着异常波动的汇率溢出（和反向溢出）效应。具体信息见表4-5。

表 4-5 货币互换协议的签署与汇率溢出效应异常波动的联系

时间	货币互换对象	是否存在异常的汇率溢出或反向溢出效应
2011 年 4 月 19 日	人民币与乌兹别克斯坦苏姆	短期内，汇率溢出和反向溢出效应均上升
2011 年 6 月 13 日	人民币与哈萨克斯坦坚戈	短期内，汇率溢出和反向溢出效应均上升
2011 年 10 月 26 日	人民币与韩元	短期内，汇率溢出效应下降，反向溢出效应上升
2011 年 11 月 22 日	人民币与港元	短期内，汇率溢出效应上升，反向溢出效应下降
2011 年 12 月 22 日	人民币与泰铢	短期内，汇率溢出和反向溢出效应均上升
2011 年 12 月 23 日	人民币与巴基斯坦卢比	短期内，汇率溢出和反向溢出效应均上升
2012 年 2 月 8 日	人民币与马来西亚林吉特	长期内，汇率溢出和反向溢出效应均上升
2013 年 3 月 7 日	人民币与新加坡元	签署当日汇率溢出和反向溢出效应均上升，第二个交易日便逐渐下降
2013 年 10 月 1 日	人民币与印度尼西亚卢比	短期内，汇率溢出和反向溢出效应均上升
2014 年 10 月 11 日	人民币与韩元	短期内，汇率溢出和反向溢出效应均上升
2014 年 10 月 13 日	人民币与卢布	短期内，汇率溢出和反向溢出效应均上升
2014 年 11 月 22 日	人民币与港元	短期内，汇率溢出效应下降，反向溢出效应上升
2014 年 12 月 14 日	人民币与哈萨克斯坦坚戈	短期内，汇率溢出效应上升，反向溢出效应下降
2014 年 12 月 22 日	人民币与泰铢	短期内，汇率溢出效应上升，反向溢出效应下降
2014 年 12 月 23 日	人民币与巴基斯坦卢比	汇率溢出效应和反向溢出效应不明显
2015 年 4 月 17 日	人民币与马来西亚林吉特	长期内，汇率溢出和反向溢出效应均上升
2015 年 9 月 3 日	人民币与塔吉克斯坦索莫尼	短期内，汇率溢出和反向溢出效应均上升

注：表格中的短期指一周内，长期指一周及以上。

资料来源：中国人民银行网站。

至于货币互换协议能够引起汇率溢出（和反向溢出）效应的机制，主要是：①市场信息流动在短期内形成的溢出效应。货币互换协议本就属于宏观层面的信息冲击，必然会影响到互换双方货币的汇率走势。这表现为互换协议所具备和衍生的信息属性将迎来市场多方面、多层次的解读，基于信息不断分解下的外汇操作显然会在短期内对汇率波动产生影响。②透过经济基本面来影响汇率波动。一方面，货币互换协议提升了人民币的输出效应，虽然这只是短期内他国进行人民币贸易结算的一种新途径，但却增加了人民币成为他国储备货币的可能性，特别是在部分国家（地区）货币实行钉住汇率制的前提下，就很可能会影响到汇率走势。另一方面，协议的签订还提升了双边金融市场的短期流动性，从而稳定市场预期和信心，这对双边汇率走势存在着明显的影响。

四、离岸人民币在上合组织成员国内的货币影响力分析

表4－6给出了离岸人民币与上合组织成员国货币之间的汇率溢出程度。由于考察天数为6天和12天的结果无明显差异，此处只展示12天的结果。不同于东盟国家货币对离岸人民币的溢出，12天内，离岸人民币受到上合组织成员国货币的汇率冲击仅为7.247%，而离岸人民币对外部的溢出则稳定在5%左右，显著高于对东盟国家货币的影响。至于在岸人民币与上合组织成员国货币间的汇率溢出程度，则明显弱于离岸人民币。12天内，在岸人民币受到的外部影响明显低于离岸人民币；同时在岸人民币对外部溢出的程度也不及离岸人民币。此外，见表4－7、表4－8，综合比较不同汇率制度下的溢出效应，得出：①只有在浮动汇率制度下，离岸人民币对上合组织成员国货币的外部溢出效应才强于对东盟国家货币的溢出，并且离岸人民币与上合组织成员国货币的总体溢出程度仍然强于在岸人民币。而在固定汇率制度下，该结论不成立。②离岸、在岸人民币受到来自东盟国家货币的溢出强于上合组织成员国货币溢出的结论，不因汇率制度的差异而发生改变。

表 4-6　离岸人民币与上合组织成员国货币间的溢出效应程度

（单位：%）

T=12	CNH	INR	KGS	KZT	PKR	RUB	TJS	UZS	本国受外部影响
CNH	92.754	4.297	0.473	0.465	0.102	1.693	0.062	0.155	7.247
INR	4.298	88.609	0.408	0.030	0.431	5.210	0.851	0.163	11.391
KGS	0.124	0.235	65.041	0.642	1.406	0.928	26.327	5.297	34.959
KZT	0.157	0.231	1.507	94.832	1.918	0.049	0.690	0.616	5.168
PKR	0.091	0.337	2.187	0.792	90.76	0.292	2.447	3.095	9.240
RUB	1.659	5.457	0.962	0.150	0.077	90.495	1.068	0.132	9.505
TJS	0.094	0.449	24.34	0.452	1.925	1.007	64.309	7.426	35.691
UZS	0.070	0.307	6.499	0.612	2.211	0.168	9.081	81.052	18.948
本国对外溢出	4.913	8.560	27.526	2.377	6.107	7.072	30.668	12.777	16.52

表 4-7　浮动汇率制下上合组织成员国货币与离岸人民币的溢出效应程度

（单位：%）

T=12	CNH	INR	KGS	PKR	RUB	本国受外部影响
CNH	93.322	4.409	0.460	0.079	1.730	6.678
INR	4.407	89.454	0.431	0.417	5.290	10.546
KGS	0.182	0.355	95.95	2.154	1.358	4.050
PKR	0.080	0.365	2.472	96.775	0.308	3.225
RUB	1.712	5.566	0.979	0.080	91.662	8.338
本国对外溢出	19.436	32.574	13.223	8.314	26.453	6.57

表 4-8　固定汇率制下上合组织成员国货币与离岸人民币的溢出效应程度

（单位：%）

T=12	CNH	KZT	TJS	UZS	本国受外部影响
CNH	99.399	0.389	0.052	0.159	0.600
KZT	0.120	98.794	0.492	0.594	1.206

（续表）

T=12	CNH	KZT	TJS	UZS	本国受外部影响
TJS	0.124	0.415	89.108	10.353	10.892
UZS	0.074	0.591	10.12	89.215	10.785
本国对外溢出	1.358	5.944	45.410	47.288	5.87

依据图4-3①，2011—2014年，离岸人民币与上合组织成员国货币间的总体溢出效应保持着较低的波动状态，仅2012年发生两次大幅波动：7月，人民币和印度卢比成为亚行贸易融资项目的结算货币；11月，美国宣布中国不是汇率操纵国。这些均给人民币带来正向刺激作用，相应地出现向上的溢出波动。2013年，总体溢出效应逐渐下降，特别是2013年中至2014年底，一直在底部运行。这主要是因为上合组织重要成员国俄罗斯的经济蒙受巨大打击：受乌克兰危机爆发并持续发酵升级的影响，国际资本从俄罗斯疯狂抽逃。同时，2014年中以来，大宗商品特别是石油价格暴跌，与国际油价息息相关的卢布贬值步伐加快。而2015年，由于印度和俄罗斯频繁降息，加剧了货币波动性，从而使得总体溢出效应维持高位运行态势。

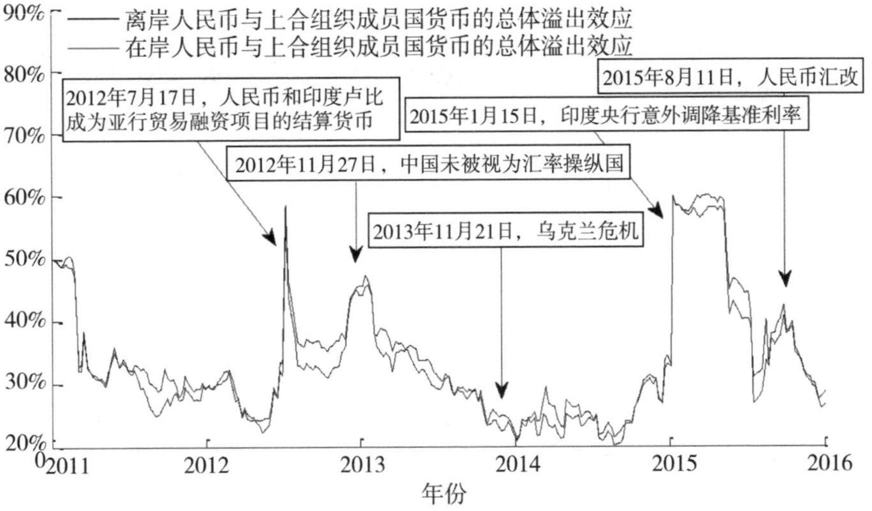

图4-3 离（在）岸人民币与上合组织成员国货币的总体溢出效应

① 图4-3是基于94天滚动窗口和12天预测期得到的。

见图4－4（a），离岸人民币受到外部货币的溢出影响呈振荡状态。但在部分时点存在例外，如：①2012年7月，溢出效应陡然攀升，并在一段时期

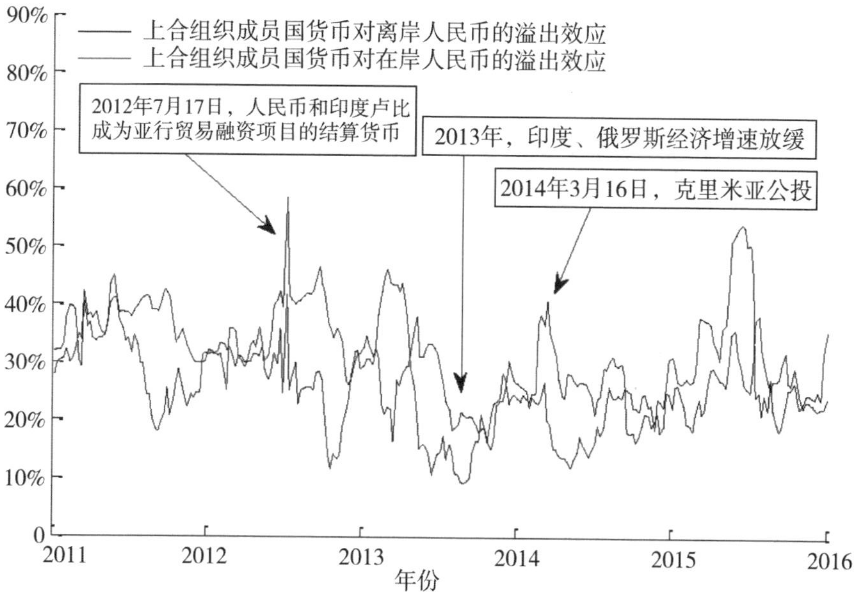

（a）上合组织成员国货币对离（在）岸人民币的溢出效应

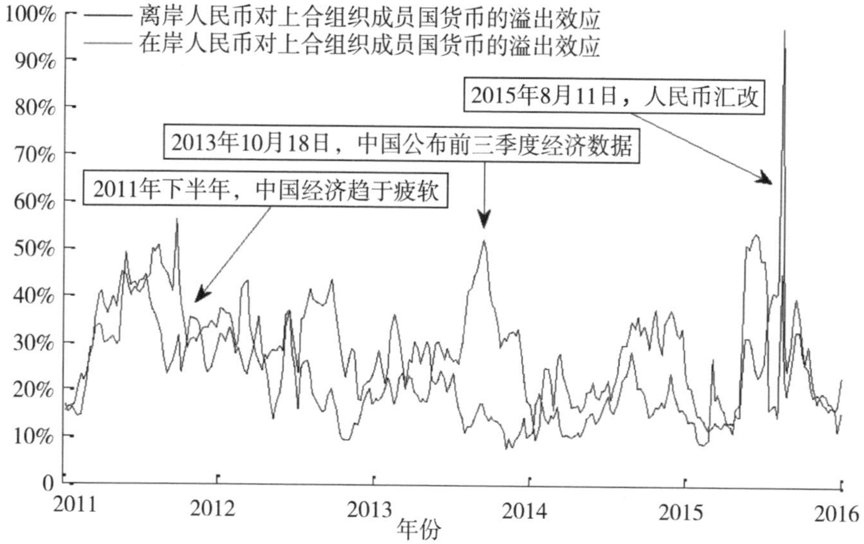

（b）离（在）岸人民币对上合组织成员国货币的溢出效应

图4－4　离（在）岸人民币与上合组织成员国货币的方向性溢出效应

内持续高位振荡。彼时，人民币和印度卢比正式成为亚行贸易融资项目的结算货币，因为此前仅有美元、欧元和日元可供选择，所以此举显然提升了人民币的区域地位，促使市场选择增持人民币，并加大对印度卢比与人民币的关注。②2013 年，受内、外部多重因素影响，印度国内外资加速撤离，导致卢比持续贬值。同时，俄罗斯经济增速严重疲软。两国经济的糟糕表现直接拉低了溢出效应。③2014 年 3 月，克里米亚公投加入俄罗斯引发欧美对俄罗斯的经济制裁。出于避险和便捷贸易往来的考虑，对人民币的需求急速攀升。因此，溢出效应在短时间内出现快速上涨。

见图 4－4（6），离岸人民币对外部货币的溢出也基本维持振荡走势，但在部分时点出现大幅增加，代表性的有：①2013 年 10 月，中国良好的经济走势打消了市场对经济硬着陆的担忧。同期，美国 9 月非农就业数据远不及预期，使得投资者纷纷抛售美元，增加对持有人民币的信心。②2015 年"8·11汇改"导致离岸人民币大幅贬值，从而引发极其巨大的外溢效应。此外，在岸人民币与上合组织成员国货币的溢出走势同离岸人民币基本一致，特别是总体溢出效应，两者几乎完全相同。但在方向性溢出上，离岸人民币的溢出效应则明显强于在岸人民币。

五、"8·11 汇改"事件对货币间溢出效应的影响

考虑到前文中溢出动态效应呈现突然急剧上升或下降的走势，使用事件分析方法就重大事件对溢出效应波动的影响进行分析。选择事件窗口为重大事件发生后的 5 个交易日内，观察这 5 个交易日内的溢出效应波动是否显著异常。显著性检验办法为双边 T 检验：

$$t_{two-side} = \frac{r_{it} - r_0}{sd(r_i)},\ H_0: E(r_{it}) = 0 \tag{4-9}$$

其中，r_{it}表示事件 i 的事件期内 t 日的溢出效应变动，r_0 是基于零假设下溢出效应的变动，即 $r_0 = 0$。$sd(r_i) = \sqrt{\sum_{t=1}^{m} (r_{it} - \overline{r_i})^2 / m - 1}$，$\overline{r_i} = \frac{1}{m}\sum_{1}^{m} r_{it}$，$m$ 表示估计窗内交易日数。$t_{two-side}$在零假设条件下服从自由度为 $m-1$ 的 T 分布。为了保证估计窗与事件窗不重叠，并考虑到使估计窗尽可能不受其他事

件干扰，特选取事件发生的前15个交易日为估计期，即 $m=15$，以计算溢出效应波动的标准差（见表4-9、表4-10）。

表4-9　东盟国家及中国港澳台地区中的重大事件对溢出效应波动的影响

货币	时间	事件	离岸人民币对外部货币溢出效应的异常变动率/%	外部货币对离岸人民币溢出效应的异常变动率/%
SGD	2013年3月7日	中新双边本币互换协议由原来的1500亿元人民币/300亿新加坡元扩大至3000亿元人民币/600亿新加坡元	-0.428***	-0.234**
HKD	2015年4月24日	香港金融管理局向市场注入131.75亿港元	-0.109*	0.052
IDR	2015年2月17日	指标利率下降25个基点至7.50%	0.299*	0.048
JPY	2014年10月31日	日本央行意外放宽货币政策，将年度ETF和JREIT购买规模扩大两倍，并增加年度日本政府购债规模30万亿日元，继续QQE直至通胀率稳定在2%	-0.649***	0.287**
KRW	2015年3月12日	韩国央行宣布将基准利率下调0.25个百分点至1.75%，刷新历史最低水平	0.422***	0.260***
HKD	2012年11月2日	香港金融管理局“沽出港元、买入美元”，涉及资金27.5亿港元	-0.695***	0.191**
MYR	2014年7月10日	隔夜政策利率上升25个基点至3.25%	-0.163*	-0.090
PHP	2014年9月11日	隔夜借款利率上升25个基点至4.00%	0.496**	-1.990***
SGD	2015年1月28日	新加坡金融管理局在非常规日程的会议上意外宣布降低新加坡元汇率政策的斜率	0.137	0.232*

（续表）

货币	时间	事件	离岸人民币对外部货币溢出效应的异常变动率/%	外部货币对离岸人民币溢出效应的异常变动率/%
THB	2015 年 4 月 29 日	一天期附买回利率下降 25 个基点至 1.50%	0.114	-0.532*
TWD	2015 年 9 月 24 日	台湾地区“中央银行”决议调降重贴现率、担保放款融通利率、短期融通利率各 12.5 个基点	-0.039	0.113*
VND	2015 年 8 月 19 日	越南国家银行公告越南盾继续贬值 1%，并扩大交易区间至参考汇率（中间价）的上下 3%	0.074	-1.360**

注：***、**、*分别代表统计量在 1%、5%、10% 的水平上显著。

表 4-10　上合组织成员国中的重大事件对溢出效应波动的影响

货币	时间	事件	离岸人民币对外部货币溢出效应的异常变动率/%	外部货币对离岸人民币溢出效应的异常变动率/%
INR	2014 年 1 月 28 日	附买回利率和附卖回利率各上升 25 个基点至 8.00%、7.00%	0.961	0.960***
KZT	2015 年 8 月 20 日	哈萨克斯坦央行取消坚戈汇率浮动区间的限制	-0.979	2.037***
PKR	2015 年 1 月 24 日	巴基斯坦央行下调基准利率 100 个基点至 8.5%	0.124	1.309***
RUB	2014 年 12 月 11 日	俄罗斯央行宣布加息，利率由 9.5% 上调至 10.5%，且同时对外表示，如果通胀率仍加速上升将继续加息	1.460***	1.042**

（续表）

货币	时间	事件	离岸人民币对外部货币溢出效应的异常变动率/%	外部货币对离岸人民币溢出效应的异常变动率/%
TJS	2015 年 9 月 3 日	中国人民银行与塔吉克斯坦中央银行签署了规模为 30 亿元人民币/30 亿索莫尼的双边本币互换协议	0.568	0.480***
UZS	2015 年 1 月 1 日	乌兹别克斯坦央行下调基准利率 100 个基点至 9%	-0.064	-1.563***

注：***、**、*分别代表统计量在 1%、5%、10%的水平上显著。

鉴于“8·11 汇改”使得离岸人民币对中国港澳台地区及周边国家货币的溢出效应大幅增强，借鉴 Diebold 和 Yilmaz（2014）提出的网络分析方法来剖析该重大事件的发生如何影响区域内各货币间的交叉溢出效应。具体地，我们选取离岸人民币与中国港澳台地区及周边国家中的代表性货币作为分析对象，并以“8·11汇改”事件发生前后两日内的 10 分钟数据作为分析基准。首先，依据溢出指数方法得到各代表性货币间的相互溢出效应，进而测算出各货币间的净溢出效应，以此作为网络分析中连接不同节点间有向边的权重；其次，节点的大小以国际清算银行在 2016 年公布的各货币的场外交易规模为依据；最后，构建网络的平均密度取决于离岸人民币与代表性货币间的总体溢出效应水平。

图 4-5 展示了离岸人民币与代表性货币在“8·11 汇改”前后的网络溢出效应。对比可知：①事件的发生导致区域内网络溢出的密度显著增强，相应地，离岸人民币与代表性货币间的相互传染变得更频繁。具体地，离岸人民币波动溢出的直接传导途径大幅增加；部分货币，如港币、韩元、新台币等的直接传导途径均有所扩展；各货币相互间的间接传导路径更加趋于多样化。②离岸人民币存在着一定的区域影响力。事件发生前后离岸人民币对其他代表性货币均存在着直接传导途径，并且此类传导途径没有发生重大变化。因此，尽管汇改放大了网络溢出效应，但基本不改变离岸人民币已经发挥着

重要影响的事实。③离岸人民币的区域影响力有待提升。汇改前，除离岸人民币具备着区域内中心溢出的地位外，新加坡元和日元同样扮演着该角色，甚至丝毫不弱于离岸人民币。汇改后，新加坡元和日元的强势溢出能力继续保持，韩元和港元的溢出能力显著增强。尽管它们对外部货币的影响弱于离岸人民币，但不可否认的是，离岸人民币在中国港澳台地区及周边国家中尚不足以成为绝对性的锚货币。

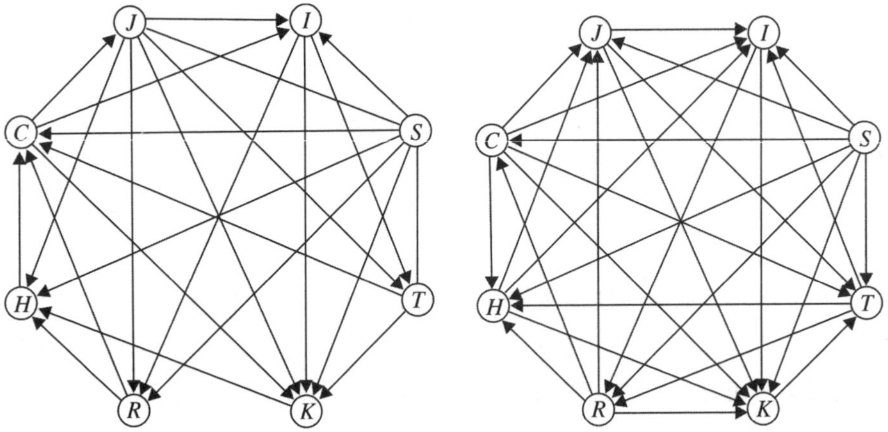

(a)"8·11 汇改"前的网络溢出效应　　(b)"8·11 汇改"后的网络溢出效应

图 4-5　"8·11 汇改"前后代表性货币间的网络溢出效应

注：图中节点内的 C、H、R、K、T、S、I、J 分别指 CNH、HKD、RUB、KRW、TWD、SGD、INR、JPY。

六、离岸人民币避险特征分析

2017 年 7 月召开的第五次全国金融工作会议明确指出，防范系统性金融风险是当前各项工作的重中之重。而由于全球范围内的不确定性因素持续高企与不断累积，全球范围的系统性金融风险防控刻不容缓。中国经济的内、外部均衡离不开人民币汇率的稳定，其自身的稳健已然成为金融风险防控的重要内容之一。世界经济与金融秩序的安全也需要一个稳定的人民币汇率。近年来，人民币币值持续相对稳定，由中国人民银行所实施推广的各项货币政策相对独立且稳健，并且人民币市场尤其是离岸人民币市场在经历“8·11汇改”调整后的市场深度足够，人民币在一定程度上已经具备了避险货币的特征。与此同时，“一带一路”倡议的提出更是给我们提供了检测人民币避险特征的绝佳“试验场地”。中国作为“一带一路”倡议的提出方，人民币理应在“一带一路”沿线国家中发挥出应有的效力，提供必要的避险保障。

人民币尤其是离岸人民币是否已经具备避险属性？离岸人民币在“一带一路”沿线国家中的避险属性究竟如何，是否与其在主流货币中的避险属性不同？该属性有无时变特征？置身于“一带一路”建设的大背景下，剖析清楚这些问题有助于我们从定量的角度来审视人民币的避险特征，考察人民币在极端事件发生时给投资者提供的对冲价值，进而为人民币国际化的继续前行提供助力支持，对新常态下的金融系统安全与汇率制度改革亦具有重要的参考价值和现实意义。本节拟基于扩展的非抛补利率平价等式来研究离岸人民币相对主流货币以及“一带一路”沿线国家货币的双边汇率变动问题，借此来探讨离岸人民币的避险特征。

（一）研究数据

本节研究的货币主要为离岸人民币与部分主流货币以及“一带一路”沿线国家货币。其中，主流货币为：澳大利亚元、加拿大元、瑞士法郎、欧元、英镑、日元、挪威克朗、新西兰元、瑞典克朗、新加坡元、美元和南非兰特。这些货币大多数是外汇交易市场中的主要币种，同时还会跟大宗商品市场保持着高度的关联关系，诸如澳大利亚元、加拿大元、挪威克朗和南非兰特等。而“一带一路”沿线国家和地区的确定则主要依据中国一带一路网（https：//www. yidaiyilu. gov. cn/）截至 2017 年底展示的沿线国家和地区。这里，由于本节的所有即期和 1 个月远期汇率数据均取自 Datastream 数据库，并且是以美元标价法下的日度数据为准，考虑到数据的可得性，最终选取了 27 个沿线国家，具体见表 4 – 11 的后两列。在后续的实证分析中，本节将分别考察离岸人民币在主流货币和“一带一路”沿线国家货币中的避险特征，以便比较分析人民币是否存在避险属性。

本节选取的时间跨度为 2011 年 7 月 11 日至 2017 年 12 月 31 日，之所以确定为这样的时间跨度，主要是因为离岸人民币的远期汇率数据最早可追溯至此。同时，还需要注意的是，在后续分析中采用的均是所有货币对人民币的双边汇率数据，而该数据则是通过各币种兑美元的数据进行交叉套算得来的。例如，阿联酋迪拉姆/人民币的双边汇率是通过人民币/美元和阿联酋迪拉姆/美元的交叉套算得来的。

本节采用 VIX 指数的日度数据作为反映全球货币风险的代理变量。VIX 指数是标普 500 指数期权的隐含波动率，它主要用来指示全球金融市场的动荡程度与投资者的避险情绪。若该指数上升，则意味着全球金融市场动荡程度和避险情绪加重。该数据取自芝加哥期权交易所（CBOE）官网（http://www.cboe.com/）。上述提及的所有数据均经过对数化处理。

表 4-11 货币名称与符号

货币名称	货币符号	货币名称	货币符号	货币名称	货币符号
离岸人民币	CNH	阿联酋迪拉姆	AED	摩洛哥迪拉姆	MAD
澳大利亚元	AUD	保加利亚列弗	BGN	阿曼里亚尔	OMR
加拿大元	CAD	捷克克朗	CZK	菲律宾比索	PHP
瑞士法郎	CHF	埃及镑	EGP	巴基斯坦卢比	PKR
欧元	EUR	克罗地亚库纳	HRK	波兰兹罗提	PLN
英镑	GBP	匈牙利福林	HUF	卡塔尔里亚尔	QAR
日元	JPY	印度尼西亚卢比	IDR	罗马尼亚列伊	RON
挪威克朗	NOK	以色列新谢克尔	ILS	塞尔维亚第纳尔	RSD
新西兰元	NZD	印度卢比	INR	俄罗斯卢布	RUB
瑞典克朗	SEK	约旦第纳尔	JOD	沙特里亚尔	SAR
新加坡元	SGD	韩元	KRW	泰铢	THB
美元	USD	科威特第纳尔	KWD	新土耳其里拉	TRY
南非兰特	ZAR	哈萨克斯坦坚戈	KZT	越南盾	VND
—	—	斯里兰卡卢比	LKR	—	—

接下来，本节将分别针对离岸人民币在部分主流货币和“一带一路”沿线国家货币中的避险属性进行探讨。首先，基于传统和扩展的非抛补利率平

价回归方程来定量分析人民币的避险特征；其次，利用滚动回归分析方法来刻画人民币避险特征的时变状态，从而对人民币的避险特征及其时变状态进行全景式分析。

（二）基于非抛补利率平价回归的分析

本节主要阐述传统的非抛补利率平价理论在解释离岸人民币分别对主流货币以及“一带一路”沿线国家货币的双边汇率变动过程中是否合理。此处，以式（4－10）为基本的回归模型：

$$\Delta s_{t+1}^{k} = \alpha^{k} + \beta_{0}^{k}(f_{t}^{k} - s_{t}^{k}) + \lambda_{t+1}^{k} \qquad (4-10)$$

这里，k 表示第 k 个货币对人民币的双边汇率，s 和 f 分别表示即期汇率和1个月的远期汇率。如果 $\beta_0 = 1$，则表明传统的非抛补利率平价理论在解释汇率变动问题中是适用的，否则就需要考虑加入更多的风险因子来对该回归模型进行扩充调整。

表4－12和表4－13分别展示了离岸人民币对主流货币和“一带一路”沿线国家货币在传统的非抛补利率平价等式下的回归结果。表中的 DW 检验主要是用来检测残差序列是否存在自相关问题。结合表4－12和表4－13的结果，可以发现：①传统的非抛补利率平价理论并不能较好地解释离岸人民币的汇率变动问题。表现为，无论是离岸人民币对主流货币还是“一带一路”沿线国家货币的双边汇率，非抛补利率平价等式估计出的系数 β_0 的数值基本不为1。②相对于主流货币而言，非抛补利率平价理论在解释离岸人民币对“一带一路”沿线国家货币的双边汇率变动收益中存在着一定的解释力度。β_0 系数在离岸人民币对埃及镑、哈萨克斯坦坚戈、泰铢、新土耳其里拉中均显著不为0，也就是说，滞后的远期升贴水因素在解释这些货币的汇率变动收益中起到了一定的作用。

综上，为了更好地观察离岸人民币对上述货币的双边汇率变动问题，有必要如前述理论部分的阐述，考虑在传统的非抛补利率平价等式中纳入货币风险因子。接下来，将基于扩展的非抛补利率平价等式分别就离岸人民币对主流货币和“一带一路”沿线国家货币的双边汇率变动收益问题进行全新的分析与探讨。

表 4-12 基于离岸人民币对主流货币的非抛补利率平价回归

货币	α^k	β_0^k	R^2	DW
AUD	-0.019	0.046	0.0001	1.942
	(0.018)	(0.084)	—	—
CAD	-0.020	0.020	0.0000	1.926
	(0.020)	(0.078)	—	—
CHF	-0.005	-0.003	0.0000	1.926
	(0.042)	(0.115)	—	—
EUR	-0.015	0.028	0.0000	1.931
	(0.028)	(0.083)	—	—
GBP	0.020	-0.130	0.0010	1.857
	(0.027)	(0.096)	—	—
JPY	-0.046	0.103	0.0003	1.906
	(0.035)	(0.105)	—	—
NOK	-0.026	0.022	0.000	1.915
	(0.025)	(0.103)	—	—
NZD	-0.010	0.069	0.0002	1.945
	(0.019)	(0.113)	—	—
SEK	-0.018	0.028	0.0000	1.947
	(0.025)	(0.076)	—	—
SGD	-0.014	0.043	0.0003	1.938
	(0.016)	(0.065)	—	—
USD	-0.003	0.025	0.0003	1.909
	(0.011)	(0.041)	—	—
ZAR	-0.024	0.042	0.0000	1.910
	(0.064)	(0.200)	—	—

注：表中括号内的数值为标准误差。

表4－13 基于离岸人民币对“一带一路”沿线国家货币的非抛补利率平价回归

货币	α^k	β_0^k	R^2	DW
AED	-0.003	0.026	0.0003	1.909
	(0.011)	(0.042)	—	—
BGN	-0.015	0.029	0.0000	1.931
	(0.027)	(0.086)	—	—
CZK	-0.031	0.071	0.0004	1.932
	(0.032)	(0.087)	—	—
EGP	0.126**	0.083***	0.0228	1.994
	(0.052)	(0.013)	—	—
HRK	-0.020	0.071	0.0005	1.935
	(0.021)	(0.074)	—	—
HUF	-0.021	0.061	0.0003	1.935
	(0.023)	(0.078)	—	—
IDR	-0.036*	-0.053	0.0006	1.922
	(0.020)	(0.068)	—	—
ILS	-0.009	0.043	0.0003	1.897
	(0.019)	(0.065)	—	—
INR	-0.012	0.020	0.0004	1.872
	(0.026)	(0.060)	—	—
JOD	-0.000	0.039	0.0009	1.912
	(0.007)	(0.032)	—	—
KRW	0.001	-0.015	0.0000	1.940
	(0.016)	(0.071)	—	—
KWD	-0.000	-0.017	0.0000	1.920
	(0.010)	(0.041)	—	—
KZT	-0.006	0.044***	0.0039	1.955
	(0.029)	(0.017)	—	—
LKR	-0.005	0.037	0.0006	1.931
	(0.017)	(0.039)	—	—

（续表）

货币	α^k	β_0^k	R^2	DW
MAD	-0.003	0.027	0.0000	1.925
	(0.014)	(0.060)	—	—
OMR	-0.005	0.036	0.0005	1.909
	(0.011)	(0.045)	—	—
PHP	0.001	-0.059	0.0007	1.917
	(0.011)	(0.053)	—	—
PKR	-0.009	0.019	0.0005	1.950
	(0.012)	(0.031)	—	—
PLN	-0.013	0.079	0.0004	1.929
	(0.021)	(0.092)	—	—
QAR	-0.000	0.015	0.0001	1.910
	(0.011)	(0.044)	—	—
RON	-0.014	0.020	0.0000	1.933
	(0.017)	(0.061)	—	—
RSD	0.003	0.067	0.0009	1.919
	(0.023)	(0.054)	—	—
RUB	-0.097	-0.105	0.0007	1.940
	(0.061)	(0.106)	—	—
SAR	-0.001	0.015	0.0002	1.909
	(0.011)	(0.042)	—	—
THB	-0.006	0.084*	0.0021	1.899
	(0.010)	(0.044)	—	—
TRY	-0.180***	-0.264***	0.0050	1.938
	(0.049)	(0.093)	—	—
VND	-0.000	0.024	0.0007	1.925
	(0.007)	(0.021)	—	—

注：表中括号内的数值为标准误差；***、**、*分别表示在1%、5%和10%的置信水平上显著。

（三）基于扩展的非抛补利率平价回归的分析

本节的重点在于观察非抛补利率平价等式中新纳入的货币风险因子能否更好地解释汇率变动问题。这里，我们借鉴 Lustig 等（2011）和 Verdelhan（2018）的研究范式，基于资产定价框架来研究离岸人民币的问题。

本节使用的货币定价模型主要囊括两个风险因子。第一个是平均汇率变动。这是一个特定的货币风险因子，也就是说，各币种对离岸人民币的平均双边汇率变动不完全一致。依据 Lustig 等（2011）的研究，该因子能在很大程度上解释货币（超额）收益的变动。而按照 Verdelhan（2018）的表述，在测度此特定货币风险因子时，其对应的特定货币将被排除在计算范围以外。例如，当我们使用扩展的非抛补利率平价等式来考察离岸人民币与澳大利亚元的双边汇率变动时，将只对除澳大利亚元以外的其他 11 个货币与离岸人民币的双边汇率变动进行算术平均。Verdelhan（2018）同时还指出，在货币市场中，平均汇率变动确实能够反映货币风险的变动状况。基于美国投资者的视角，他指出依据货币组合分类而获取的投资收益对该因子风险敞口水平的不同而传递出截然不同的个体差异信息。

第二个风险因子是 VIX 指数的收益率。它是对全球货币市场风险状态的一种有效衡量。按照 Lustig 等（2011）的表述，在非抛补利率平价等式中加入全球风险因子的代理变量，应该与全球股票市场的波动率正相关。不同于 Lustig 等（2011）使用的全球风险因子的代理变量，其依据货币组合进行排序而得到的高和低远期贴水的差值，本文参考的是 Grisse 和 Nitschka（2015）的研究，他们认为 VIX 指数收益率作为衡量全球股票市场波动率的重要指标，可作为 Lustig 等（2011）的模型中用来估计全球风险因子的近似代理变量。需要指出的是，尽管 VIX 指数源自美国股票市场，但它仍然与全球其他股票市场的波动率指数保持着高度正相关关系。因此，使用该指数序列作为全球风险因子的代理变量能够避免在扩展的非抛补利率平价等式中的潜在重复计算。此外，Lustig 等（2011）构建的全球风险因子是从远期贴现率或者利率差异进行排序的货币组合中而来的。将全球风险因子连同双边汇率的远期贴现率直接纳入到回归等式中会存在明显的问题，因为特定的货币组合或者其对应的交叉汇率已经被涵盖在 Lustig 等（2011）构建的全球风险因子中。

因此，本文更倾向于使用一个既不是取决于远期贴现率或利率差异，也不是源自汇率数据的全球风险因子代理变量。

正如 Lustig 等（2011）所述，不同币种的外汇收益差异主要取决于这些货币收益对全球风险因子的敏感性差异水平。因此，对全球风险的敞口水平能够体现出一种货币的避险特征。具体来说，一种避险货币应当与全球风险因子的风险敞口水平负相关，即该避险货币理应在全球风险逐渐攀升并不断演变为事实时，通过自身的稳定升值来帮助投资者获取收益，进而实现风险对冲。

综上，扩展的非抛补利率平价等式如下：

$$\Delta s_{t+1}^{k} = \alpha^{k} + \beta_{0}^{k}(f_{t}^{k} - s_{t}^{k}) + \beta_{1}^{k}AFX_{t+1} + \beta_{2}^{k}\Delta(VIX)_{t+1} + \lambda_{t+1}^{k} \quad (4-11)$$

这里，AFX 是指除 k 国货币以外的所有其他货币对离岸人民币的平均双边汇率变动。

表 4－14 和表 4－15 分别展示了离岸人民币对主流货币和“一带一路”沿线国家货币在扩展的非抛补利率平价等式下的回归结果。发现：①无论是离岸人民币对主流货币，还是对“一带一路”沿线国家货币的双边汇率变动，远期贴现率的解释力度仍然较弱，表现为系数 β_{0}^{k} 显著不为 0 的情况非常稀少。②特定货币的平均汇率变动在解释各币种对离岸人民币的双边汇率变动时，效果极其显著，表现为系数 β_{1}^{k} 基本上显著不为 0。在离岸人民币相对主流货币的分析中，系数 β_{1}^{k} 的数值最小为离岸人民币对日元的 0.452，最大为离岸人民币对南非兰特的 1.420。之所以离岸人民币对日元的平均汇率变动系数最小，可能是因为中日地缘关系较为突出、贸易往来较为密切，其背后的资金往来也相对频繁。虽然欧盟同中国的双边贸易往来额度更高，但欧盟作为一个共同政治经济体，其成员国的组成范围要远大于使用欧元的成员国。③在离岸人民币相对主流货币的分析中，系数 β_{2}^{k} 的数值正、负皆有。需要注意的是，当 β_{2}^{k} 的数值为正（负）时，则意味着全球风险的上升（下降），带来了离岸人民币的贬值（升值），也就意味着对手国货币的币值将攀升（下降）。因此，瑞士法郎、欧元、日元和美元的避险属性要强于离岸人民币。在全球风险不断攀升时，这些货币提供的风险对冲要明显好于离岸人民币。事实上，美元作为全球最重要的货币，在国际贸易往来、金融市场和商品市场中均扮演着基准货币的角色，其避险属性天然地强于离岸人民币。

而瑞士法郎、欧元和日元则属于传统的避险货币。至于除上述货币以外的其他货币，其避险属性要弱于离岸人民币。④在离岸人民币相对“一带一路”沿线国家货币的分析中，系数 β_2^k 的数值亦正、负皆有。但整体而言，正值较多，负值较少。目前仅有匈牙利福林、印度卢比、波兰兹罗提、俄罗斯卢布和新土耳其里拉的 β_2^k 显著为负。这说明，当全球风险上升时，离岸人民币相对这些货币升值，从而避险属性较为突出。而近半数货币的 β_2^k 显著为正，说明离岸人民币的避险特征在“一带一路”沿线国家中尚不突出。但值得强调的是，印度卢比和俄罗斯卢布均为区域性的代表货币，而离岸人民币的避险属性要强于这两种货币，因此一定程度上可能存在着离岸人民币相对于“一带一路”沿线国家货币的避险属性要强于实证结果所揭示的状况。综上，离岸人民币存在或多或少的避险属性，但这一特征主要集中在离岸人民币相对主流货币的双边汇率中，而其在“一带一路”沿线国家中的避险特征则相对较弱。

表 4－14　基于离岸人民币对主流货币的扩展非抛补利率平价回归

货币	α^k	β_0^k	β_1^k	β_2^k	R^2	DW
	(Constant)	$(f_t^k - s_t^k)$	(AFX_{t+1})	$[\Delta(VIX)_{t+1}]$		
AUD	-0.004	0.003	1.115***	-0.752***	0.502	1.943
	(0.013)	(0.060)	(0.028)	(0.146)	—	—
CAD	-0.004	-0.012	0.748***	-0.455***	0.400	1.927
	(0.015)	(0.060)	(0.023)	(0.124)	—	—
CHF	0.020	-0.045	0.928***	1.090***	0.298	1.944
	(0.036)	(0.098)	(0.035)	(0.184)	—	—
EUR	0.009	-0.010	1.025***	0.542***	0.547	1.944
	(0.019)	(0.057)	(0.023)	(0.120)	—	—
GBP	0.040*	-0.180**	0.734***	-0.366**	0.304	1.854
	(0.023)	(0.081)	(0.028)	(0.150)	—	—
JPY	-0.040	0.102	0.452***	2.088***	0.134	1.924
	(0.031)	(0.094)	(0.034)	(0.188)	—	—

（续表）

货币	α^k (Constant)	β_0^k $(f_t^k - s_t^k)$	β_1^k (AFX_{t+1})	β_2^k $[\Delta(VIX)_{t+1}]$	R^2	DW
NOK	-0.001	-0.037	1.276***	-0.550***	0.539	1.941
	(0.016)	(0.068)	(0.029)	(0.151)	—	—
NZD	0.008	0.003	1.174***	-0.529***	0.442	1.964
	(0.014)	(0.082)	(0.033)	(0.171)	—	—
SEK	0.007	-0.014	1.195***	0.110	0.522	1.953
	(0.017)	(0.053)	(0.028)	(0.146)	—	—
SGD	-0.002	0.028	0.618***	-0.250***	0.589	1.943
	(0.010)	(0.041)	(0.013)	(0.070)	—	—
USD	-0.003	0.026	0.014	0.208***	0.006	1.911
	(0.011)	(0.041)	(0.012)	(0.067)	—	—
ZAR	-0.000	0.075	1.420***	-2.431***	0.354	1.911
	(0.053)	(0.167)	(0.051)	(0.257)	—	—

注：表中括号内的数值为标准误差；***、**、*分别表示在1%、5%和10%的置信水平上显著。

表4-15　基于离岸人民币对“一带一路”沿线国家货币的扩展非抛补利率平价回归

货币	α^k (Constant)	β_0^k $(f_t^k - s_t^k)$	β_1^k (AFX_{t+1})	β_2^k $[\Delta(VIX)_{t+1}]$	R^2	DW
AED	0.002	0.022	0.326***	0.339***	0.180	1.931
	(0.010)	(0.036)	(0.017)	(0.061)	—	—
BGN	0.018	-0.009	1.642***	0.449***	0.574	1.935
	(0.018)	(0.057)	(0.035)	(0.116)	—	—
CZK	0.003	0.047	1.871***	0.103	0.501	1.936
	(0.023)	(0.062)	(0.046)	(0.153)	—	—
EGP	0.130**	0.083***	0.286***	-0.119	0.027	1.996

（续表）

货币	α^k (Constant)	β_0^k $(f_t^k - s_t^k)$	β_1^k (AFX_{t+1})	β_2^k $[\Delta(VIX)_{t+1}]$	R^2	DW
	(0.052)	(0.013)	(0.111)	(0.380)	—	—
HRK	0.015	0.006	1.651***	0.432***	0.539	1.932
	(0.014)	(0.052)	(0.037)	(0.125)	—	—
HUF	0.011	0.028	2.113***	−0.936***	0.447	1.934
	(0.018)	(0.059)	(0.059)	(0.194)	—	—
IDR	−0.031*	−0.054	0.470***	0.056	0.094	1.927
	(0.019)	(0.062)	(0.036)	(0.126)	—	—
ILS	0.009	0.021	1.004***	0.145	0.367	1.890
	(0.015)	(0.053)	(0.032)	(0.110)	—	—
INR	−0.007	0.012	0.610***	−0.373***	0.136	1.895
	(0.023)	(0.054)	(0.039)	(0.136)	—	—
JOD	0.004	0.032	0.312***	0.284***	0.146	1.936
	(0.006)	(0.028)	(0.019)	(0.066)	—	—
KRW	0.011	−0.030	0.539***	−0.039	0.079	1.950
	(0.015)	(0.066)	(0.045)	(0.160)	—	—
KWD	0.006	−0.015	0.498***	0.325***	0.375	1.951
	(0.007)	(0.030)	(0.016)	(0.055)	—	—
KZT	−0.001	0.044***	0.422***	0.371	0.017	1.958
	(0.029)	(0.017)	(0.088)	(0.312)	—	—
LKR	−0.000	0.038	0.329***	0.329***	0.073	1.934
	(0.016)	(0.037)	(0.029)	(0.103)	—	—
MAD	0.011	−0.007	1.306***	0.260***	0.640	1.938
	(0.008)	(0.035)	(0.024)	(0.082)	—	—
OMR	0.000	0.033	0.322***	0.340***	0.176	1.930
	(0.009)	(0.039)	(0.017)	(0.061)	—	—

（续表）

货币	α^k (Constant)	β_0^k $(f_t^k - s_t^k)$	β_1^k (AFX_{t+1})	β_2^k $(\Delta(VIX)_{t+1})$	R^2	DW
PHP	0.007	-0.058	0.514***	0.056	0.191	1.933
	(0.009)	(0.046)	(0.026)	(0.091)	—	—
PKR	-0.006	0.015	0.322***	0.299***	0.090	1.954
	(0.011)	(0.029)	(0.025)	(0.089)	—	—
PLN	0.019	0.038	2.111***	-0.885***	0.499	1.931
	(0.015)	(0.066)	(0.053)	(0.175)	—	—
QAR	0.004	0.012	0.325***	0.329***	0.172	1.931
	(0.009)	(0.039)	(0.018)	(0.062)	—	—
RON	0.013	-0.011	1.761***	0.096	0.538	1.938
	(0.012)	(0.043)	(0.040)	(0.134)	—	—
RSD	0.013	0.019	1.644***	0.429***	0.464	1.932
	(0.017)	(0.040)	(0.043)	(0.145)	—	—
RUB	-0.081	-0.096	0.924***	-3.645***	0.108	1.952
	(0.056)	(0.097)	(0.103)	(0.353)	—	—
SAR	0.003	0.017	0.327***	0.336***	0.180	1.932
	(0.009)	(0.037)	(0.017)	(0.061)	—	—
THB	0.001	0.036	0.528***	0.119	0.195	1.931
	(0.009)	(0.042)	(0.026)	(0.092)	—	—
TRY	-0.144***	-0.217***	1.106***	-1.327***	0.219	1.946
	(0.044)	(0.082)	(0.057)	(0.193)	—	—
VND	0.003	0.015	0.329***	0.336***	0.153	1.944
	(0.006)	(0.018)	(0.019)	(0.068)	—	—

注：表中括号内的数值为标准误差；***、**、* 分别表示在1%、5%和10%的置信水平上显著。

（四）汇率变动与全球风险因子的时变关系

2011—2018 年，人民币汇率制度进行了数次改革，这可能会对离岸人民币的汇率变动与全球风险因子的关联关系产生深度影响。因此，本节探讨了离岸人民币相对部分主流货币和“一带一路”沿线国家货币的双边汇率变动与全球风险因子的时变关系。

图 4 –6 和图 4 –7 分别展示了离岸人民币相对部分主流货币以及“一带一路”沿线国家货币的双边汇率变动与全球风险因子关联关系的动态演变路径。观察图 4 –6，可以发现：①样本期内，离岸人民币相对美元和瑞士法郎的双边汇率变动与全球风险因子的时变关系较为稳定。在全球风险波动的状态下，瑞士法郎相对离岸人民币不断升值，避险属性持续强化。至于美元，其相对离岸人民币保持温和升值状态，总的来说避险属性一般。特别是在 2017 年中以后，离岸人民币相对美元能够更好地抵御全球风险波动。这可能是因为，美元在 2017 年受国际国内局势的双重影响，陷入疲软行情不能自拔，而彼时的人民币币值持续坚挺，在一定程度上可以满足投资者的避险需求。②不同于美元和瑞士法郎，离岸人民币相对日元和欧元的双边汇率变动与全球风险因子的时变关系波动剧烈，并且离岸人民币相对日元的波动程度更高。特别是在 2016 年上半年，全球“黑天鹅”事件频发，不确定性逐渐加剧，推动作为避险货币的日元持续走强，而受英国“脱欧公投”的影响，避险情绪高涨，时变关系达到顶峰状态，即日元相对离岸人民币的避险价值不断凸显。③离岸人民币相对澳大利亚元、加拿大元和新西兰元的双边汇率变动与全球风险因子的时变关系走势趋于一致。其中，主要的突变是在 2016 年上半年，此时离岸人民币的避险属性要强于这三种货币。可能的原因是，这三种货币都属于商品货币，其币值受国际大宗商品价格影响深远。2015 年，大宗商品价格持续下行，这种低迷的状态一直延续至 2016 年上半年，因此对应的商品货币币值较为疲软，而彼时的人民币币值相对稳定，且中国市场存在对大宗商品的稳定需求，故离岸人民币的避险价值得以大幅提升。④

离岸人民币相对新加坡元与南非兰特的避险属性突出，相对南非兰特的避险属性在不断增强。表现为，离岸人民币相对这两种货币的双边汇率变动与全球风险因子的时变关系持续为负，其相对南非兰特的时变关系在深度下探，特别是自 2015 年以后，这种负向的时变关系得以不断巩固加强。⑤极端状况下，离岸人民币相对英镑的避险价值凸显。图中，多数情况下，离岸人民币相对英镑的双边汇率变动与全球风险因子的时变关系维持在零值上下波动，这反映出英镑和离岸人民币的避险价值相差无几。但在 2016 年英国“脱欧公投”时，离岸人民币相对英镑的避险属性显著增强。此时，以 VIX 指数为代表的全球风险上升 1%，离岸人民币相对英镑升值近 12%。

观察图 4 -7，可以发现：①离岸人民币相对匈牙利福林和波兰兹罗提的双边汇率变动与全球风险因子时变关系的趋势基本完全一致。虽然在部分时段内，该时变关系呈现正值，但总体是负值居于主导地位，也就是说，离岸人民币相对这两种货币的避险属性持续存在。不过，需要注意的是，相对于 2015 年以前的强避险属性，2015 年以后的避险属性逐渐减弱，表现为上述的时变关系开始在零值附近上下游走。这可能是因为全球政治经济不确定性状态加剧，从而促使投资者的目光逐渐向传统的避险资产聚焦，进而导致离岸人民币的避险属性减弱。②离岸人民币相对印度卢比和新土耳其里拉的避险特征持续存在，其相对新土耳其里拉的避险特征更加突出。图中，离岸人民币相对印度卢比和新土耳其里拉的双边汇率变动与全球风险因子的时变关系持续为负，并且基于新土耳其里拉的时变关系数值明显小于印度卢比。③离岸人民币相对俄罗斯卢布的避险特征亦持续存在，这表现为离岸人民币相对俄罗斯卢布的双边汇率变动与全球风险因子的时变关系基本处于零值以下。而在极端情况下，持有离岸人民币来对冲卢布的汇率波动则能获得较高的投资收益。2014 年底，受石油价格暴跌和乌克兰危机双重影响，卢布巨幅贬值，此时的离岸人民币避险价值得以大幅凸显。在此境况下，VIX 指数衡量的全球风险上升 1%，离岸人民币相对卢布升值 50%，升值幅度接近正常状况的 14 倍。当然，这也在一定程度上反映出俄罗斯经济金融制度的脆弱性，卢布的不稳定性。在同俄罗斯的双边贸易往来以及开展其他的国际经济金融活动时，一定要提高避险意识，及时做好将投资者手中持有的卢布转换为离岸人民币或者其他避险货币的准备。

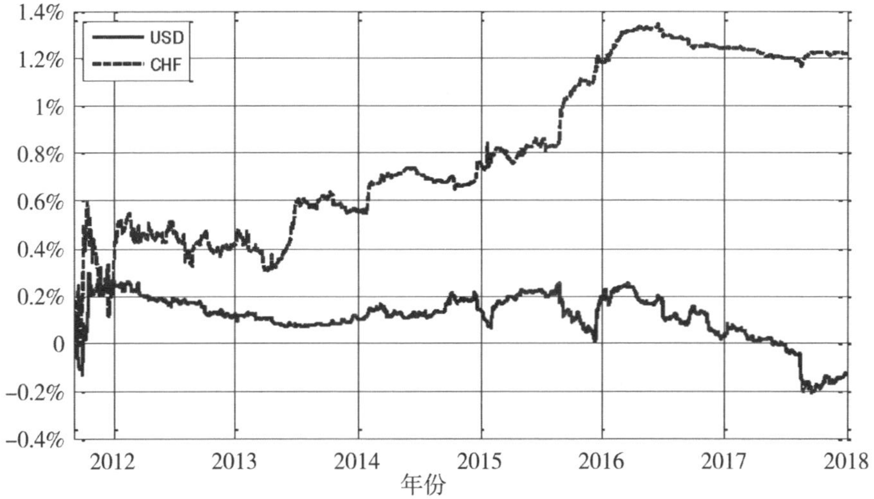

(a) USD 与 CHF

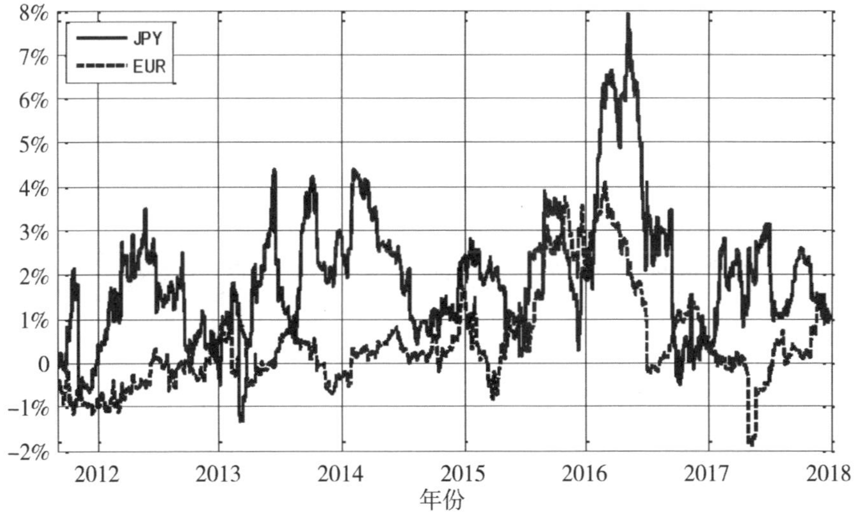

(b) JPY 与 EUR

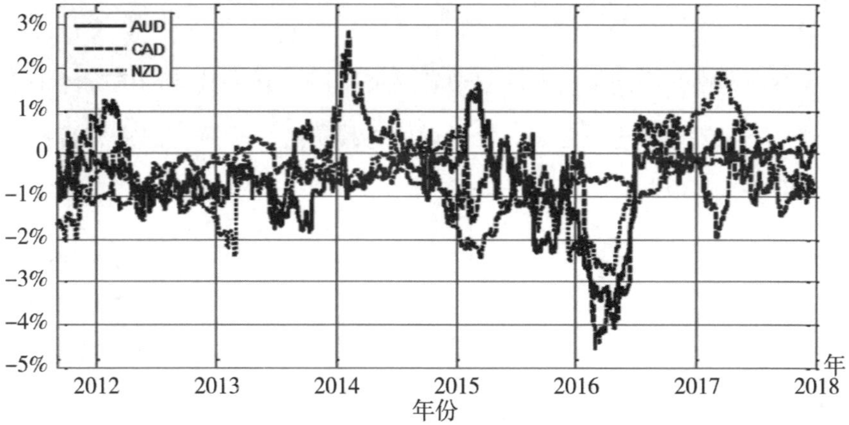

（c）AUD、CAD 与 NZD

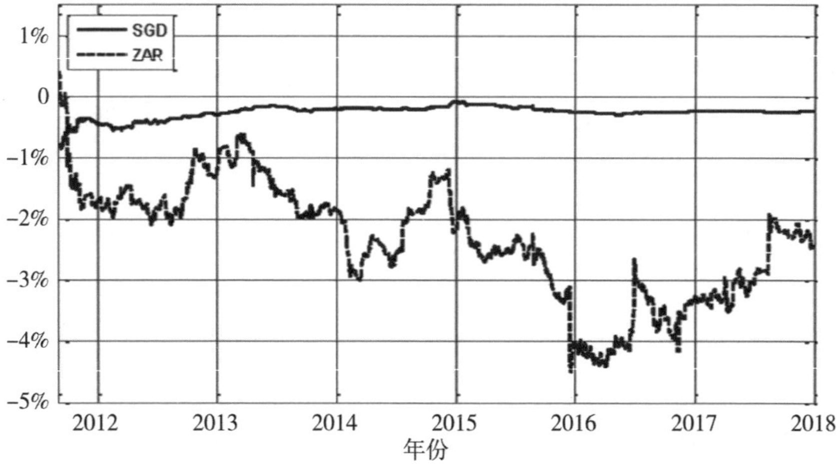

（d）SGD 与 ZAR

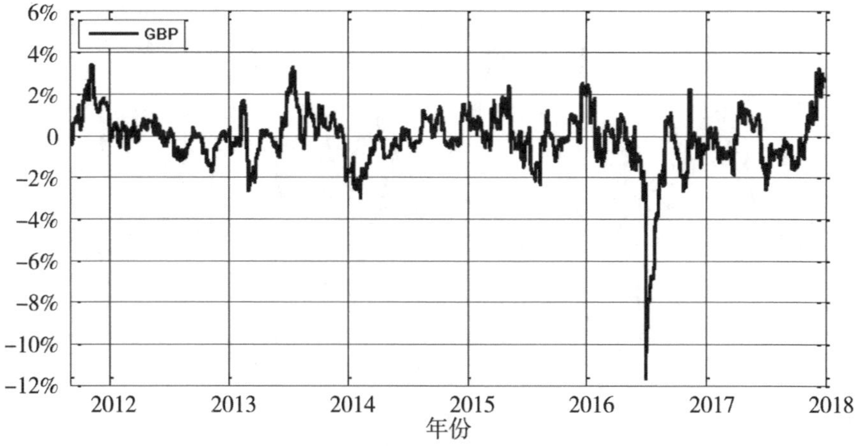

（e）GBP

图 4－6　离岸人民币相对部分主流货币的双边汇率变动与全球风险因子关联关系的动态路径

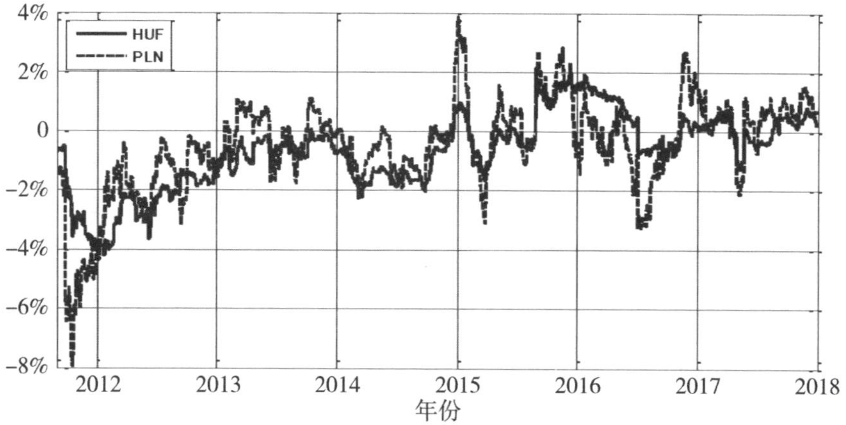

（a）HUF 与 PLN

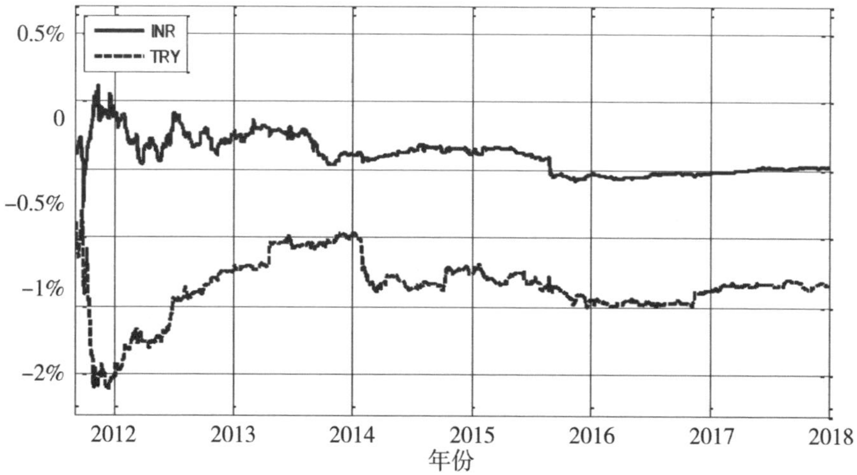

（b）INR 与 TRY

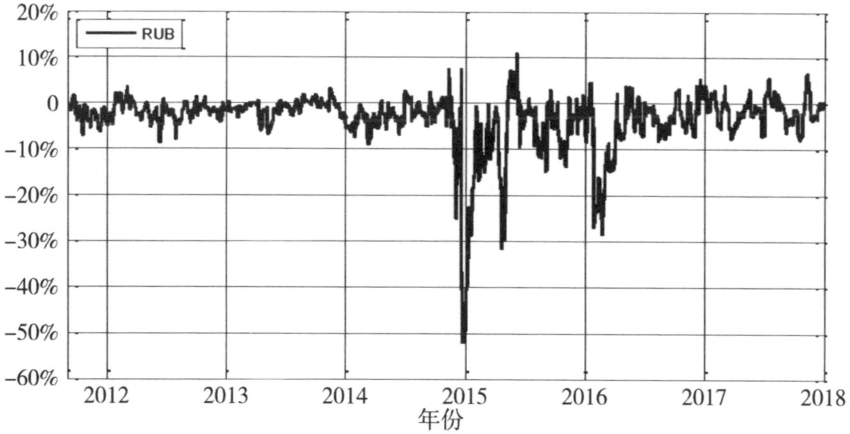

（c）RUB

图 4-7　离岸人民币相对部分“一带一路”沿线国家货币的双边汇率变动与全球风险因子关联关系的动态路径

七、本章小结

囊括中国港澳台地区及周边国家的21种货币，使用2011—2015年美元标价法下的汇率数据，本章基于Diebold和Yilmaz（2012）模型考察了离岸人民币在中国港澳台地区及周边国家的区域影响力以及对应的时变特征。结果发现：①无论是离岸人民币还是在岸人民币，它们对东盟国家以及上合组织成员国的货币均存在着较高程度的溢出效应。这表明人民币的区域影响力已经凸显，并且相比在岸人民币，离岸人民币的区域影响力更胜一筹。②离岸和在岸人民币仍然受到两大体系中部分货币的强烈溢出效应，特别是来自新加坡元、新台币、韩元、马来西亚林吉特以及港元等的波动溢出，也就是说人民币尚不能成为区域性的锚货币。③离岸和在岸人民币对中国港澳台地区及周边国家货币的溢出效应随时间推移而不断发生变化，这表明上述结论有着明显的时变特征，不过其对整体趋势无显著影响。只是在特定事件的冲击下，如2015年8月11日的人民币汇率改革，离岸人民币对中国港澳台地区及周边国家货币的溢出呈现了异常的波动趋势，表现为短时间、强程度的对外溢出。

此外，基于经典的资产定价框架，探讨了离岸人民币相对主流货币以及“一带一路”沿线国家货币的双边汇率变动问题，进而借此来探讨离岸人民币是否已经具备了避险货币的特征。结果发现：①离岸人民币存在避险属性。具体来说，主流货币中，离岸人民币相对澳大利亚元、加拿大元、新西兰元以及新加坡元等币种的避险属性已经存在；“一带一路”沿线国家货币中，离岸人民币相对匈牙利福林、印度卢比、波兰兹罗提、俄罗斯卢布以及新土耳其里拉的避险属性已形成。②相对于主流货币而言，离岸人民币在“一带一路”沿线国家中的避险属性整体较弱，有待继续加强。③瑞士法郎、欧元、日元和美元的避险特征更加突出，这些币种的避险属性要强于离岸人民币。④上述提及的离岸人民币避险属性存在时变特征。在极端事件发生时，离岸人民币的避险价值更加凸显。例如，英国“脱欧公投”和俄罗斯金融危机，使得离岸人民币相对英镑和卢布的避险表现更加突出。

上述结论具有深刻的政策含义。①要继续建设香港离岸人民币市场：以当前“一带一路”倡议的推进为契机，大力建设香港离岸人民币市场，有助于提升人民币的区域影响力，进而帮助人民币成长为区域性锚货币，这对中国自身的经济建设以及同周边国家的共同繁荣稳定都有着深远影响。②要重新审视当前的汇率形成机制：一方面，离岸和在岸人民币对周边国家货币的溢出效应走势基本趋同，说明人民币汇率形成机制相对完善，基本符合市场运行规律；另一方面，离岸人民币的溢出程度相对较高，说明有必要协调好离岸与在岸人民币汇率形成机制，使两大市场间的差距不至于过分拉大。此外，须保证人民币汇率波动能够更好地反映市场需求，从而促使人民币的避险属性继续强化。③要认真选择中国对周边国家的经济政治政策：针对离岸人民币影响程度高的货币国，如新加坡、韩国等，接下来还需要进一步巩固双边合作机制、推动经贸往来深入发展；而对于目前影响程度低的货币国，如哈萨克斯坦、越南等，则需要积极推进双边合作、切实推动经贸往来，通过继续扩大人民币的使用场景和范围来系统性总结人民币国际化的可行性路径。

第五章　离岸人民币市场对境内货币政策的影响：理论分析

尽管人民币国际化将使中国从中获得巨大的收益，但也必须高度关注和防范其可能产生的对货币政策的冲击。一方面，随着人民币国际化进程加快，贸易和金融领域使用人民币结算快速增长，货币需求的估测难度越来越大；另一方面，随着离岸金融市场规模的不断增加，在岸市场利率与汇率的形成机制可能会遭受冲击，从而导致货币政策的有效性变弱。鉴于此，本章从理论分析入手，基于当前离岸人民币市场的发展情况，深入分析人民币跨境使用对货币政策的影响。

一、历史观点回顾

“三元悖论”表明，一国不能同时维持汇率稳定、资本自由流动和货币政策的独立性，只能在三项中选择两项。汇率稳定是非居民持有本币资产的基础，也是推动离岸市场发展的重要条件；离岸市场的发展会使得跨境资本流动更加便利。因此，随着离岸市场的发展壮大，资本自由流动和汇率稳定是一国较可能的政策选择，这就会对货币发行国货币政策独立性产生冲击，影响到货币发行国货币政策的执行效果。从历史事实来看，欧洲美元市场的发展对于美国的国内货币政策产生了一定的倒逼作用。学术界关于欧洲美元市场发展对货币政策影响的争论非常激烈，观点莫衷一是。Frydl（1979）对相关的论点和论据进行了系统性总结，见表 5－1。

表5-1 关于欧洲货币市场对货币政策影响的争论

观点	欧洲货币市场对货币政策有无显著影响
正方观点：欧洲货币市场对货币政策有显著影响	观点1：欧洲美元市场容易使通胀恶化，从而削弱或至少复杂化各国货币政策 理由：欧洲美元市场能够比国内银行体系创造更多货币（存款准备金率较低）
	观点2：美元存款从国内银行体系到欧洲美元市场的转移通常会导致世界范围内银行负债的净增长 理由：国内银行负债持有的储备不因该交易而减少，而欧洲美元存款没有准备金要求，因此现有准备金仍支持等量的国内负债，而创造了新的欧洲美元市场负债，导致世界范围内信贷扩张
	观点3：反对反方观点1 理由：（1）资金从国内市场转移至欧洲美元市场可能提高国内货币供给的流通速度，使得国内货币和支出之间的关系不稳定。如果货币流通速度的提高没有及时被当局对冲，则可能引发通胀。（2）欧洲货币能否发挥交易媒介作用只是个市场实践问题，如加勒比海地区、大型跨国企业都有可能直接使用欧洲美元交易
	观点4：对反方观点2持保留意见 理由：（1）很难估计包含部分欧洲美元存款的货币总量与国家支出之间的稳定的统计关系。（2）很难收集可供货币当局政策制定使用的关于欧洲货币市场存款变化的充分可靠、及时的数据。（3）尽管理论上欧洲美元扩张效果可以通过美联储公开市场操作来抵消，但紧缩的国内货币政策的后果会不成比例地落到与欧洲美元市场联系较少的美国银行和借款人头上
反方观点：欧洲货币市场对货币政策无显著影响	观点1：承认正方观点1、观点2所述事实，但认为其无关紧要，货币当局可以试图通过影响最能代表交易货币的货币供应量（M1）来实现最终经济目标 理由：欧洲货币存款均为定期存款，可以承担价值储藏功能，但不能作为交易媒介，想要用于支付时必须转化为美国活期存款，因此欧洲货币市场扩张并不创造货币。如果国内货币交易余额和国内支出水平之间存在稳定关系，货币当局原则上可以通过控制国内货币供给来影响支出水平
	观点2：承认在通胀环境下欧洲货币市场的快速发展会使货币当局处境困难，但没必要通过减缓欧洲货币市场增长来实现对世界通胀的有效调控，传统的国内货币政策操作已经足够 理由：任何快于预期的欧洲货币市场扩张只需要通过进一步的国内货币抑制就能抵消，这或多或少可以机械化地通过将欧洲货币纳入适当的国内货币总量目标来实现

资料来源：Frydl（1979）对相关的论点和论据进行的系统性总结。

尽管上述观点莫衷一是，但从国外已有的文献研究看，多数仍能得出这样的结论：离岸货币会削弱境内货币政策独立性，弱化货币政策调控效果，对境内金融经济存在挤出效应，对境内外金融市场冲击效应明显。总之，离岸货币在获得铸币税收益的同时也影响相关经济体的政策调控效果。这是本章和下一章研究的理论基础。

二、离岸人民币市场与欧洲美元市场的区别

欧洲美元市场始于20世纪50年代的伦敦，其优点在于不受任何国家法令限制、免税、不缴纳法定储备、流动性强。许多研究就欧洲美元市场的存款规模增长的原因进行了探讨，并归因于离岸市场的存款创造（Friedman，1969）。在此基础上学者们就欧洲美元货币乘数进行了探讨和估算，比较有代表性的是固定系数乘数模型和一般均衡模型。但是Klopstock（1970）认为欧洲美元存款漏损严重，存款创造能力有限，欧洲美元存款迅速增长的主要原因在于在岸市场的初始资金转移：欧洲美元市场能提供比美元在岸市场更宽松的政策环境。

离岸人民币市场由于存在的环境与发展的政策等因素，与欧洲美元市场在存款创造与初始资金转移方面均有较大的区别。而该区别在研究离岸人民币对境内货币政策影响时是十分必要的。

（1）存款创造方面。

离岸人民币在境内的存款自2016年1月25日起缴纳等同于境内的存款准备金，而欧洲美元市场一般没有法定存款准备金要求，且自发持有的审慎准备金比率较低。尽管离岸人民币市场与欧洲美元市场均存在较高的存款“漏损”率，但是离岸人民币市场的存款创造能力仍低于欧洲美元市场。

（2）初始资金转移方面。

Klopstock（1970）认为，欧洲美元市场能吸引大量存款的原因是欧洲美元市场的免税和无政策限制带来的投资便利以及优于美国在岸市场的利率水平，吸引了全球的金融机构与非金融机构将美元存款存至欧洲美元市场，同时外国央行也出于政治考虑或其他原因将美元储备由美国本土银行转移至欧洲美元市场。Hewson和Niehans（1976）认为，欧洲美元市场规模的主要影

响因素是美国银行和欧洲美元银行不同的存贷款利率，而这些差异主要来自地理位置、法律及运行效率。而离岸人民币市场吸引大量存款的主要原因在于离岸人民币市场的规模不断扩大与人民币国际地位的不断提高。中国长期的贸易顺差与人民币币值的坚挺吸引越来越多的外国贸易商使用人民币作为结算货币。"一带一路"建设等中国直接投资及中国人民银行与外国央行的双边货币互换的签订也导致人民币不断流出。人民币离岸中心的不断增多使得越来越多的非中国居民参与人民币市场。在离岸人民币市场资金池不断扩大的背景下，离岸人民币市场存款规模自然不断扩大。同时，离岸人民币市场利率自2015年以来普遍高于在岸人民币市场利率，套利者的存在使人民币有流出动机。因此，有别于欧洲美元市场资金转移的主要动机是利差，离岸人民币市场初始资金转移的主要动机是对人民币的预期。

（3）清算机制。

由于离岸人民币市场的资金清算主要是代理行、清算行及境外机构人民

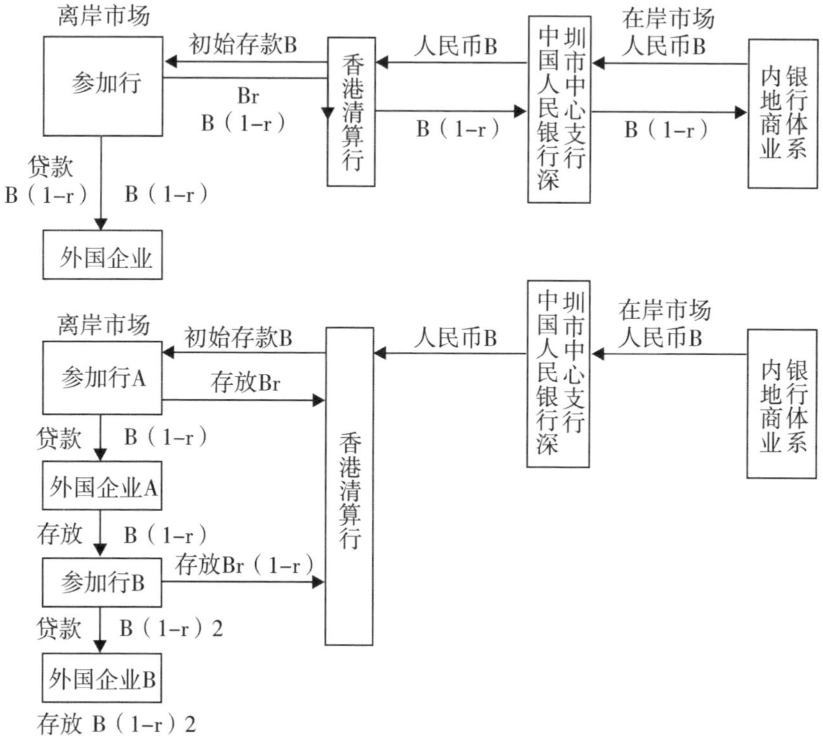

图5-1 以香港人民币离岸市场为例说明人民币离岸创造流程

币账户三种方式。相较于欧洲美元的清算中心在英国伦敦，离岸人民币市场的清算中心在中国内地，意味着中国境内货币政策对离岸人民币市场有直接的影响，离岸人民币市场仍受中国政策的限制。香港离岸人民币市场的资金收付主要由香港清算行经中国人民银行深圳市中心支行实现（还可以通过内地代理行实现资金收付）。在这种清算机制影响下，香港离岸人民币市场对境内货币政策的影响必然与欧洲美元市场存在差异（具体流程见图5－1）。

三、离岸市场与央行货币政策的矛盾及其影响

离岸利率、汇率受世界范围内资金供求的制约，并可以真实地反映全球范围内资金的供求状况，以更准确的价格对资金进行优化配置。因此，离岸利率、汇率的形成机制和变动趋势均与在岸市场存在差异。随着货币离岸市场向纵深发展，货币离岸和在岸市场资金流动的壁垒将逐步消除。在利率平价机制和一价定律的作用下，利率、汇率的联动性将逐步增强。离岸利率、汇率的变动会导致在岸利率、汇率偏离货币发行国中央银行的预期水平，限制利率杠杆的作用的发挥，汇率政策工具失效，进而对货币发行国的货币政策产生影响。

在跨境套利、套汇机制的作用下，货币离岸市场的发展会对货币发行国的货币供应量产生冲击，进而影响货币政策。货币离岸市场发展壮大之后，微观经济主体可能在利率较低的市场融资以降低成本，甚至利用两地的利率、汇率差异进行跨境套利和套汇，使得中央银行通过利率、汇率手段来调节货币信贷总量的目标难以实现。具体表现为如下矛盾：

（一）离岸人民币与货币供给量调节的矛盾

随着离岸人民币及其跨境流通的不断扩展，大量人民币在境外流通，这可能会扰乱境内货币政策的实施与调控。如境内实行紧缩性货币政策时，境内商业银行可以通过从境外离岸市场借入大量的人民币资金的方式满足客户的借款需求，使得逐利性资本通过离岸人民币市场迅速流入。人民币的大规模回流，使紧缩性货币政策难以发挥预期作用。当中央银行转而采用适应性货币政策工具来处理境外人民币回流问题时，可能也会对货币政策实施产生

不利影响。若中央银行采取紧缩性货币政策时预测到将有大规模的货币回流的情况，可能会以更加紧缩的政策调控力度，试图抵消因人民币回流而弱化的政策效果。但是人民币实际回流规模会与预测情况存在差异，将会造成境内货币环境的过度紧缩或政策效果不显著的局面。

（二）离岸人民币与利率政策调节的矛盾

当境内采取扩张性的货币政策而降低利率水平，且在岸人民币利率低于离岸人民币利率时，会导致人民币流出，从而使在岸人民币利率上升，出现与中央银行利率政策相背离的后果。因为低利率意味着借入货币资本的低成本，从而外国人更愿意借入人民币，境内投资者为获利也愿意输出资本，从而增加了人民币的国际流通量，相应地人民币会面临对外贬值的压力，使人民币汇率上升。较低的境内利率同时也会减少人民币的吸引力，人们不会愿意过多或过久持有低收益的人民币资产。

当境内采取紧缩性货币政策而提高利率水平，且境内人民币利率高于离岸人民币利率时，有利于增强人民币的吸引力，引起大量逐利资本流入，从而使在岸人民币利率下降，货币政策失效。与此同时，境内提高利率水平，人民币借入成本增加，使人民币的境外贷款减少，使人民币的国际流通量减少，难以满足资本输出的标准，人民币汇率升值压力增加。

（三）离岸人民币与在岸人民币汇率政策的矛盾

若我国在岸人民币对外贬值，且在岸人民币汇率高于离岸人民币汇率时，会引起以人民币计价结算的出口贸易增加，进口贸易减少，从而使国际收支顺差增大，人民币境外流通量会减少，因稀缺性货币币值上升，人民币对外升值压力增加。同时国际购买力增强，人民币的币值稳定性与保值性功能就能得到更好地维持。但人民币的国际流通量减少，从而使人民币在国际经济中的流通量相对或绝对减少，不能满足国际经济贸易的不断发展和国际清偿力的需求，也将损失因货币的国际流通而带来的铸币税收益。当在岸人民币汇率低于离岸人民币汇率时，以人民币计价结算出口贸易减少，进口贸易增加，从而使国际收支逆差状况难以改善，汇率政策失效。

当在岸人民币对外升值时，人民币在岸汇率高于离岸汇率的情况下，人民币计价结算的出口贸易增加，进口贸易减少，会导致国际收支顺差继续增大。当人民币在岸汇率低于离岸汇率时，人民币计价结算的出口贸易减少，进口贸易增加，从而使人民币境外流通量增加，则人民币将面临对外升值的压力。而因货币升值而恶化的国际收支将会危及人民币的国际信誉及人们对人民币的信心，人民币的国际购买力及币值稳定性将难以维持。

（四）离岸市场对央行货币政策的影响机理

基于上述分析，央行实施货币政策主要通过调节货币供应量、利率、汇率等中介目标对经济运行进行间接调控。货币离岸市场的发展，必然会形成离岸利率、汇率，影响在岸市场的利率、汇率水平，并通过跨境资本流动对货币发行国的货币供应量产生冲击，进而影响货币发行国的货币政策。

为了进一步分析离岸市场对货币发行国货币政策的影响程度，本节基于蒙代尔 - 弗莱明模型（$IS-LM-BP$ 曲线）进行比较静态分析，探讨在离岸市场不断发展的情况下扩张性（紧缩性）货币政策对在岸市场利率、汇率的影响会发生什么变化，并分析这种变化对货币发行国货币政策的冲击。

在没有离岸市场的情况下，在初始条件下，IS 曲线、LM 曲线和 BP 曲线相交于 E_0 点，经济处于内外部均衡状态（见图 5 - 2）。如果货币发行国为了推动经济增长而实行扩张性货币政策，会导致 LM 曲线向右移到 LM_1，此时货币供给量增加，利率下降。一方面，利率下降使投资增加，从而增加均衡产出；另一方面利率下降导致资本外流，使国际收支发生逆差或顺差减少，本币贬值，BP 曲线向右下方移动到 BP_1。本币贬值会使得进口减少、出口增加，进一步强化经济的扩张效应，使得 IS 曲线向右下方移动到 IS_1。结果，经济在 E_1 点达到新的均衡，利率下降到 i_1，产出增加到 Y_1。

在货币离岸市场发展壮大的情况下，由于离岸利率高于在岸利率，境内外居民利用离岸和在岸市场的利差和汇差进行跨境套利、套汇的可能性加大，因此投机性资本就会流向离岸市场，致使本币大量外流，即出现资本流动的二次效应。资本流动的二次效应会导致国内货币供给减少，LM_1 曲线向左移动到 LM_2，利率回升，使得资本外流规模下降；在套汇机制的作用下，本币贬值幅度降低，BP_1 曲线向左上方移动到 BP_2；净出口增加幅度下降，IS_1 曲线向左下方移动到 IS_2。结果，经济在 E_2 点达到新的均衡，利率为 i_2，产出

为 Y_2。而在没有离岸市场的情况下，经济在 E_1 点达到新均衡的前提是资本流动对货币发行国利率变化的反应为零，利率变化对资本流动的二次效应不会出现，即扩张性的货币政策对经济增长只有一个初始的扩张效应，无法通过资本流动产生增强或抵消货币政策效力的二次效应。

上述比较分析表明，离岸货币市场的发展，会弱化货币发行国货币政策的利率效应和汇率效应，导致扩张性货币政策的有效性降低。离岸市场对货币发行国货币政策的影响，取决于在岸市场对境外投资者的开放程度以及离岸市场和在岸市场的相对规模。开放程度越高、离岸市场的相对规模越大，扩张性货币政策有效性受到的冲击就越大。

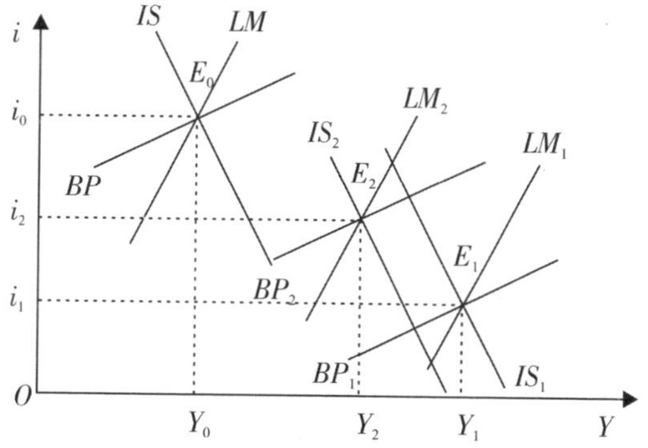

图 5-2　离岸市场对货币发行国货币政策的影响机制

此外，离岸市场的发展又将带来资本的跨境流动。虽然资本自由流动在一定程度上为货币发行国提供了外汇资金支持，有助于其国内经济的发展，但是大规模的国际资本流动将对其国内经济活动产生剧烈的冲击，进而影响宏观经济政策，特别是货币政策的制定和实施。在离岸人民币市场快速发展的背景下，若由于国内经济的发展，需要央行实施扩张性的货币政策，则必然引起人民币利率的降低，引发资本的大量外逃，从而影响货币政策的独立性和有效性，降低货币当局控制货币的能力。反之，资本的大规模进入也将对境内货币政策的制定与实施产生一系列的影响。

四、离岸市场对央行货币政策的影响：基于影响渠道的分析

为了进一步分析离岸市场对货币发行国货币政策的影响程度，下面基于离岸人民币对货币政策利率渠道和信用渠道传导的影响进行分析，并比较两者在效果上有何不同。

（一）利率渠道传导的影响

本节中，我们拟从基本的凯恩斯主义宏观经济模型出发进行分析。假设货币需求函数服从 $D(i, y)=k\cdot Y-h\cdot i$，其中，$i$ 为债券利率，Y 为产出，均衡时货币需求等于货币供给 M。故 LM 曲线可表示为：

$$M=k\cdot Y-h\cdot i;\ h>0,\ k>0 \tag{5-1}$$

产品市场均衡的 IS 曲线可表示为（A 代表自发总需求）：

$$Y=Y(i)=A-d\cdot i;\ d>0 \tag{5-2}$$

若不考虑金融市场发展的动态演化，则由式（5－1）和式（5－2）得：

$$\frac{dY}{dM}=\frac{d}{h+dk}>0 \tag{5-3}$$

若考虑金融市场发展的动态演化（假设在岸金融发展和离岸人民币市场发展程度均为 g），则 IS 曲线和 LM 曲线方程修改为：

$$IS\text{ 曲线}：Y=A-d(g)i;\ d(g)>0,\ d'(g)<0 \tag{5-4}$$

$$LM\text{ 曲线}：M=k(g)Y-h(g)i;\ k(g)>0,\ h(g)>0,\ k'(g)<0,\ h'(g)>0 \tag{5-5}$$

将 g 置于 $IS-LM$ 曲线模型内，旨在代比离岸市场发展对实际投资的利率弹性和交易效率的影响，以及对金融投资（投机）的利率弹性的影响。其中，$d'(g)<0$ 表示投资的利率弹性随离岸市场发展的增强而减小，$k'(g)<0$ 表示交易性货币需求的收入弹性随离岸市场发展的增强而变小，$h'(g)>0$ 表示投机（投资）性货币需求的利率弹性随离岸市场发展增强而变大。将式（5－4）和式（5－5）变形，得：

$$IS\text{ 曲线}：i=-\frac{1}{d(g)}Y+\frac{A}{d(g)} \tag{5-6}$$

$$LM\text{ 曲线：}i=\frac{k(g)}{h(g)}Y-\frac{M}{h(g)} \tag{5-7}$$

当 g 上升时，$d(g)$ 变小，从而使 IS 曲线斜率的绝对值 $1/d(g)$ 变大，IS 曲线变得更为陡峭；而当 g 变大时，$k(g)$ 变小，$h(g)$ 变大，故 LM 曲线斜率 $k(g)/h(g)$ 变小，因此 LM 曲线变得更为平缓。上述分析的政策含义是：IS 曲线变陡，在货币市场不变的条件下，货币政策（通过利率渠道）的效果减弱［见图 5－3］；同时，LM 曲线变平，在产品市场不变的条件下货币政策效果亦减弱［见图 5－4］。货币政策传导的效率因离岸人民币市场的发展而大幅降低。

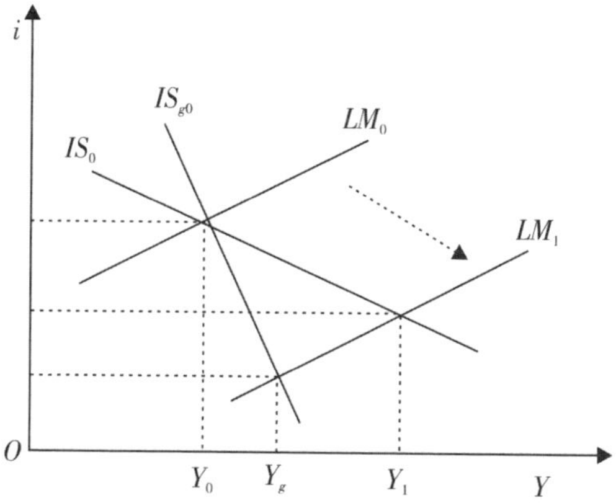

图 5－3　离岸人民币市场对国内产品市场均衡的影响

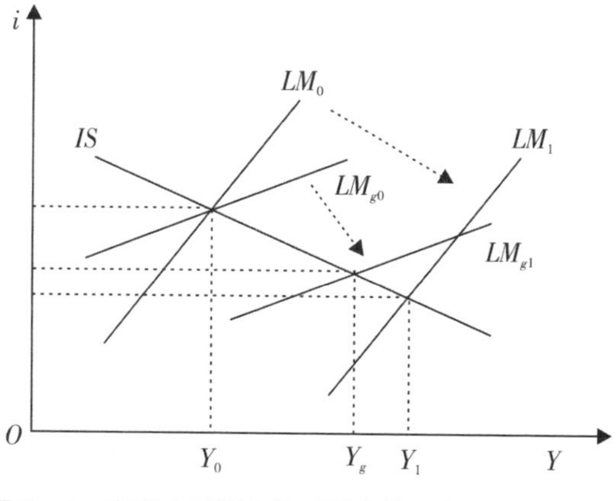

图 5－4　离岸人民币市场对国内货币市场均衡的影响

注：带下标 g 的 IS、LM 和 Y 分别表示离岸人民币市场发展起来后的 IS 曲线、LM 曲线和国民收入。

基于图 5-3 和图 5-4，本节拟以扩张性货币政策为例来分析。为便于比较，假设原 *IS* 曲线与 *LM* 曲线交点的初始位置与加入离岸市场后的 *IS* 曲线、*LM* 曲线交点的初始位置重合。因此，图中 Y_0 点既表示无离岸人民币市场条件下产品与货币市场初始双重均衡时的国民收入，又表示考虑了离岸市场后的产品与货币市场初始双重均衡时的国民收入。

由式（5-6）和式（5-7）得：

$$Y=\frac{h(g)}{h(g)+d(g)k(g)}A+\frac{d(g)}{h(g)+d(g)k(g)}M \tag{5-8}$$

这里不考虑货币市场的变化，因此 h、k 恒定不变。因此，

$$\frac{\partial Y}{\partial M}=\frac{d(g)}{h(g)+d(g)k(g)}=\frac{d(g)}{h+d(g)k}>0 \tag{5-9}$$

将式（5-9）两边对 g 求导，得：

$$\frac{\partial^2 Y}{\partial M\partial g}=\frac{d'(g)\cdot h}{[h+d(g)k]^2}<0 \tag{5-10}$$

该式表明，随着离岸市场发展程度 g 的增加，货币政策效果 $\partial Y/\partial M$ 下降。

在产品市场不变的条件下，$d(g)=d$，则：

$$\frac{\partial Y}{\partial M}=\frac{d}{h(g)+d\cdot k(g)}>0 \tag{5-11}$$

$$\frac{\partial^2 Y}{\partial M\partial g}=-\frac{d}{[h(g)+d\cdot k(g)]^2}[h'(g)+d\cdot k'(g)] \tag{5-12}$$

由于 $d>0$，$k'(g)<0$，$h'(g)>0$，表明通常随着离岸人民币市场程度的加深，投机性货币需求对利率变化的反应程度变大。而由于 $h'(g)$ 往往很大，以至于 $[h'(g)+d\cdot k'(g)]$ 倾向于大于 0。因此，$\frac{\partial^2 Y}{\partial M\partial g}<0$，表明随着离岸人民币市场程度的加深，货币政策效果减弱。

若同时考虑离岸人民币市场的发展对国内产品市场和货币市场的影响，由于 *IS* 曲线变陡，货币政策效果减弱；*LM* 曲线变平缓后也使货币政策效果减弱，故总的货币政策效果减弱（见图 5-5）。

由式（5-9），$\frac{\partial Y}{\partial M}=\frac{d(g)}{h(g)+d(g)k(g)}$，在等式两边对离岸人民币发展程

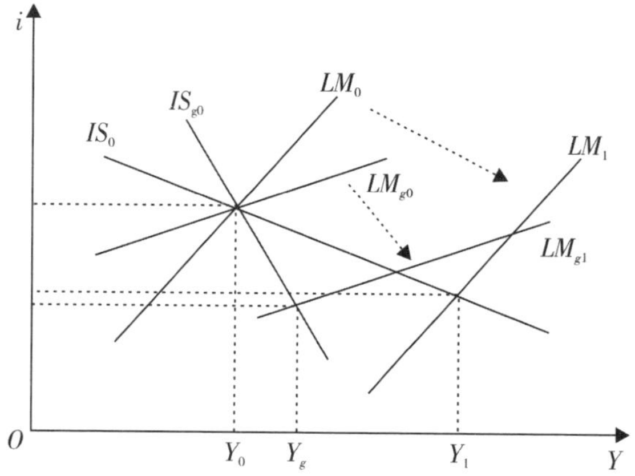

图5-5　离岸人民币市场对国内货币市场和产品市场均衡的影响

度 g 求导，可得：

$$\frac{\partial^2 Y}{\partial M \partial g}=\frac{d' \cdot h - d \cdot h' - d^2 k'}{(h+dk)^2} \tag{5-13}$$

由于 $d'<0$，$h'>0$，$k'<0$，所以 $d' \cdot h - d \cdot h' <0$，$-d^2k'>0$，因此 $\frac{\partial^2 Y}{\partial M \partial g}$符号不容易确定。若 $d' \cdot h - d \cdot h' - d^2 \cdot k' <0$，即 $d \cdot h' - d' \cdot h > -d^2 \cdot k'$时，离岸市场使货币政策效果减弱。分别取 $d \cdot h' - d' \cdot h > -d^2 \cdot k'$ 中各项的绝对值，得：

$$d\frac{\partial h}{\partial g}+h\left|\frac{\partial d}{\partial g}\right|>d^2\left|\frac{\partial k}{\partial g}\right| \tag{5-14}$$

将式（5-14）两边同乘以 $g/(d \cdot h)$，得：

$$\frac{\partial h}{\partial g}\frac{g}{h}+\left|\frac{\partial d}{\partial g}\frac{g}{d}\right|>\left|\frac{\partial k}{\partial g}\frac{g}{k}\right| \cdot \frac{d \cdot k}{h} \tag{5-15}$$

令$\frac{\partial h}{\partial g}\frac{g}{h}=e_h$，表示金融投资对离岸人民币市场发展程度的弹性；$\left|\frac{\partial d}{\partial g}\frac{g}{d}\right|=e_d$，表示实物投资对离岸人民币市场发展程度的弹性；$\left|\frac{\partial k}{\partial g}\frac{g}{k}\right|=e_k$，表示交易效率对离岸人民币市场程度的弹性，式（5-15）表明，当金融投资偏好弹性与实物投资偏好弹性之和大于交易效率弹性与$\frac{d \cdot k}{h}$的乘积时，货

币政策效果减弱。该条件比较容易满足，况且不等式右端的$\frac{d \cdot k}{h}$随着 g 上升而递减，更增加了不等式成立的可能性。因此，离岸人民币市场的发展在多数状态下表现为国内货币政策效果的弱化。

在新古典综合派的理论框架内，上述传导机制还可以扩展为广义的利率机制。广义的利率机制强调了由利率变动到国民收入变动的详细传导过程。其中，最常见的两种传导渠道包括托宾 q 理论和莫迪利安尼的财富效应。

一是 q 效应。托宾将 q 定义为企业市值对重置成本的比值，从资产结构调整角度为货币政策的传导过程提供了一个解释渠道，其前提是生产要素的价格黏性，价格的变化落后于利率的变化。q 效应的传导机制是：

$$R\text{（准备金）}\downarrow \longrightarrow M\text{（货币量）}\downarrow \longrightarrow i\uparrow \longrightarrow Pe\text{（股价）}\downarrow \longrightarrow q\downarrow \longrightarrow I\downarrow \longrightarrow Y\downarrow$$

二是莫迪利安尼的财富效应，弥补了货币供应量变化影响投资而没有考虑对私人消费影响的缺陷。根据莫氏生命周期理论，居民消费行为受其一生全部可支配（即财富）制约，股票通常构成金融财富的一个主要组成部分。货币紧缩导致股价下跌，而股价下跌意味着居民财富（W）缩水，其消费需求乃至产出均将下降。财富效应的传导机制是：

$$R\text{（准备金）}\downarrow \longrightarrow M\downarrow \longrightarrow i\uparrow \longrightarrow Pe\downarrow \longrightarrow W\text{（财富）}\downarrow \longrightarrow C\text{（消费）}\downarrow \longrightarrow Y\downarrow$$

然而，随着离岸人民币市场的发展，q 效应和财富效应的货币传导机制都将受阻。首先，由于真实投资的利率弹性在离岸市场条件下减小，故通过调整利率经由货币渠道来调节投资的效果弱化。从这个意义上看，q 效应传导机制弱化。其次，货币政策的“扩张”与“紧缩”在传导机制的效率上具有严格的不对称。虽然金融投资的利率弹性变大，金融资产之间相互替代转换的程度提高，交易成本降低，似乎提高了金融资产价格对利率变化的反应程度，即 q 效应和财富效应传导机制都随着人民币离岸市场的发展而得到增强。但事实并不如此。就紧缩政策而言，离岸市场使融资渠道变得多样化。利率上升虽然会使通过 q 效应的投资下降，但企业可通过其他衍生融资渠道增加投资资金，抵消了 q 效应。就扩张政策而言，利率下降时，股价大幅度上升，因此企业能够顺着 q 效应传导机制而采取增加投资的行为。因此，在离岸市场存在的条件下，紧缩性货币政策利率渠道传导机制的 q 效应弱化，而扩张性货币政策利率渠道传导机制的 q 效应增强，不易达到既定的货币政策效果。最后，在金融投资特别是投机性货币需求对利率变化的敏感程度变大①，交易性货币需求的收入弹性随金融市场的发展和离岸人民币市场的推进而变小②的前提下，随着离岸人民币市场的发展，金融投资的利率弹性变大、交易性货币需求的收入弹性变小，所以紧缩（或扩张）政策使利率上升（或下降）时，将引起金融资产财富的大幅缩水（或升值）。从这个意义上看，不论紧缩性还是扩张性货币政策，在离岸人民币市场的条件下，其财富效应的利率渠道传导机制都将得到增强。

（二）信贷渠道传导的影响

以上分析仅基于凯恩斯主义利率渠道传导机制的框架。那么，离岸人民币市场的推进对货币政策信贷传导渠道和效果的影响是怎样的，以及它与利率渠道相比有何不同。信贷渠道是中央银行传统的货币政策传导机制，也是早期中央银行货币政策的中间目标。近年来，随着金融创新力度的增大，货币供给的形式也逐渐多元化，但信贷投放仍然是货币供给的主要组成部分。

本节首先基于 Rose 和 Spiegel（2007）模型，分析离岸人民币市场发展对于货币总量投放的影响。假设存在两个市场，投资者在其中进行资产配置，并均追求收益最大化；A 为在岸市场，B 为离岸市场；在岸市场 A 中有 I 个投资者，其中 $I=1,2,\cdots,m$；第 i 个投资者的财富水平为 $w(i)$，且假设对于任何的投资者 i 均满足 $w(i)\leqslant w(i+1)$；r^* 表示在岸市场 A 的利率水平，r_o 表示离岸市场 B 的利率水平，其中 $r_o>r^*$；将资产从在岸市场 A 转移到离岸市场 B 将产生交易成本 $a\cdot tc$，该成本与在岸市场 A 的市场开放程度 X 呈

① 随着我国金融市场的发展和人民币离岸市场的不断推进，与人民币有关的金融衍生工具不断创新，使金融资产交易品种增多，同时也降低了交易成本。于是加速了各类金融资产之间的转换，从而提高了金融资产价格对利率变化的反应程度。因此，投机性货币需求的利率弹性增大。

② 金融市场的发展和人民币离岸市场的不断推进提高了交易效率，使货币流通能力增强、流通速度加快，从而用于交易需求（包括预防需求）的货币量随收入增加而增加的幅度下降。

现负相关，其中 a 是常数；假设 τ 为在岸市场 A 的名义税率，θ 为离岸市场 B 的税后收益，且 $1 \leqslant \theta \leqslant \frac{1}{1-\tau}$，即投资离岸市场 B 可享受一定的税收优惠。投资者若投资在岸市场 A，税后净收益为：

$$(1-\tau) r^{*} w(i) \tag{5-16}$$

若投资离岸市场 B，税后净收益为：

$$(1-\tau) \theta r_{o} w(i) - a \cdot tc \tag{5-17}$$

对于理性投资者而言，如果投资离岸市场 B 的收益大于投资在岸市场 A 的收益，即：

$$(1-\tau) \theta r_{o} w(i) - a \cdot tc > (1-\tau) r^{*} w(i) \tag{5-18}$$

则投资者会倾向于投资离岸市场 B。此时，

$$r_{o} \geqslant \frac{r^{*} w(i) + a \cdot tc}{\theta w(i)} \tag{5-19}$$

随着投资离岸市场 B 的投资者及其相应总资产的增加，由于收益边际效应递减，其收益率 r_o 将不断下降。直到存在一个投资者，使得等号成立，假设该投资者为 i^*，即：

$$r_{o} = \frac{r^{*} w(i^{*}) + a \cdot tc}{\theta w(i^{*})} \tag{5-20}$$

对于任何 $j > i^*$ 的投资者而言，由于 $w(i^*) < w(j)$，因此 $r_o > \frac{r^{*} w(j) + a \cdot tc}{\theta w(j)}$，即任一个 $j > i^*$ 的投资者都将投资离岸市场 B。因此，离岸市场 B 所能吸收的投资总量为：

$$L_{o} = \int_{i^{*}}^{m} w(i) di \tag{5-21}$$

假设在岸市场 A 中，各金融机构的贷款利率均相等，为 α，相应的单位贷款收益为 $R = 1 + \alpha$；R 为贷款总额 L 的减函数，即 $R' < 0$，且 $R'' < 0$；L 表示在岸市场 A 中金融机构贷款 L_i 和离岸市场 B 中贷款 L_o 之和；离岸市场 B 中的金融机构旨在追求利润最大化，即：

$$R(L_{i} + L_{o}) = r_{o}(L_{o}) \tag{5-22}$$

从式（5－22）中可看出，r_o 与 L_o 呈现负相关关系。

对上式两边全微分可得：

$$\frac{\partial L_o}{\partial L_i}=\frac{\theta w\ (i^*)^2R'}{(\theta R-r^*)\ w'-\theta w\ (i^*)^2R'}\leqslant 0,\ 且\frac{\partial L_o}{\partial L_i}\geqslant -1 \qquad (5-23)$$

式（5－23）表明，在岸市场A与离岸市场B贷款之间存在替代效应，且离岸市场B贷款增加的幅度小于在岸市场A贷款减少的幅度。因此，在离岸市场B存在并不断发展壮大的情况下，在岸市场A的贷款规模会因离岸市场B贷款规模的增加而下降，且两个市场总的贷款规模也将减少，即离岸市场B的发展对于货币供应量存在一定负向影响。

接下来，将基于Bernanke和Blinder（1988）提出的$CC-LM$曲线模型进行分析。相对于$IS-LM$曲线模型，除了考虑产品市场、货币市场均衡，$CC-LM$曲线模型还要考虑信贷市场均衡。针对商业银行，其资产负债均衡等式为：

$$M=B^b+L+R \qquad (5-24)$$

其中，M为货币供给，等于社会公众存放在银行的存款；B^b为银行持有的债券；L为银行贷款；R为银行准备金，$R=r\cdot M$；r为准备金率。相应的，私人部门的投资需求I也将做出调整，不仅受债券利率i影响，还受贷款利率i_L与债券利率i之差（设为a）的影响。因此，Y也受i和a的影响。此时IS曲线变为：

$$IS\text{ 曲线}：Y=Y(i,\ a)=A-d\cdot i-j\cdot a;\ Y_a=-j<0 \qquad (5-25)$$

假设银行确定贷款比率是贷款利率i_L与债券利率i之差的函数，即：

$$\frac{L}{L+B^b}=f(a)=x+za;\ f(a)=z>0 \qquad (5-26)$$

其中，x表示利差为零时银行持有贷款的比例（$x\geqslant 0$）。联合式（5－24）和式（5－26），可得：

$$L=M(1-r)f(a)=M(1-r)(x+za) \qquad (5-27)$$

此式可表示为信贷市场均衡条件。

将式（5－25）和式（5－27）合并，可得到产品市场与信贷市场同时均衡时收入与利率的组合所描绘出的曲线CC，如图5－6所示。CC曲线的斜率为负数，而且在人民币离岸市场存在的条件下斜率的绝对值将变大。在不考虑离岸市场条件下，信用渠道传导机制如下：扩张性货币政策使LM曲线右移，引起国民收入从Y_0增加到Y_1，同时市场利率i下降；进而，R增加必会引起信贷扩张，从而贷款利率i_L下降，投资I扩张，CC曲线右移，又引起国民收入进一步增加到Y_2。

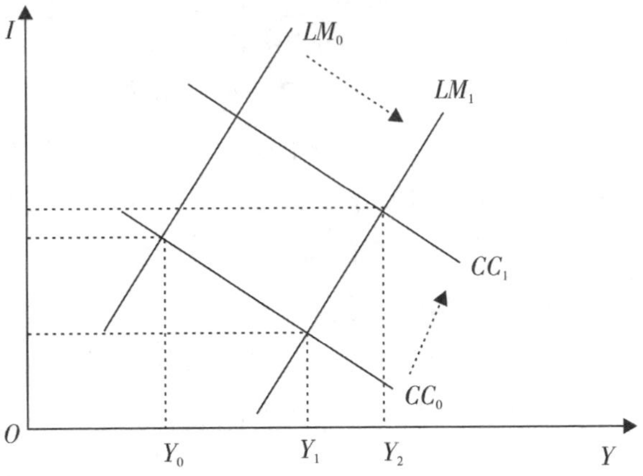

图5-6　无离岸人民币市场下的信用渠道传导机制

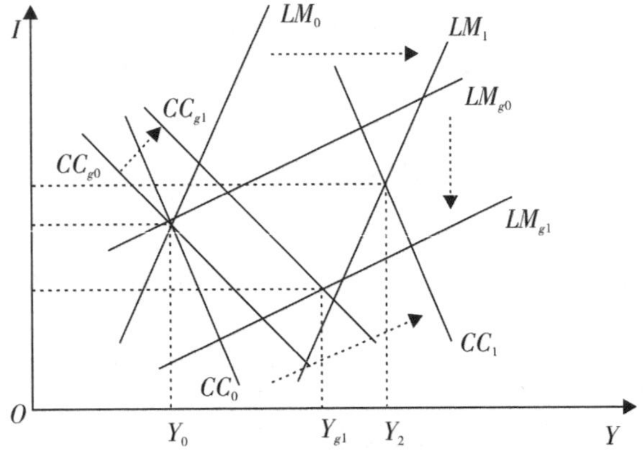

图5-7　有离岸人民币市场下的信用渠道传导机制

考虑离岸市场影响后，*IS* 曲线方程变为：

$$Y = A - d(g)i - j(g)a;\ d>0,\ j>0 \tag{5-28}$$

LM 曲线方程不变。信贷市场均衡条件改写为：

$$f(a) = x + z(g)a;\ z(g)>0,\ z'(g)>0 \tag{5-29}$$

将式（5-28）、式（5-29）和式（5-24）三方程联立，可得：

$$\frac{\partial Y}{\partial M} = \frac{\dfrac{d(g)}{h(g)} + \dfrac{j(g)\cdot[x/z(g)+a]}{M}}{1+\dfrac{d(g)k(g)}{h(g)}} \tag{5-30}$$

当 g 上升时，$d(g)$ 下降，$j(g)$ 下降，$k(g)$ 下降，$h(g)$ 上升，$z(g)$ 增加，上式分子和分母同时变小，但减小程度未知，因此$\frac{\partial Y}{\partial M}$分式值变大还是变小很难确定，即离岸人民币市场的引入对货币政策信贷传导变得更加复杂，不确定性增加，要视离岸市场程度 g 对真实投资的敏感性程度 d 和 j、对金融投资偏好的敏感性程度 h、对交易效率的系数 k、对贷款份额的影响程度的大小而定。

考虑离岸人民币市场后的传导机制如图 5 - 7 所示。由于 CC 曲线变陡，LM 曲线变平，货币扩张的传导路径与前述相似，但产出从 Y_0（CC_{g0} 与 LM_{g0} 的交点）增加到 Y_{g1}（CC_{g1} 与 LM_{g1} 的交点）。其中，Y_{g1} 可能小于或大于 Y_2（CC_1 与 LM_1 的交点），具体情形需取决于 CC 曲线随着货币扩张而右移的幅度，这也符合上述理论分析的结论。但考虑到目前在岸市场金融资产转换效率不高，CC 曲线右移的幅度不大，Y_{g1} 小于 Y_2 的概率较大，说明离岸市场使货币政策的传导效率减弱。

根据以上理论分析，得出：离岸市场人民币改变了 IS、LM 和 CC 曲线的形态，因而改变了产品市场、货币市场和信贷市场均衡的状态。主要表现为弱化货币利率渠道传导效应（即负效应），也说明利率和货币供应量作为货币政策中间指标的功能已大大下降。同时，离岸市场使得货币政策信用渠道传导及其效果变得更加复杂和不确定。

五、离岸市场对央行货币政策的影响：基于需求供给函数的分析

离岸市场对货币政策的影响还可以通过货币供给函数和货币需求函数角度分析。

（一）离岸市场背景下的货币需求函数

在离岸市场背景下，货币需求已不再局限于本国居民需求，还包括外国居民需求。根据凯恩斯的货币需求原理，一国居民的货币需求主要包括预防交易需求和投机需求，前者受收入水平 y 的影响，收入水平越高，其货币的

需求也就越高，而后者则受利率水平 r 的影响，且货币需求与利率 r 呈反方向变动，利率越高，货币需求越低，反之亦然。而国外居民对本币的需求主要受国内资产的收益率或利率 r、预期汇率变动率 $\frac{e^* - e}{e}$（e^* 指本币的预期变化）及影响离岸市场的其他因素（用 w 表示）影响。

不存在离岸市场时，货币需求方程为：

$$M_d = f(y, r) \quad (5-31)$$

根据凯恩斯货币需求理论，国内居民出于投机需求的货币需求和利率呈反方向变动（见图 5－8）。

引入离岸市场后，货币需求方程变为：

$$M_d' = f_1(y, r) + f_2\left(r, \frac{e^* - e}{e}, w\right) \quad (5-32)$$

具体表现为增加国外居民需求后，对货币需求的影响因素会变得更多，也更为复杂，因而与利率的变动关系也就变得不确定（见图 5－9）。对于国内居民，货币需求与利率依然呈反方向变动关系；而对于国外居民，货币需求与利率却呈正方向变动关系。原因在于货币替代的存在使得利率增加，即本国国内资产收益率的增加会吸引国外居民更多地用人民币替换已有的外国货币，从而增加对人民币的需求。因此，利率的上升最终引起货币需求总量的增加还是递减抑或抵消不变，取决于国内居民和国外居民就利率变动情况对本币需求变动幅度的程度对比，如图 5－9 分别给出了三种情形。

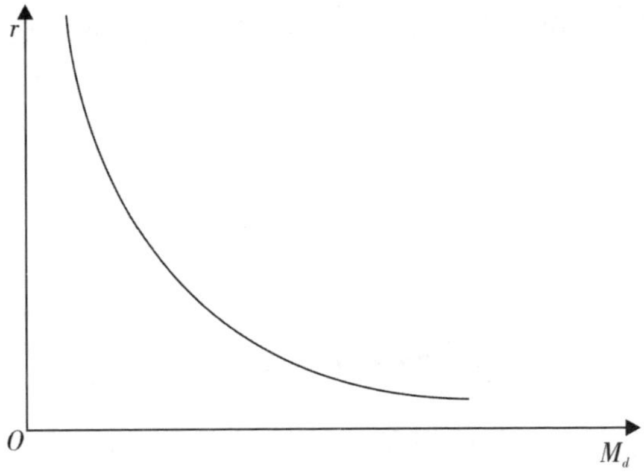

图 5－8　无离岸市场下的货币需求函数

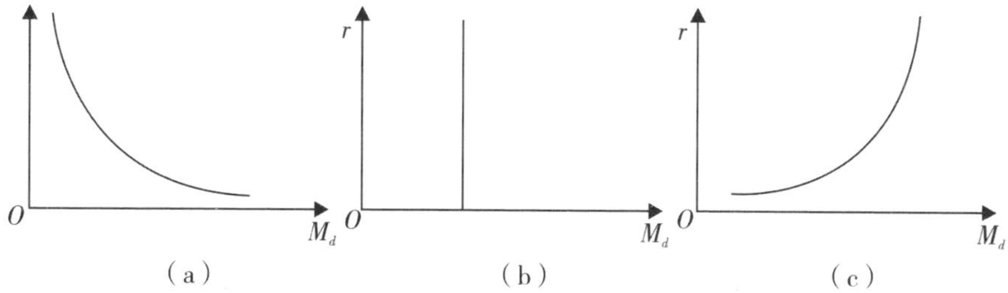

图5-9　有离岸市场下的货币需求函数

（二）离岸市场背景下的货币供给函数

若以一国货币的全球流通量来衡量，则货币供给是外生的，由该国中央银行统筹发放；若就限于发行国国内货币供给量进行探讨，货币供给就可能不是外生的。部分货币供给要受国内资产收益率或利率 r、预期汇率变动率 $\frac{e^{*}-e}{e}$ 以及有关离岸市场因素 w 的影响。因此，一国境内的所有货币供给不单单包括央行对国内的货币供给，还包括境外居民间接创造的这部分货币供给。

不存在离岸市场时，货币供给方程为：

$$M_s = M_0 \tag{5-33}$$

此时，一国货币的发行完全由中央银行统一发行，不受利率影响（见图5-10）。

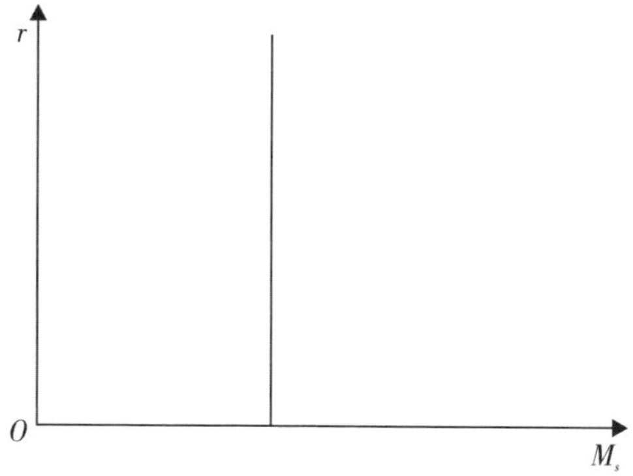

图5-10　无离岸市场下的货币供给函数

而引入离岸市场后，货币供给方程变为：

$$M_s' = M_0 + M^*(r,\ \frac{e^* - e}{e},\ w) \quad (5-34)$$

由于国外居民间接创造的那部分货币供给将随利率的上升而增加，总的货币供给函数将和利率呈正方向变动（见图5-11）。

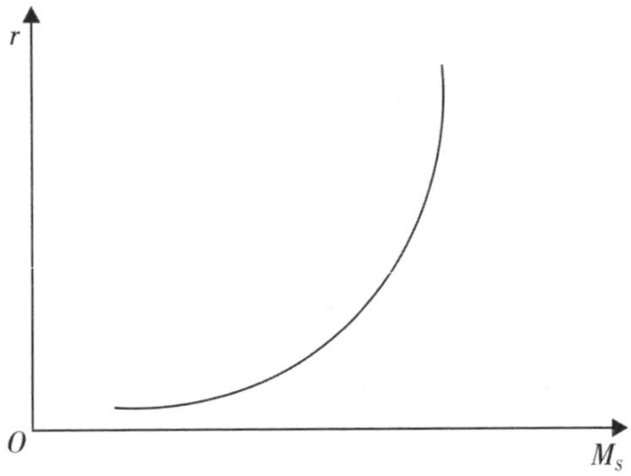

图5-11　有离岸市场下的货币供给函数

（三）模型分析

离岸市场引入前后，货币需求函数和货币供给函数都存在明显的差异。基于此，接下来将进一步分析差异化的供需函数对货币政策实施的影响。

在离岸市场出现之前，若施加扩张性的货币政策，将使得垂直状态的货币供给函数向右移。货币市场上的均衡点由 O 移向 O_1，在新的均衡点 O_1 处货币供给量增加，同时利率也低于原有的利率水平，货币扩张政策达到原有预期效果（见图5-12）。

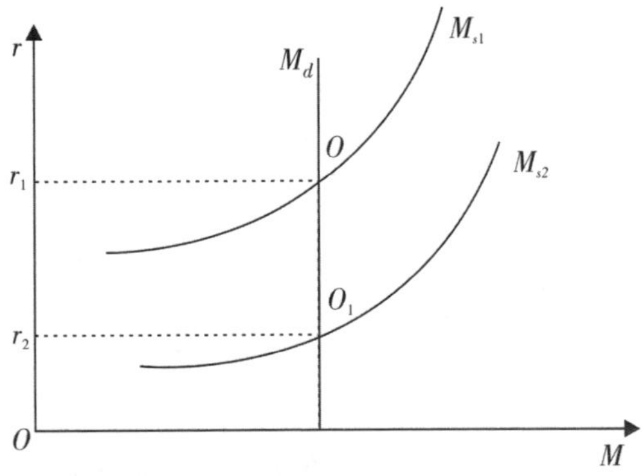

图5-12　无离岸市场下的货币政策效果

而在离岸市场出现之后，由于货币需求函数的不确定，以及货币供给函数的差异，货币市场上的供需均衡呈现出不同的状态，使得货币政策的实施具有不同的效应。首先分析货币需求函数为向右下方倾斜和垂直状态的情况［见图5－13（a）和图5－13（b）］。若央行实施扩张的货币政策，货币供给曲线由 M_{S1} 向右移至 M_{S2}，在短期内使得均衡点由 O 移至 O_1；在新均衡点 O_1 处，货币供给量增加，同时带来利率的下降；然而随着利率的下降，由境外居民间接创造的那部分货币供给就会相应减少，进而使得总货币供给减少，则 M_{S2} 左移至 M_{S3}，最终的均衡点为 O_2。至于 O_2 的具体位置要视货币供给减少的幅度而定，但总体上扩张性货币政策并没有达到预期的效果，更甚者，货币供给函数 M_{S3} 有可能返回至原状态，即和 M_{S1} 重合，此时货币政策的实施几乎失效。

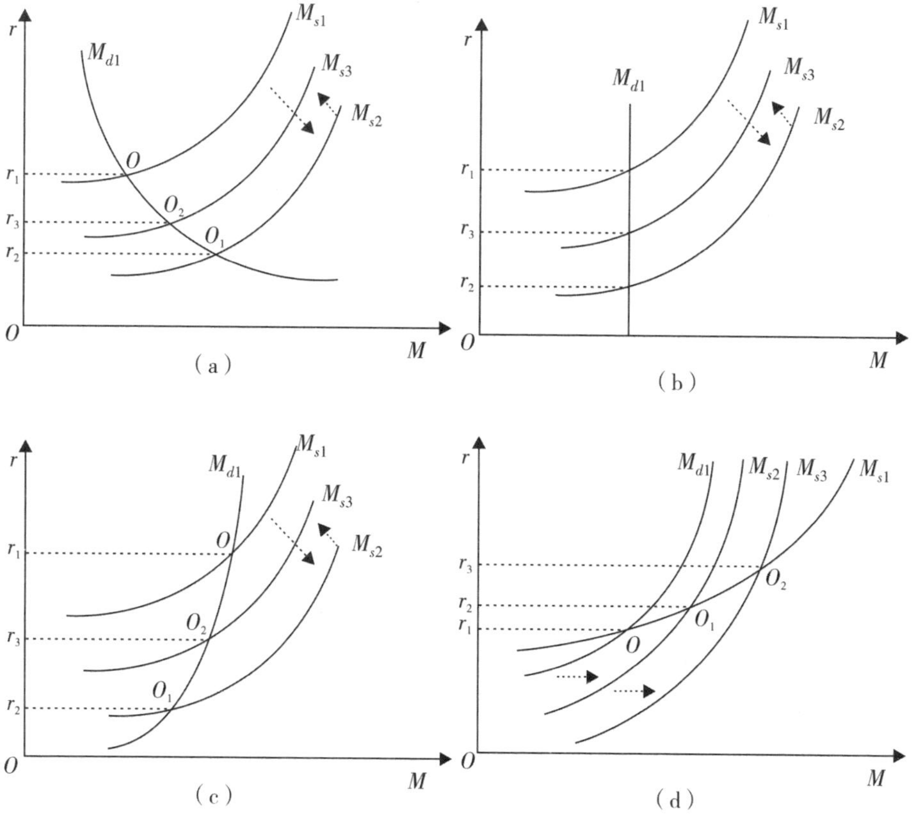

图5－13　有离岸市场下的货币政策效果

再者分析货币需求曲线呈右上方倾斜的情况［见图 5－13（c）和图 5－13（d）］。若货币需求曲线的斜率大于货币供给曲线斜率［图 5－13（c）］，则货币市场的最终均衡点为 O_2，和上述分析结果一致，扩张性货币政策的实施效果欠佳。若货币需求曲线的斜率小于货币供给曲线斜率［见图 5－13（d）］，则扩张性的货币政策使得短期的均衡点为 O_1。与上述三种情况不同的是，在该均衡点处不仅货币供给量增加了，同时利率也上升了，利率的上升会增加国外居民间接创造的货币供给，从而使得总货币供给曲线进一步右移，在新的均衡点 O_2 处，利率将进一步上升，而货币供给量较预期增加得更多。此时，货币政策不仅完全失效，而且会加剧经济萧条。

（四）货币替代效应分析

前面的分析中提及货币替代效应。香港地区是人民币国际化进程中的“桥头堡”和“试验田”。事实上，人民币国际化进程中既有人民币“走出去”替代他国或地区货币的正向替代效应，也有被其他货币替代的逆向替代效应，且两种替代效应差异甚大。人民币在香港地区发生货币替代效应已呈常态化趋势。但是，自 2015 年汇改之后，受人民币汇率贬值影响，香港地区离岸人民币资金池规模不断萎缩，截至 2017 年 1 月已缩减至 5225 亿元人民币，同比大跌近 39%，人民币在香港地区的货币替代方向出现逆转。本节拟对离岸人民币货币替代效应的作用机理做初步探讨。

自 Chetty（1969）首次提出货币替代的概念以来，国内外学者有关货币替代经济效应的研究日趋丰富。理论上，货币替代效应可存在负向和正向效应。在负向效应方面，例如 Sharma 等（2005）通过研究美元对亚洲经济体货币替代现象发现，不断增加的货币替代程度加大了货币当局对货币政策的调控压力；Prock 等（2003）通过对阿根廷、巴西和墨西哥等国的货币替代现象研究发现，货币替代程度越大，该国货币供给量对利率、汇率、生产效率的波动越敏感。在正向效应方面，例如 Ozbilgin（2012）通过模拟货币替代影响通货膨胀率和社会福利的分析发现，存在通货膨胀的门槛效应，在货币替代环境中，通胀率低于门限值且接近于零时潜在的社会福利会增加，反之则降低。

近年来，针对人民币的替代效应的研究也日渐丰富。范从来和卞志村

（2008）认为中国出现的逆向货币替代现象有助于提高货币政策的有效性。这里的逆向货币替代现象是指，随着货币替代比率下降，货币替代现象可能会带来的负向影响。何国华和袁仕栋（2011）研究发现，正向货币替代与逆向货币替代会通过汇率渠道、国内存贷款渠道、投机渠道、通胀、税收渠道、资产价格与供求渠道对我国货币政策的独立性产生影响，但正向货币替代的影响更强烈。刘再起和范强强（2015）发现，人民币在内地和香港地区贸易结算中替代美元的程度越来越高，会在一定程度上给货币政策的独立性带来影响。石建勋和金政（2016）研究发现，人民币在香港地区的货币替代效应与人民币汇率走势密切相关，并呈现出良性循环，持续产生正向货币替代效应，其作用机理如图5-14所示。叶亚飞和石建勋（2018）研究了人民币在香港地区货币替代对人民币区域化、国际化、两地经贸一体化、人民币币值稳定等的影响，分析不同替代效应可能引发的“特里芬难题”“三元悖论”困境。

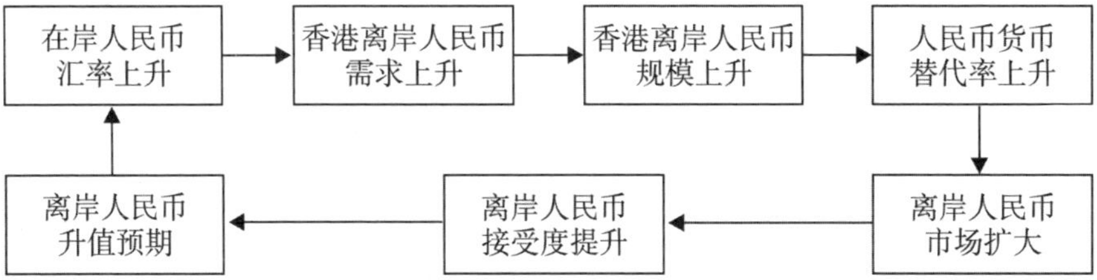

图5-14　离岸人民币正向货币替代效应作用机制

六、本章小结

本章通过详细的理论分析和数理模型分析，研究发现离岸人民币市场对我国货币政策实施潜存着影响。从短期来看，由于香港离岸人民币市场尚不成熟，对内地货币政策中间目标的“替代效应”还不是很大，对货币政策的有效性也不构成重大影响。但从长期来看，随着市场规模的不断扩大和金融对外开放程度的不断提高，香港离岸人民币市场将会对内地货币政策的有效性产生较大冲击。在人民币国际化是历史必然趋势的前提下，应该采取相应的政策措施加以有效防范以获取人民币国际化所带来的最优收益，并规避可能出现的负面冲击。

基于上述理论层面的分析和数理模型的探讨，在离岸人民币市场不断发展的背景下，我国宏观经济政策制定者应着力做好以下工作：①适应金融开放和离岸人民币市场发展的形势，优化金融机构结构和完善信贷市场结构，加快形成金融业的有效竞争机制，以畅通利率和信用传导渠道，夯实离岸人民币市场进程的微观基础。②顺应离岸人民币市场的发展，加大金融机构市场化改革和开放的力度，重视信用传导机制，增强金融机构的创新能力和流动性，为进一步发展离岸人民币市场奠定市场基础。③减少甚至取消政府直接干预，推进和完善我国证券市场建设，凸显股市的 q 效应和财富效应，疏通货币政策的证券市场传导机制。④明确政策中间目标和最终目标，制定规范化、民主化、透明化货币政策，以便引导公众预期。⑤灵活采用最新的现代化电子管理手段加强对资金流入和流出的准确检测，强化货币控制效应，精确追踪各项资本的流动趋势及其规律，进而为灵活制定货币政策提供有效的依据。⑥加强联合货币政策外延的利率、汇率和信贷三大政策协调，尤其是加强利率政策调控，应切实做到政策的适度性和合理性，以防范因利率的不合理而引起的经济风险。⑦建立不同层次的国际间的货币合作机制以及危机解救机制，加强同各国尤其是同美国的货币政策协调，引导国际金融市场的资产币种分配呈现平稳过渡状态。

第六章　离岸人民币市场对境内货币政策的影响：现实分析

上一章从理论分析入手，基于当前离岸人民币市场的发展情况，深入分析了人民币跨境使用对境内货币政策的影响。本章利用香港人民币离岸市场的数据进行了实证分析，旨在为离岸人民币市场对境内货币政策的影响提供经验证据，从中总结规律，防范各类风险，推进人民币国际化的同时保持经济和金融稳定运行。

一、人民币离岸市场存款创造能力检验

由于香港是最主要的人民币离岸市场，我们将对人民币离岸市场的分析简化为对香港人民币离岸市场的分析，将人民币境内与境外的活动简化为人民币境内与香港的活动。

（一）基本假设

我们认为在人民币离岸市场中，存款创造过程中有三种存款漏损形式：中国境内居民在香港获得人民币并存于中国境内银行、非中国居民在香港获得人民币并存于中国境内银行、利率漏损。也就是说，资金流向人民币离岸市场造成的离岸市场利率偏低，也会导致资金流回在岸市场，使得离岸市场的存款创造能力下降。人民币离岸市场的初始资金转移与存款创造过程都是市场参与者进行资产组合选择的过程。参考 Hewson 和 Sakakibara（1974）的一般均衡模型，我们提出了香港人民币离岸市场与中国境内在岸市场的一般均衡模型。

我们简单地假设人民币的货币需求 M_C^D 等于货币供给 M_C^S 等于中国全部的人民币债券数量$\overline{B_R}$，也就是说：

$$M_C^D = M_C^S = \overline{B_R} \tag{6-1}$$

同时，最初境外的人民币供给 $M_{HK}^{(S)}$ 等于境外人民币需求 $M_{HK}^{(D)}$ 等于境外的人民币外汇储备 FOR 加上境外的人民币基础$\overline{B_{R.HK}}$，即：

$$M_{HK}^{(S)} = M_{HK}^{(D)} = FOR + \overline{B_{R.HK}} \tag{6-2}$$

境外的人民币资产以两种形式存在：存放于人民币离岸市场的存款以及非境内机构、居民持有的人民币债券。假定境外人民币资产存放于人民币离岸市场的比例为 cd。由于人民币在 2016 年 10 月才正式纳入 SDR 货币篮子，在此之前外国的人民币储备较少。同时在现存的以美元为中心的货币体系下，大部分国家的货币政策与人民币无关。香港的货币局制度使香港的人民币外汇储备很少，且其货币政策只与美元挂钩，因此香港的国债市场与香港境内初始人民币货币基础无关，这里不考虑香港的国债市场。

（二）理论分析

1. 中国境内货币政策对离岸市场利率的影响

对于人民币债券市场，我们认为人民币债券需求市场构成是中国境内居民持有的人民币债券数量 $B_{CP.C}$ 加上中国境内银行持有的人民币债券数量 $B_{CB.C}$，再加上外国的外汇储备中以债券形式存在的人民币储备（$1-cd$）·FOR。而人民币债券供给市场构成是除去央行持有的人民币债券$\overline{B_{CC}}$外全部的境内发行人民币债券$\overline{B_R}$。当人民币债券市场达到均衡时，有：

$$B_{CP.C} + B_{CB.C} + (1-cd) \cdot FOR = \overline{B_R} - \overline{B_{CC}} \tag{6-3}$$

由式（6－2）可知：

$$FOR = M_{HK}^{(D)} - \overline{B_{R.HK}} \tag{6-4}$$

$$B_{CP.C} + B_{CB.C} + (1-cd) M_{HK}^{(D)} = \overline{B_R} - \overline{B_{CC}} + (1-cd) \overline{B_{R.HK}} \tag{6-5}$$

对于中国银行借贷市场，中国境内银行间总贷款 L_C^T 等于中国境内居民向中国境内银行的借款 $L_{CP.CB}$，再加上香港民众向中国境内银行的借款 $L_{HP.CB}$加上香港银行向中国境内银行的借款 $L_{HB.CB}$，即：

$$L_C^T = L_{CP.CB} + L_{HP.CB} + L_{HB.CB} \tag{6-6}$$

对于香港银行人民币借贷市场，香港银行间人民币总贷款 L_H^T 等于香港民众向香港银行的人民币借款 $L_{HP.HB}$ 加上中国境内居民向香港银行的借款 $L_{CP.HB}$，再加上中国境内银行向香港银行的借款 $L_{CB.HB}$，即：

$$L_H^T = L_{HP.HB} + L_{CP.HB} + L_{CB.HB} \tag{6-7}$$

对于香港离岸人民币市场，人民币供给有以下存在形式：中国境内居民在香港离岸人民币市场的存款 $D_{CP.HR}$、中国境内银行在离岸人民币市场的存款 $D_{CB.HR}$、香港民众在离岸人民币市场的存款 $D_{HP.HR}$、香港银行在离岸人民币市场的存款 $D_{HB.HR}$、香港民众存放于离岸人民币市场的人民币存款 $cdM_{HK}^{(D)}$；人民币借款有以下存在形式：中国境内居民向香港离岸人民币市场的借款 $L_{CP.HR}$、中国境内银行向香港离岸人民币市场借款 $L_{CB.HR}$、香港民众向香港离岸人民币市场借款 $L_{HP.HR}$，以及香港银行向香港离岸人民币市场借款 $L_{HB.HR}$。人民币离岸市场上的人民币供给减去人民币借款等于人民币离岸市场存放在境内的人民币存款 $cd\overline{B_{R.HK}}$，即：

$$\begin{aligned} & D_{CP.HR} + D_{CB.HR} + D_{HP.HR} + D_{HB.HR} + cdM_{HK}^{(D)} - L_{CP.HR} \\ & - L_{CB.HR} - L_{HP.HR} - L_{HB.HR} = cd\overline{B_{R.HK}} \end{aligned} \tag{6-8}$$

上述式（6-5）至式（6-8）四个等式，等号左边都是由市场因素决定的，等号右边都是由政策因素决定的。我们用利率代表市场因素，以央行公开市场操作以及法定存款准备金率的变化代表货币政策因素，构造矩阵：

$$A\begin{pmatrix} dr_{BC} \\ dr_{LC} \\ dr_{LH} \\ dr_{D_{HR}} \end{pmatrix} = \begin{pmatrix} -d\overline{B_{CC}} + (1-cd) * d\overline{B_{R.HK}} \\ 0 \\ 0 \\ cd * d\overline{B_{R.HK}} \end{pmatrix} + C\begin{pmatrix} dR_{R.C} \\ dR_{R.H} \end{pmatrix} \tag{6-9}$$

其中 r_{BC} 为中国境内国债利率，r_{LC} 为中国境内银行借款利率，r_{LH} 为香港银行借款利率，$r_{D_{HR}}$ 为香港人民币离岸市场利率，$R_{R.C}$ 是中国境内存款准备金率，$R_{R.H}$ 是香港离岸市场存放在境内的人民币存款准备金率。

2016 年 1 月 17 日，央行下发《关于境外人民币业务参加行在境内代理行存放执行正常存款准备金率的通知》，要求自 1 月 25 日起，对境外参加行存放在境内代理行等境内银行的境外人民币存款执行正常存款准备金率。在此之前香港从来没有实施存款准备金制度。因此，在 2016 年 1 月 25 日之前，

$R_{R.H}=0$，在 2016 年 1 月 25 日之后，$R_{R.H}=R_{R.C}$，该矩阵可以简化为：

$$A\begin{pmatrix} dr_{BC} \\ dr_{LC} \\ dr_{LH} \\ dr_{D_{HR}} \end{pmatrix}=\begin{pmatrix} -d\overline{B_{CC}}+(1-cd)\cdot d\overline{B_{R.HK}} \\ 0 \\ 0 \\ cd\cdot d\overline{B_{R.HK}} \end{pmatrix}+C\cdot dR_{R.C} \qquad (6-10)$$

其中 A 是 4×4 正定矩阵，C 是 4×1 矩阵。

根据 Hewson 和 Sakakibara（1974）的研究，当中国在岸与离岸人民币市场无摩擦且达到均衡时，中国央行变动货币供给对市场利率的影响是负向的：

$$dr_{BC}/d\overline{B_{CC}}=-a_{11}^{-1}<0 \qquad (6-11)$$

$$dr_{LC}/d\overline{B_{CC}}=-a_{21}^{-1}<0 \qquad (6-12)$$

$$dr_{LH}/d\overline{B_{CC}}=-a_{31}^{-1}<0 \qquad (6-13)$$

$$dr_{D_{HR}}/d\overline{B_{CC}}=-a_{41}^{-1}<0 \qquad (6-14)$$

而中国央行变动内地存款准备金对市场利率的影响是正向的：

$$dr_{BC}/dR_{R.C}=\sum_{i=1}^{4}a_{1i}^{-1}c_{i1}>0 \qquad (6-15)$$

$$dr_{LC}/dR_{R.C}=\sum_{i=1}^{4}a_{2i}^{-1}c_{i1}>0 \qquad (6-16)$$

$$dr_{LH}/dR_{R.C}=\sum_{i=1}^{4}a_{3i}^{-1}c_{i1}>0 \qquad (6-17)$$

$$dr_{D_{HR}}/dR_{R.C}=\sum_{i=1}^{4}a_{4i}^{-1}c_{i1}>0 \qquad (6-18)$$

2. 引入国际资本流动因素

我们用中国境内外汇储备的变化 E_C 表示国际资本在中国境内外的流动，用香港外汇储备的变化 E_{HK} 表示国际资本在离岸市场的流动，λ 表示其他影响资本流动的因素，如国家管制或者影响资本流动的政策因素等，我们有：

$$\begin{bmatrix} dr_{BC} \\ dr_{LC} \\ dr_{LH} \\ dr_{D_{HR}} \end{bmatrix}=A^{-1}F\begin{bmatrix} dE_C \\ dE_{HK} \\ \lambda \end{bmatrix} \qquad (6-19)$$

其中，F 为 4×3 矩阵。在完全竞争的货币市场，资本流入会降低当地利率，资本流出当地利率会提高。因此，我们应该有：

$$dr_{BC}/dE_C = \sum_{i=1}^{4} a_{1i}^{-1} f_{i1} < 0 \tag{6-20}$$

$$dr_{LC}/dE_C = \sum_{i=1}^{4} a_{2i}^{-1} f_{i1} < 0 \tag{6-21}$$

$$dr_{LH}/dE_{HK} = \sum_{i=1}^{4} a_{3i}^{-1} f_{i2} < 0 \tag{6-22}$$

$$dr_{D_{HR}}/dE_{HK} = \sum_{i=1}^{4} a_{4i}^{-1} f_{i2} < 0 \tag{6-23}$$

3. 香港人民币离岸市场的货币创造能力

假设整个中国境内商业银行体系充当香港人民币离岸市场的“央行”，香港离岸人民币市场在中国境内的存款充当人民币离岸市场的准备金，存在以资金回流中国境内为形式的存款漏损，那么有：

$$D = \frac{1+c}{rr+c} D^A \tag{6-24}$$

其中 D^A 是香港的初始人民币存款，也就是货币基础；D 是香港总共的人民币存款数目；rr 是香港人民币离岸市场在境内的存款率；c 是存款漏损率；$\frac{1+c}{rr+c}$为乘数效应。

我们用 $d\varphi$ 表示中国境内在岸市场上证券变为香港离岸市场存款的一种外生性移动，那么有以下矩阵：

$$\begin{bmatrix} dr_{BC} \\ dr_{LC} \\ dr_{LH} \\ dr_{D_{HR}} \end{bmatrix} = A^{-1} \begin{bmatrix} d\varphi \\ 0 \\ 0 \\ -d\varphi \end{bmatrix} \tag{6-25}$$

香港离岸人民币市场的人民币存款需求 D 为：

$$\begin{aligned} D &= D_{CP.HR} + D_{CB.HR} + D_{HP.HR} + D_{HB.HR} + cdM_{HK}^{(D)} \\ &= D_{CP.HR} + D_{CB.HR} + D_{HP.HR} + D_{HB.HR} + \frac{cd}{1-cd}\overline{B_{H.R}} \end{aligned} \tag{6-26}$$

因此，存在下述矩阵：

$$D = ED^{-1}\begin{bmatrix} dr_{BC} \\ dr_{LC} \\ dr_{LH} \\ dr_{D_{HR}} \end{bmatrix} \tag{6-27}$$

其中 ED 为 4×1 矩阵。当境内外市场完全有效时，香港离岸市场存款利率越高则香港离岸市场人民币存款越多，其他市场利率越高则香港离岸市场人民币存款越少，因此 $ed_1<0$，$ed_2<0$，$ed_3<0$，$ed_4>0$。而香港离岸人民币市场的存款乘数效应 $\frac{dD}{d\varphi}$ 可以表示为：

$$\frac{dD}{d\varphi}=\frac{1}{1-cd}+ED\cdot A^{-1}\cdot\begin{bmatrix}1\\0\\0\\-1\end{bmatrix}$$

$$=\frac{1}{1-cd}+ed_1\ (a_{11}^{-1}-a_{14}^{-1})\ +ed_2\ (a_{21}^{-1}-a_{24}^{-1})$$

$$+ed_3\ (a_{31}^{-1}-a_{34}^{-1})\ +ed_4\ (a_{41}^{-1}-a_{44}^{-1}) \tag{6-28}$$

在以美元为中心的货币制度下，尽管人民币国际地位在不断提高，但是目前各国的外汇储备中人民币占比很少。因此，我们认为境外的银行间人民币借贷市场的影响远没有中国境内国债市场、中国境内银行间人民币借贷市场、香港离岸人民币金融市场的影响大。同时，中国境内的人民币市场比香港离岸人民币市场影响大。也就是说：

$$a_{11}^{-1}-a_{14}^{-1}>0，a_{21}^{-1}-a_{24}^{-1}>0，a_{31}^{-1}-a_{34}^{-1}>0，a_{41}^{-1}-a_{44}^{-1}>0$$

因此，$\frac{dD}{d\varphi}<\frac{1}{1-cd}$，$cd$ 是外国央行将其人民币储备存放于离岸人民币市场的固定比例。也就是说，在一般均衡模型下，货币乘数 m 有：

$$m<\frac{1}{1-cd} \tag{6-29}$$

由此我们可以得出结论：如果利率漏损和现金漏损存在，那么香港离岸人民币市场的存款创造能力其实并不大。香港离岸人民币市场的人民币存款规模的上涨主要源于货币的初始转移。

（三）实证检验

1. 人民币离岸市场的利率漏损

样本选取范围是从2014年1月至2015年12月的月度数据。我们用每个月最后一个交易日的中债国债收益率来代表中国境内的国债利率 r_{BC}，用每个月最后一个交易日的Shibor隔夜利率表示中国境内银行间人民币借款利率 r_{LC}。由于香港银行间人民币借款利率与离岸人民币市场利率都是基于CNH Hibor人民币利率，我们选取每个月最后一个交易日的Hibor隔夜利率表示香港银行间人民币借款利率 r_{LH} 与离岸人民币市场利率 $r_{D_{HR}}$。我们简单假设香港金融管理局公布的由债务工具中央结算系统托管及结算的人民币债务工具未偿还总额（单位：千亿元人民币）为香港人民币离岸市场的货币基础 $\overline{B_{R.HK}}$，用中国人民银行公布的2014年1月至2015年12月货币当局资产负债表中对政府债券、对其他存款性公司债券、对其他金融性公司债券、对非金融部门债券总和（单位：千亿元人民币）表示央行持有的人民币债券数量 $\overline{B_{CC}}$，用大型金融机构法定存款准备金率表示中国境内存款准备金利率 $R_{R.C}$。

我们利用最小二乘法分析人民币离岸市场的货币基础的变化、在岸市场的货币供应量的变化、在岸市场的法定存款准备金的变化、在岸市场与离岸市场的资本流动对在岸与离岸市场的利率的变化。由于 dr_{BC}、dr_{LC}、$dr_{D_{HR}}$、$d\overline{B_{R.HK}}$、$dR_{R.C}$、dE_C、dE_{HK} 在置信区间0.95下全部都是平稳的，而 $d\overline{B_{CC}}$ 在置信区间0.99下是一阶差分平稳，我们对 $d\overline{B_{CC}}$ 取差分后，分析 $d\overline{B_{R.HK}}$、$d(d\overline{B_{CC}})$、$dR_{R.C}$、dE_C、dE_{HK} 对 dr_{BC}、dr_{LC}、$dr_{D_{HR}}$ 的影响。实证结果如表6－1、表6－2、表6－3所示。

表6－1　dr_{BC} 回归结果

变量	系数	标准差	t－统计量	P 值
$dR_{R.C}$	66.3714	63.5779	1.0439	0.3103
$d(d\overline{B_{CC}})$	0.0634	0.0232	2.7294	0.0138
$d\overline{B_{R.HK}}$	－1.3221	1.2924	－1.0229	0.3199
dE_C	1.81E－0	3.46E－05	0.5220	0.6080
dE_{HK}	－0.0001	0.0002	－0.5727	0.5739

表 6-2　dr_{LC}回归结果

变量	系数	标准差	t-统计量	P值
$dR_{R.C}$	86.5032	72.2264	1.1976	0.2466
$d(d\overline{B_{CC}})$	0.0617	0.0264	2.3403	0.0310
$d\overline{B_{R.HK}}$	-1.5698	1.4682	-1.0692	0.2991
dE_C	-0.1361	0.3271	-0.4160	0.6823
dE_{HK}	2.4358	3.9287	0.6199	0.5430

表 6-3　dr_{DHR}回归结果

变量	系数	标准差	t-统计量	P值
$dR_{R.C}$	67.3245	186.0294	0.3619	0.7216
$d\ (d\overline{B_{CC}})$	-0.1547	0.0679	-2.2762	0.0353
$d\overline{B_{R.HK}}$	0.6523	3.7816	0.1725	0.8650
dE_C	-0.8409	0.8425	-0.9980	0.3315
dE_{HK}	-9.1732	10.1190	-0.9065	0.3766

上述实证表明，中国央行货币变动增量对香港人民币离岸市场的影响明显是负向的。中国央行变动内地存款准备金对市场利率的影响都是正向的。也就是说，离岸市场的利率确实受在岸市场的货币政策影响。而央行货币变动的增量对在岸人民币市场的影响是正向的有可能是因为中国目前利率市场尚未完全市场化。

同时，中国境内外汇储备的增加会使境内的利率降低；香港外汇储备的增加会使香港人民币离岸市场利率提高，说明资本流动确实会影响利率。当资本由中国境内流向离岸市场时，离岸市场的利率会下降而中国境内利率会上升，此时资本会有流回中国境内的趋势。因此，如 Hewson 和 Sakakibara (1974) 所述，人民币离岸市场的存款创造，和欧洲美元市场一样，存在利率漏损。综上分析香港人民币离岸市场的人民币存款上升主要源于货币的初始转移。

2. 人民币离岸市场货币乘数估算

按照固定系数乘数模型，整个中国境内商业银行体系充当人民币离岸体系的“央行”，香港人民币离岸市场在中国境内银行的存款充当香港人民币离岸市场的准备金，存在以资金回流中国境内形式的存款漏损且准备金率和漏损率均相对稳定，那么人民币离岸市场的货币乘数可以估算出来。由式（6－24）可知，货币乘数 $m=\frac{1+c}{rr+c}=1+\frac{1-rr}{rr+c}$，因此 $m\leqslant\frac{1}{rr}$（当且仅当 $c=0$ 时取等号），其中 rr 是香港人民币离岸市场在境内的存款率，c 是存款漏损率。假设香港离岸市场清算行——中国银行（香港）的人民币存款全部存放在中国境内，且将香港人民币离岸市场在境内的存款率 rr 简化为中国银行（香港）在境内的人民币存款率，那么表 6－4 是根据固定系数乘数模型得出的历年来香港人民币离岸市场的货币乘数最大可能值。近年来香港人民币离岸市场的货币乘数都不超过 2。

表 6－4　固定系数乘数模型下香港人民币离岸市场的货币乘数最大可能值

项目	2012 年 12 月	2013 年 6 月	2013 年 12 月	2014 年 6 月	2014 年 12 月	2015 年 6 月	2015 年 12 月
rr	0.5828	0.5249	0.6930	0.7083	0.7226	0.6289	0.6178
m	1.7155	1.9049	1.4428	1.4116	1.3838	1.5900	1.6181

资料来源：中国银行（香港）各年度年报、半年报。

式（6－29）给出了一般均衡模型下香港人民币离岸市场的货币乘数最大可能值。事实上，由于利率漏损 a 的存在，真实的货币乘数 $m'=\frac{1+c+a}{c+a+rr}=1+\frac{1-rr}{c+a+rr}$，所以 $m'<m$。因此，香港人民币离岸市场的货币乘数的最大值应该小于表 6－4 的估计值，也就是说，香港人民币离岸市场的货币乘数可能远远小于 2。

二、人民币离岸市场对货币供给量的影响

He 和 McCauley（2012）曾通过分析欧洲美元市场认为离岸和在岸市场的资金流动会对在岸市场的存款、信贷等造成影响，给中央银行测算和控制

货币供给量、保持币值稳定、制定货币政策带来一系列挑战。马骏（2011）认为人民币离岸市场发展对境内外汇储备、央行对冲成本、境内货币供应量等会带来影响和冲击。何帆和张斌等（2011）认为，人民币离岸市场对短期国际资本大量流入有影响，其发展对在岸人民币市场可能产生冲击。因此，本节将基于离岸人民币资金流动渠道对在岸市场货币供应量的影响进行讨论。

（一）理论分析

由上一章中的图5－1我们可以看出，在不存在存款漏损的情况下，在岸市场通过中国人民银行深圳市中心支行流向香港清算行的 B 元人民币，会在离岸市场上创造出 B/r 元人民币（在不考虑现金漏损与利率漏损的情况下，离岸市场在在岸市场的本币存款率即固定系数模型中的准备金率），但是由于香港离岸市场参与行会向香港清算行存入（$r\times$各行的人民币存款数量）元人民币，因此香港清算行回收的人民币数量为 $B\cdot r+B\cdot(1-r)\cdot r+B\cdot(1-r)\cdot(1-r)\cdot r\cdots=B$ 元。香港清算行再将 B 元人民币存回中国人民银行深圳市中心支行。因此在不存在漏损的情况下，境内基础货币不变。

本书第五章已讨论过，香港人民币离岸市场是存在三种形式的存款漏损的。因此香港清算行回收的人民币可能小于 B 元。可是由于存款漏损比例较低，漏损对境内基础货币的影响较小。但考虑到境内货币乘数不小，因此漏损对广义货币的影响不能忽略。也就是说，人民币在境内与离岸市场的流动，可能对境内广义货币供应量产生较明显的影响。

由于香港人民币离岸市场自2010年起步，我们简单假设2009年底香港的人民币存款数量为香港人民币离岸市场的人民币基础。前文提及了人民币跨境流动的四种主要渠道：跨境贸易、直接投资、本币互换和个人携带。事实上，除了本币互换之外，其他三种渠道的资金流动都会对境内广义货币造成影响。为了清楚地说明资金流动对货币供应量的影响，我们简单地假设在岸市场与离岸市场仅有美元与人民币两种货币且央行通过公开市场操作维持人民币对美元汇率不变，在岸市场的货币乘数为 k。我们对人民币流出与回流分开讨论：

人民币流出有两种情况：①个人携带、直接转移等造成人民币直接流出境内 A 元。这种情况会导致境内广义货币减少 $A*k$ 元。②企业用人民币结算替代美元结算进行贸易与直接投资活动，造成人民币流出境内 B 元。这种情况下会导致境内美元需求减少，美元有贬值趋势。央行为维持在岸市场人民币对美元汇率稳定，需要在在岸市场上抛售 B 元人民币来购买美元。因此此时境内广义货币没有变化。

人民币回流也有两种情况：①国外企业用自有的人民币对在岸市场进行贸易与直接投资、个人携带等活动造成人民币直接流回境内 C 元。这种情况下会导致境内广义货币增加 $C \cdot k$ 元。②国外企业通过在离岸人民币市场上出售美元换取人民币或贷款等形式，用人民币替代美元进行贸易与直接投资活动，造成人民币流回境内 D 元。这种情况下，一方面 D 元人民币回流会导致境内广义货币增加 $D \cdot k$ 元。但是另一方面国外企业减少了美元在在岸市场的结汇导致在岸市场人民币需求减少，央行为了维持在岸市场人民币对美元汇率，会在在岸市场上抛售美元购买 $D \cdot k$ 元人民币。因此，此时境内广义货币不变。

综上，在我们假设的模型中，资金流动只有人民币流出的第①种情况和人民币回流的第①种情况这两种情况会对境内广义货币造成影响，在人民币净流出 $(A+B-C-D)$ 元时，境内广义货币减少 $(A-C) \cdot k$ 元①。

（二）实证检验

上文已证明在岸市场的货币政策会对香港人民币离岸市场的利率 $r_{D_{HR}}$ 产生影响，而香港人民币离岸市场的利率高低会影响离岸市场的人民币存款规模，因此在岸市场的货币政策会影响离岸市场人民币存款规模。由于离岸市场存款增量大部分来源于境内资金流入离岸市场，离岸市场的存款也会影响在岸市场的货币政策。基于此，我们建立关于香港人民币存款的变化量 dHK 与境内货币供应量变化的 VAR 模型，并基于该模型对货币乘数进行估算。由于香港人民币离岸市场的货币创造较小，我们忽略香港离岸市场的存款创造

① 近年来香港人民币离岸市场存款的增加源于大量的资金净转移，人民币的持续净流出会导致国内货币供应量 M_2 的减少。但是，中国并非实行完全的固定汇率制，人民币对美元汇率近年来比较多变，因此实际上人民币流出的第②种情况和人民币回流的第②种情况这两种情况也会对境内货币供应量 M_2 造成影响。

效应，简单地用香港人民币存款的变化量 dHK（单位：百万元）代表人民币的转移，用中国货币和准货币供应量的变化量 dM_2（单位：百万元）代表境内广义货币供应量的变化量。

样本选取范围是 2010 年 1 月至 2015 年 12 月的月度数据。根据 AIC 准则，建立 VAR 模型时最优滞后阶数为 5 阶，剔除模型中 t 值不显著的解释变量，最后回归结果如下表 6－5 和表 6－6 所示。

表 6－5　dM_2 回归结果

变量	系数	标准差	t－统计量	P 值
dM_2（－3）	0.2439	0.1200	2.0317	0.0465
dM_2（－4）	－0.3454	0.1215	－2.8426	0.0060
dM_2（－5）	－0.2988	0.1146	－2.6067	0.0114
dHK	－3.7874	5.1195	－0.7398	0.4622

表 6－6　dHK 回归结果

变量	系数	标准差	t－统计量	P 值
dHK（－1）	0.5863	0.0991	5.9159	0.0000
dM_2	－0.0041	0.0024	－1.7238	0.0897
dM_2（－2）	－0.0042	0.0021	－1.9534	0.0553
dM_2（－3）	－0.0046	0.0024	－1.9171	0.0598
dM_2（－4）	－0.0043	0.0023	－1.8500	0.0691

基于 dM_2 的回归结果说明，离岸人民币市场存款变化量确实与在岸市场的人民币货币供应量变化量呈负相关。根据 2010 年 1 月至 2015 年 12 月的月度数据计算出：

$$\frac{A-C}{A+B-C-D}\cdot k=3.79 \tag{6-30}$$

基于 dHK 的回归结果再次说明，在岸市场的货币供应量增加将导致离岸市场的存款减少。这与前文实证结果相吻合：在岸市场的货币供应量变化量的增加会引起香港离岸市场人民币利率下降，香港离岸市场人民币存款数量因此而下降。上文已说明近年来人民币一直处于净流出状态，具体表现是贸易项下人民币净流出而直接投资项下人民币净流入，但是贸易项下的人民币净流出远大于直接投资项下人民币的净流入。因此，就中国现状而言，$A>C$，$B>D$，因此$\frac{A-C}{A+B-C-D}<1$。

因此，香港人民币离岸市场的存款净流出对在岸市场货币供应量减少的乘数效应达 3.79，也就是说人民币向离岸市场流出会导致在岸市场的人民币货币供应量减少，每 1 元人民币的净流出会减少 3.79 元境内人民币供应量（M_2）。反之，该乘数对于离岸人民币回流对境内货币供应量的增加也成立。

（三）政策启示

尽管离岸市场的发展有利于人民币国际化，但是离岸市场的规模日益壮大也给境内市场带来一定的冲击。因此，中国在积极发展人民币离岸市场的同时，也要加强对离岸市场的监管与控制，运用多种方式削弱人民币离岸市场对境内货币政策的影响。

1. 完善人民币回流机制

目前中国的人民币净流出导致以货币供应量为中间目标的货币政策有效性受到人民币离岸市场的影响。以本书估算的人民币资金转移为例，2010 年至 2014 年 4 年来香港离岸市场人民币存款规模增加 9408.4 亿元，其中中国境内流向香港的资金约为 9167.7 万亿元。由式（5－1）可知，人民币离岸市场 9408.4 亿元的存款增量会导致境内货币供应量减少 35657.8 亿元。离岸市场的发展对境内货币供应量的影响也是自 2013 年来央行不断“放水”，但中国境内货币流动性仍然趋紧的原因之一。人民币离岸市场对境内货币供应量的影响系数为$\frac{A-C}{A+B-C-D}\cdot k$，要削弱人民币离岸市场对境内货币政策的影响，需尽可能缩小 $A-C$ 的值。也就是说，要尽可能使人民币直接流出量与直接流入量趋同。目前中国资本项目尚未完全开放，因此境外对境内的直接投资渠道较少，人民币的流出量远大于流入量。

完善人民币回流机制，既要保证回流渠道的多样性与畅通性，也要保证回流渠道的可控性。目前离岸人民币主要通过贸易结算、直接投资和购买债券三种渠道回流内地市场。从发达国家货币资金回流经验来看，外商直接投资与境内债券市场吸收境外回流资金的比例占所有回流资金的50%以上，因此进一步拓宽外商直接投资渠道与发展境内债券市场是完善人民币回流机制的重要手段。中国经常账户已经完全开放，因此人民币在经常账户下的流出与流入都没有限制。目前外商直接投资的形式主要是“沪港通”和RQFII，可见人民币回流渠道比较畅通。但是“沪港通”和RQFII的额度往往用不完，例如2016年2月的“港股通”累计使用额度不到总额度的65%。这主要是因为外资在境内的投资受到限制：境外进来的人民币，不能做二级市场的投资，只能进行生产性投资或者进行贸易结汇，这也在一定程度上说明境内项目吸引力较小。适当放宽外资在境内投资的限制，例如允许境外投资者购买境内人民币债券、允许离岸市场人民币清算行参与境内银行间同业拆借等业务，有助于人民币直接流回境内市场。但是，拓宽回流渠道的同时要注重风险防范，离岸与在岸账户应进行严格的分离管理，并加强人民币离岸市场监管部门与境内监管部门之间的信息交流和政策协商机制。

2. 提高人民币离岸市场的货币创造能力

表6－4展示了在固定系数乘数模型下计算出来的香港人民币离岸市场的货币乘数效应不超过2，实际上由于香港存在利率漏损，真实货币乘数远小于2。人民币离岸市场货币创造能力较低而人民币需求较大，导致人民币供给80%以上依靠境内人民币转移。在这种情况下人民币离岸市场的最大问题是缺乏流动性的补充机制和管理机制。

2015年8月11日人民币汇改以来，离岸人民币汇率与在岸人民币汇率出现三次较大的背离，离岸汇率低于在岸汇率导致套利套汇者在离岸市场买进人民币后在在岸市场卖出人民币赚取汇差。“8·11汇改”后香港离岸市场的人民币同业拆借隔夜利率曾几度飙升，特别是2016年1月12日央行为缩小CNY与CNH之间的汇差而收紧离岸市场的人民币供给后，香港离岸市场的隔夜拆借利率飙升至66.8%。如此高的利率下香港金融监管局提高人民币流动性的机制却有很大的成本：香港金融监管局只能通过货币互换向中国人民银行借入人民币来提高离岸市场的流动性，但这会使港元面临很大的升值压力。因此，从长远来看，离岸市场人民币需要有自我循环机制，才能保证离岸市场的稳定健康发展。

货币乘数 $m=\frac{1+c}{rr+c}$，其中 c 为以现金形式流回在岸市场的存款漏损率，rr 为香港离岸市场在境内的存款率。在存款漏损率一定的情况下，提高货币乘数 m 的唯一途径是减小离岸市场在境内的存款率 rr。因此，丰富离岸市场人民币产品与投资渠道是提高人民币离岸市场货币创造能力的主要手段。香港离岸市场的货币乘数小于 2 意味着香港离岸市场的人民币在境内的存款率超过了 50%，香港离岸市场的人民币并未被充分利用。离岸人民币主要有三种使用方式：人民币贷款、人民币债券、外汇交易。2015 年 12 月香港离岸人民币存量为 8511 亿元，其中投向人民币贷款约 3000 亿元，投向人民币债券约 3500 亿元，投资外汇约 2000 亿元，其中大部分的外汇投资与离岸市场及在岸市场的套利套汇活动有关。人民币的投资渠道较单一，极少涉及金融衍生品的交易，使得离岸市场人民币的流动性较差。提高离岸市场的流动性需要丰富人民币计价产品，扩宽人民币在离岸市场使用范围，比如推出离岸市场人民币 ETF、开展人民币计价大宗商品交易等。减少离岸市场在境内的存款率、提高离岸市场资金活跃度可以在一定程度上缓解人民币在境内外套利套汇活动下的流动，有利于离岸与在岸市场的金融稳定。

3. 加快浮动汇率制度改革

克鲁格曼的“不可能三角”理论指出：在金融政策方面，资本自由流动、汇率稳定和货币政策独立性三者不可能兼得。人民币国际化与深化金融改革要求资本能够自由流动，在保持央行货币政策独立性的前提下，中国唯有让人民币汇率逐步浮动。目前在岸人民币采用的是有管理的浮动汇率制度，价格区间限制为 ±2；离岸市场人民币汇率是自由浮动的。离岸与在岸市场人民币汇率制度的差别导致了离岸市场人民币汇率更能反映国际投资者对人民币的预期。离岸市场与在岸市场汇率制度的差别导致 CNY 与 CNH 总是存在一定程度的背离，给国际投资者套利套汇提供了机会。在国际市场普遍对人民币存在贬值预期时，离岸市场的完全市场化的汇率决定制度，给中国人民银行试图稳定在岸市场人民币汇率带来了巨大的成本。

图 6－1 展示了 2015 年 7 月至 2016 年 1 月期间中国外汇储备变化情况。自从“8·11 汇改”后人民币进入贬值通道，中国外汇储备直线下降。2015 年 7 月底中国拥有外汇储备 36513 亿美元，2016 年 1 月底中国外汇储备仅剩

32308.93 亿美元，6 个月消耗 4204.07 亿美元，平均每个月消耗约 700 亿美元的外汇储备。外汇储备的大量流失，既与投资者利用在岸市场与离岸市场的汇差套汇有关，也与央行在离岸市场大量抛售美元购买人民币以稳定离岸市场汇率有关。但是，如果人民币一直处于贬值通道的话，尽管中国外汇储备庞大，4 年后中国的外汇储备也将被使用殆尽。

尽快完成汇率改革，实现境内汇率浮动制度才是缩小 CNY 与 CNH 的根本途径。在岸人民币汇率自由浮动之后，套利套汇活动会使得 CNY 与 CNH 趋同，进而减少套利套汇活动，在一定程度上减少离岸市场对境内货币政策的影响。同时，在“不可能三角”理论下，由于中国放弃了固定汇率制度，资本自由流动程度能够扩大，货币政策受干预程度更小。

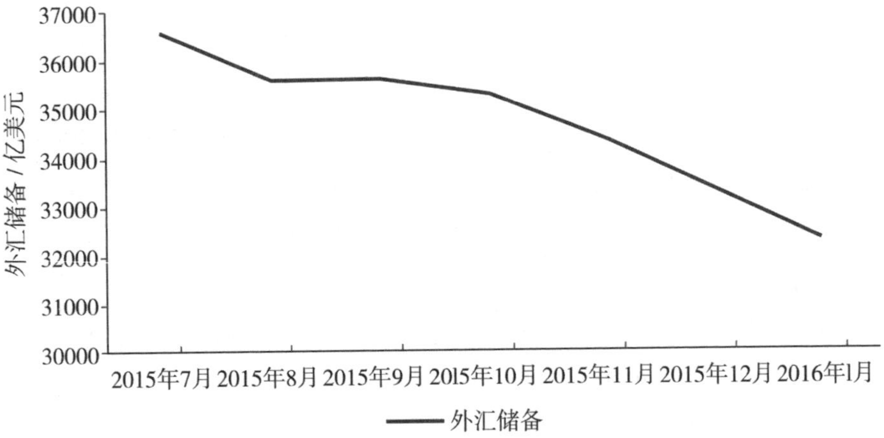

图 6－1　2015 年 7 月至 2016 年 1 月中国外汇储备

三、跨境套汇行为影响境内汇率水平

香港人民币离岸市场目前已形成 CNH 和 CNY 两种人民币汇率。与在岸的银行间市场即期汇率（CNY）相比，离岸市场人民币汇率（CNH）交易机制具有三个主要差异：市场参与者更广泛；不设中间价，不设涨跌幅度限制；央行较少进行干预。央行对汇率的干预多在境内银行间市场完成，CNH 市场不会受央行直接干预，间接干预也较为罕见。

以上三点交易机制的不同，令 CNH 对信息的反应更为充分和市场化，波动性更高，可能在一段时间内产生持续单向汇差。境内银行间市场主要由金融机构参与，金融机构主动调整头寸活动可能部分掩盖企业交易需求所反映的汇率预期变化；同时，银行间市场对波动范围实施限制，使 CNY 难以充分反映经济金融信息对人民币汇率的冲击。央行较少对离岸市场进行干预也使 CNH 报价更多体现市场供需关系。多种因素共同作用，使 CNH 与 CNY 之间可能产生一段时间的持续单向汇差。

随着人民币跨境流动的渠道逐渐增多，人民币离岸市场与在岸市场之间已经出现自发的套汇机制，使离岸价格与在岸价格之间具有内在收敛性，很难长期大幅偏离，CNH 与 CNY 的联动关系呈现逐步加强的趋势。2011 年 9 月前，CNH 略高于 CNY，两者走势趋同性十分明显；2011 年 9 月后，由于美元指数转强，人民币离岸市场率先迅速对此信息做出反应，CNH 迅速贬值，CNY 反应稍显滞后，导致最大汇差达到 1255 个基点，但随后 CNY 也逐渐贬值，保持与 CNH 相一致的趋势运动，长期仍然处在升值通道中。

此外，在人民币加入 SDR 货币篮子、国际化不断增强的背景下，人民币在岸市场和离岸市场之间开展的跨境贸易结算、直接投资、证券投资和贷款等业务日益频繁。然而，自香港人民币离岸市场正式建立以来，关于人民币定价权旁落离岸市场的争论从来未停止过。2015 年下半年，随着人民币兑美元持续贬值，离岸与在岸的价差也出现较大波动，12 月价差达数百点已是常态，在 12 月 30 日即期价差甚至达 1000 点。

为考察 CNH 和 CNY 之间的联动关系，本节实证考察了人民币离岸、在岸汇率之间的报酬溢出效应、波动溢出效应、非对称效应和动态时变关系，旨在解决下列问题：①人民币离岸、在岸汇率之间是否存在收益、波动信息传递关系？离岸与在岸汇率市场哪一个是信息传递中心？②人民币离岸、在岸汇率是否存在非对称效应？③外生宏观冲击是否会影响上述关系？

（一）变量选取与数据处理

CNH 市场在 2010 年 7 月 19 日开始放开，本节为消除市场交易初期的虚假起始交易效应（Ding 等，2014），剔除了 2010 年 8 月 23 日之前的离岸和在岸市场人民币对美元即期和远期汇率数据，选择 2010 年 8 月 23 日到 2015 年

12 月 1 日的数据进行研究。本文以在岸与离岸人民币对美元即期和远期交易每日收盘价为研究对象，分别以 CNY、CNH、FORWARD 和 NDF 表示人民币对美元在岸即期交易收盘价、离岸即期交易收盘价、在岸远期交易收盘价和离岸 NDF 交易收盘价。其中人民币对美元在岸远期和离岸 NDF 价格均包含期限为 1 个月、3 个月、6 个月、9 个月和 12 个月的五个交易合约，分别记为 FORWARD1M、FORWARD3M、FORWARD6M、FORWARD9M、FORWARD12M 和 NDF1M、NDF3M、NDF6M、NDF9M、NDF12M。所有汇率数据均采用直接标价法。考虑节假日的差异和控制变量的数据日期，剔除不匹配的数据，共得到 1273 个日交易收盘价数据。文中所有汇率交易品种和期限收盘价数据均来源于 Wind 数据库。

（二）模型设定

1. 人民币在岸、离岸汇率信息溢出效应及非对称效应

在不加入宏观经济变量的情况下，模型的条件均值方程为：

$$R_{h,t} = u_h + \sum_{n=1}^{m} \alpha_{h1,i} R_{h,t-i} + \sum_{j=1}^{n} \alpha_{h2,i} R_{y,t-i} + \sum_{s=1}^{s} \alpha_{h3,i} R_{ndf,t-i} + \varepsilon_{h,t} \tag{6-31}$$

$$R_{y,t} = u_y + \sum_{n=1}^{m} \alpha_{y1,i} R_{y,t-i} + \sum_{j=1}^{n} \alpha_{y2,i} R_{h,t-i} + \sum_{s=1}^{s} \alpha_{y3,i} R_{f,t-i} + \varepsilon_{y,t} \tag{6-32}$$

模型条件方差方程为：

$$\begin{aligned} \ln\sigma_{h,t}^2 = v_h &+ \sum_{k=1}^{p} \beta_{h1,k} \left(\left| \frac{\varepsilon_{h,t-k}}{\sigma_{h,t-k}} - E\left(\frac{\varepsilon_{h,t-k}}{\sigma_{h,t-k}}\right) \right| + \tau_{h,k} \frac{\varepsilon_{h,t-k}}{\sigma_{h,t-k}} \right) \\ &+ \sum_{r=1}^{q} \beta_{h2,r} \left(\left| \frac{\varepsilon_{y,t-k}}{\sigma_{y,t-k}} - E\left(\frac{\varepsilon_{y,t-k}}{\sigma_{y,t-k}}\right) \right| \right) \end{aligned} \tag{6-33}$$

$$\begin{aligned} \ln\sigma_{y,t}^2 = v_y &+ \sum_{r=1}^{p} \beta_{y1,r} \left(\left| \frac{\varepsilon_{y,t-k}}{\sigma_{y,t-k}} - E\left(\frac{\varepsilon_{y,t-k}}{\sigma_{y,t-k}}\right) \right| + \tau_{y,k} \frac{\varepsilon_{y,t-k}}{\sigma_{y,t-k}} \right) \\ &+ \sum_{r=1}^{q} \beta_{y2,r} \left(\left| \frac{\varepsilon_{h,t-k}}{\sigma_{h,t-k}} - E\left(\frac{\varepsilon_{h,t-k}}{\sigma_{h,t-k}}\right) \right| \right) \end{aligned} \tag{6-34}$$

其中 $R_{h,t}$ 代表人民币离岸汇率对数收益率，$R_{y,t}$ 代表人民币在岸汇率对数收益率，$\sigma_{h,t}^2$ 代表人民币离岸汇率对数收益率方差，$\sigma_{y,t}^2$ 代表人民币在岸汇率对数收益率方差。考虑到在岸和离岸远期汇率反映了市场的预期效应，在方程中分别加入，用 $R_{ndf,t}$ 代表 NDF 市场汇率收益率，用 $R_{f,t}$ 代表在岸市场远期

汇率收益率，远期合约期限分别为 1 个月、3 个月、6 个月、9 个月和 12 个月。$\alpha_{h2,i}$表示人民币在岸汇率对离岸汇率的报酬溢出效应，$\alpha_{y2,i}$表示人民币离岸汇率对在岸汇率的报酬溢出效应；$\alpha_{h3,i}$表示 NDF 远期汇率对人民币离岸汇率的报酬溢出效应，$\alpha_{y3,i}$表示人民币在岸远期汇率对在岸即期汇率的报酬溢出效应；$\beta_{h1,k}$表示人民币离岸汇率对自身的波动溢出效应，$\beta_{h2,r}$表示人民币在岸汇率对离岸汇率的波动溢出效应，$\beta_{y1,r}$表示人民币在岸汇率对自身的波动溢出效应，$\beta_{y2,r}$表示人民币离岸汇率对在岸汇率的波动溢出效应；$\tau_{h,k}$表示人民币离岸汇率的非对称效应，$\tau_{y,k}$表示人民币在岸汇率的非对称效应。

2. 考虑外生冲击效应

分别引入美元指数 USDX、ADS 商业指数（Aruoba-Diebold-Scotti Business Conditions Index）、VIX 指数（CBOE Volatility Index）、密歇根消费者信心指数 MCCI（Michigan Consumer Confidence Index）、美国经济政策不确定性指数 UEPUI（US Economic Policy Uncertainty Index）和中国经济政策不确定性指数 CEPUI（China Economic Policy Uncertainty Index）作为宏观控制变量，分别用来刻画美元强势程度、宏观商业景气程度、投资者恐慌程度、消费者信息程度以及政策不确定程度的变化对 CNH、CNY 和 NDF 汇率联动关系的冲击。

在加入宏观经济变量的情况下，考虑到除 ADS 商业指数外，其余宏观经济变量的值恒为正数，因此加入除 ADS 商业指数外的宏观变量时，模型的条件均值方程为：

$$R_{h,t} = u_h + \sum_{n=1}^{m} \alpha_{h1,i} R_{h,t-i} + \sum_{j=1}^{n} \alpha_{h2,i} R_{y,t-i} + \sum_{s=1}^{s} \alpha_{h3,i} R_{ndf,t-i} + \eta_{hXt-1} + \varepsilon_{h,t} \tag{6-35}$$

$$R_{y,t} = u_y + \sum_{n=1}^{m} \alpha_{y1,i} R_{y,t-i} + \sum_{j=1}^{n} \alpha_{y2,i} R_{h,t-i} + \sum_{s=1}^{s} \alpha_{y3,i} R_{f,t-i} + \eta_{yXt-1} + \varepsilon_{y,t} \tag{6-36}$$

模型的条件方差方程为：

$$\begin{aligned} \ln\sigma_{h,t}^2 = v_t &+ \sum_{k=1}^{p} \beta_{h1,k} \left(\left| \frac{\varepsilon_{h,t-k}}{\sigma_{h,t-k}} - E\left(\frac{\varepsilon_{h,t-k}}{\sigma_{h,t-k}}\right) \right| + \tau_{h,k} \frac{\varepsilon_{h,t-k}}{\sigma_{h,t-k}} \right) \\ &+ \sum_{r=1}^{q} \beta_{h2,r} \left(\left| \frac{\varepsilon_{y,t-k}}{\sigma_{y,t-k}} - E\left(\frac{\varepsilon_{y,t-k}}{\sigma_{y,t-k}}\right) \right| + \lambda_h \ln X_{t-1} \right) \end{aligned} \tag{6-37}$$

$$\ln\sigma_{y,t}^{2} = v_y + \sum_{r=1}^{p}\beta_{y1,r}\left(\left|\frac{\varepsilon_{y,t-k}}{\sigma_{y,t-k}} - E\left(\frac{\varepsilon_{y,t-k}}{\sigma_{y,t-k}}\right)\right| + \tau_{y,k}\frac{\varepsilon_{y,t-k}}{\sigma_{y,t-k}}\right) + \sum_{r=1}^{q}\beta_{y2,r}\left(\left|\frac{\varepsilon_{h,t-k}}{\sigma_{h,t-k}} - E\left(\frac{\varepsilon_{h,t-k}}{\sigma_{h,t-k}}\right)\right|\right) + \lambda_y \ln X_{t-1} \quad (6-38)$$

其中 η_h 表示宏观经济变量（除 ADS 商业指数）对人民币离岸汇率的报酬溢出冲击，η_y 表示宏观经济变量（除 ADS 商业指数）对人民币在岸汇率的报酬溢出冲击；λ_h 表示宏观经济变量（除 ADS 商业指数）对人民币离岸汇率的波动溢出冲击；λ_y 表示宏观经济变量（除 ADS 商业指数）对人民币在岸汇率的波动溢出冲击。其余变量的含义与不加入宏观经济变量的模型相同。

当加入的宏观经济变量为 ADS 商业指数时，其模型的条件均值方程为：

$$R_{h,t} = u_h + \sum_{n=1}^{m}\alpha_{h1,i}R_{h,t-i} + \sum_{j=1}^{n}\alpha_{h2,i}R_{y,t-i} + \sum_{s=1}^{s}\alpha_{h3,i}R_{ndf,t-i} + \eta_h ADS_{t-1} + \varepsilon_{h,t} \quad (6-39)$$

$$R_{y,t} = u_y + \sum_{n=1}^{m}\alpha_{y1,i}R_{y,t-i} + \sum_{j=1}^{n}\alpha_{y2,i}R_{h,t-i} + \sum_{s=1}^{s}\alpha_{y3,i}R_{f,t-i} + \eta_y ADS_{t-1} + \varepsilon_{y,t} \quad (6-40)$$

模型的条件方差方程为：

$$\ln\sigma_{h,t}^{2} = v_h + \sum_{k=1}^{p}\beta_{h1,k}\left(\left|\frac{\varepsilon_{h,t-k}}{\sigma_{h,t-k}} - E\left(\frac{\varepsilon_{h,t-k}}{\sigma_{h,t-k}}\right)\right| + \tau_{h,k}\frac{\varepsilon_{h,t-k}}{\sigma_{h,t-k}}\right) + \sum_{r=1}^{q}\beta_{h2,r}\left(\left|\frac{\varepsilon_{y,t-k}}{\sigma_{y,t-k}} - E\left(\frac{\varepsilon_{y,t-k}}{\sigma_{y,t-k}}\right)\right|\right) + \lambda_h ADS_{t-1} \quad (6-41)$$

$$\ln\sigma_{y,t}^{2} = v_y + \sum_{r=1}^{p}\beta_{y1,r}\left(\left|\frac{\varepsilon_{y,t-k}}{\sigma_{y,t-k}} - E\left(\frac{\varepsilon_{y,t-k}}{\sigma_{y,t-k}}\right)\right| + \tau_{y,k}\frac{\varepsilon_{y,t-k}}{\sigma_{y,t-k}}\right) + \sum_{r=1}^{q}\beta_{y2,r}\left(\left|\frac{\varepsilon_{h,t-k}}{\sigma_{h,t-k}} - E\left(\frac{\varepsilon_{h,t-k}}{\sigma_{h,t-k}}\right)\right|\right) + \lambda_y ADS_{t-1} \quad (6-42)$$

其中 η_h 表示 ADS 商业指数对人民币离岸汇率的报酬溢出冲击，η_y 表示 ADS 商业指数对人民币在岸汇率的报酬溢出冲击；λ_h 表示 ADS 商业指数对人民币离岸汇率的波动溢出冲击；λ_y 表示 ADS 商业指数对人民币在岸汇率的波动溢出冲击。其余变量的含义与不加入宏观经济变量的模型相同。

（三）实证结果

本节列出了有关均值溢出、波动溢出、非对称效应的实证结果，汇总如下：

（1）香港人民币离岸市场在报酬溢出和波动溢出两个信息传递效应中均处于主导地位（如表6－7至表6－13所示）。具体表现为：在报酬溢出方面，人民币离岸汇率几乎不受自身影响，而在岸汇率对自身有正向的报酬溢出效应。7个模型均显示除1M外，在岸汇率对离岸汇率有约+0.1单位的报酬溢出效应，而各期离岸汇率对在岸汇率有约－0.2单位的报酬溢出效应。所有模型均显示离岸远期汇率对离岸即期汇率没有报酬溢出效应；部分模型显示部分期限的在岸远期汇率对在岸即期汇率有负的报酬溢出效应。在波动溢出方面，6个模型显示在岸汇率对离岸汇率有波动溢出效应，1M时波动溢出效应为正，其余期限波动溢出效应为负。7个模型显示1M离岸汇率对在岸汇率有显著的波动溢出效应，但方向不稳定。除1M外，6个模型显示离岸汇率对在岸汇率有约+0.1单位的波动溢出效应。

同时加入所有外生控制变量，在岸远期汇率与NDF汇率选取对外部冲击最为敏感的1M，对四个汇率指标进行方差分解。脉冲响应和方差分解结果显示，人民币离岸即期汇率不仅基本上只受自身影响，还对人民币在岸即期汇率和NDF远期汇率具有较强的解释能力。在第10期（见表6－14），CNH对CNY的解释能力比CNY自身还强（72.92%），对NDF1M的解释能力也仅逊于其本身（44.56%）。人民币在岸远期汇率受其他汇率的影响较小，对其他利率的影响程度也较小。

（2）在非对称性方面，人民币离岸和在岸汇率均表现出一定的非对称性，但这种非对称性非常不稳定，不同的模型结果略有差异（见表6－7至表6－13）。整体来看，大多数模型显示离岸、在岸汇率在1M呈现非对称效应，另外，7个模型显示在岸汇率在9M有显著的非对称效应。

表6-7　离（在）岸汇率均值溢出、波动溢出、非对称效应结果（不加入宏观经济变量）

	1M	3M	6M	9M	12M
$\alpha_{h1,1}$	-0.0141 (0.6594)	-0.0105 (0.7606)	0.0037 (0.9149)	0.0067 (0.8419)	0.0020 (0.9521)
$\alpha_{h2,1}$	0.0626 (0.1212)	0.0843** (0.0453)	0.0994** (0.0182)	0.1017** (0.0125)	0.0965** (0.0174)
$\alpha_{h3,1}$	0.0365 (0.3236)	-0.0182 (0.5978)	-0.0181 (0.5988)	-0.0229 (0.4565)	-0.0144 (0.6448)
$\alpha_{y1,1}$	0.4798*** (0.0000)	0.4788*** (0.0000)	0.4782*** (0.0000)	0.4787*** (0.0000)	0.4788*** (0.0000)
$\alpha_{y2,1}$	-0.2378*** (0.0000)	-0.2368*** (0.0000)	-0.2372*** (0.0000)	-0.2374*** (0.0000)	-0.2372*** (0.0000)
$\alpha_{y3,1}$	0.6751* (0.0714)	0.1558 (0.2194)	0.1181* (0.0898)	0.0877* (0.0698)	0.0642* (0.0851)
$\beta_{h1,1}$	0.1131*** (0.0005)	0.2004*** (0.0000)	0.2707*** (0.0000)	0.2089*** (0.0000)	0.2094*** (0.0000)
$\beta_{h2,1}$	0.1972 (0.0000)	-0.0570 (0.0743)	-0.0994 (0.0001)	-0.0626 (0.0298)	-0.0646 (0.0119)
$\beta_{y1,1}$	0.3471*** (0.0000)	0.1483*** (0.0000)	0.1821*** (0.0000)	0.1513*** (0.0000)	0.1524*** (0.0000)
$\beta_{y2,1}$	0.0584** (0.0429)	0.1129*** (0.0001)	0.0768*** (0.0025)	0.1076*** (0.0082)	0.1059*** (0.0001)
$\tau_{h,k}$	0.2482*** (0.0000)	-0.0955 (0.1802)	-0.0560 (0.2747)	-0.1102 (0.1335)	-0.0985* (0.0989)
$\tau_{y,k}$	-0.8327*** (0.0000)	0.0905 (0.5118)	0.2021* (0.0685)	0.1147 (0.2557)	0.1268 (0.2922)

注：括号里是参数的 P 值，*、**、*** 分别代表参数在10%、5%、和1%的显著性水平下显著，下同。

表6-8 离（在）岸汇率均值溢出、波动溢出、非对称效应结果（加入VIX控制变量）

	1M	3M	6M	9M	12M
$\alpha_{h1,1}$	-0.0141 (0.6591)	-0.0121 (0.7246)	0.0019 (0.9564)	0.0048 (0.8864)	0.0011 (0.9733)
$\alpha_{h2,1}$	0.0627 (0.1207)	0.0826** (0.0495)	0.0976** (0.0204)	0.0998** (0.0142)	0.0951** (0.0190)
$\alpha_{h3,1}$	0.0360 (0.3310)	0.0070 (0.8443)	-0.0182 (0.5970)	-0.0228 (0.4592)	-0.0132 (0.6731)
η_h	-0.0010 (0.2693)	-0.0016* (0.0747)	-0.0016* (0.0743)	-0.0016* (0.0747)	-0.0014 (0.1206)
$\alpha_{y1,1}$	0.4797*** (0.0000)	0.4782*** (0.0000)	0.4782*** (0.0000)	0.4781*** (0.0000)	0.4788*** (0.0000)
$\alpha_{y2,1}$	-0.2377*** (0.0000)	-0.2374*** (0.0000)	-0.2376*** (0.0000)	-0.2378*** (0.0000)	-0.2372*** (0.0000)
$\alpha_{y3,1}$	0.5761 (0.1513)	0.1215 (0.3769)	0.1055 (0.1671)	0.0802 (0.1326)	0.0547 (0.1866)
η_y	-0.0006 (0.3337)	-0.0007 (0.2623)	-0.0005 (0.3727)	-0.0005 (0.4141)	-0.0006 (0.3483)
$\beta_{h1,1}$	0.1637* (0.0714)	0.2120*** (0.0000)	0.2164*** (0.0000)	0.2178*** (0.0000)	0.2177*** (0.0000)
$\beta_{h2,1}$	0.1584* (0.0763)	-0.0735*** (0.0086)	-0.0751*** (0.0022)	-0.0757*** (0.0039)	-0.0770*** (0.0100)
$\beta_{y1,1}$	0.5052*** (0.0004)	0.1608*** (0.0000)	0.1614*** (0.0000)	0.1620*** (0.0000)	0.1649*** (0.0000)
$\beta_{y2,1}$	0.1865 (0.3636)	0.1053*** (0.0001)	0.1034*** (0.0007)	0.1023*** (0.0002)	0.0999*** (0.0022)
$\tau_{h,k}$	0.0883 (0.1880)	0.0016* (0.0562)	0.0016 (0.1777)	0.0017 (0.1654)	0.0250 (0.2690)

（续表）

	1M	3M	6M	9M	12M
$\tau_{y,k}$	0.2546 (0.2257)	0.0033*** (0.0004)	0.0033*** (0.0080)	0.0033* (0.0216)	0.0697*** (0.0000)
λ_h	0.4256* (0.0831)	-0.0874 (0.1279)	-0.0954 (0.1115)	-0.1016* (0.0721)	-0.0953 (0.1632)
λ_y	-0.9376* (0.0909)	0.1005 (0.3296)	0.1124 (0.3812)	0.1173 (0.3020)	0.1277 (0.2896)

表6-9 离（在）岸汇率均值溢出、波动溢出、非对称效应结果（加入ADS控制变量）

	1M	3M	6M	9M	12M
$\alpha_{h1,1}$	-0.0144 (0.6528)	-0.0107 (0.7564)	0.0035 (0.9189)	0.0066 (0.8456)	0.0019 (0.9559)
$\alpha_{h2,1}$	0.0618 (0.1262)	0.0837** (0.0469)	0.0837** (0.0469)	0.1012** (0.0130)	0.0960** (0.0181)
$\alpha_{h3,1}$	0.0369 (0.3190)	0.0075 (0.8334)	0.0075 (0.8334)	-0.0228 (0.4583)	-0.0143 (0.6469)
η_h	0.0107 (0.5317)	0.0091 (0.6134)	0.0091 (0.6134)	0.0087 (0.6275)	0.0088 (0.6237)
$\alpha_{y1,1}$	0.4796*** (0.0000)	0.4788*** (0.0000)	0.4788*** (0.0000)	0.4785*** (0.0000)	0.4786*** (0.0000)
$\alpha_{y2,1}$	-0.2385*** (0.0000)	-0.2376*** (0.0000)	-0.2376*** (0.0000)	-0.2382*** (0.0000)	-0.2380*** (0.0000)
$\alpha_{y3,1}$	0.6601* (0.0780)	0.1533 (0.2267)	0.1533 (0.2267)	0.0884* (0.0672)	0.0653* (0.0799)
η_y	0.0132 (0.2416)	0.0136 (0.2277)	0.0136 (0.2277)	0.0141 (0.2105)	0.0143 (0.2043)
$\beta_{h1,1}$	0.2432*** (0.0000)	0.2036*** (0.0000)	0.2100*** (0.0000)	0.2110*** (0.0000)	0.2121*** (0.0000)

（续表）

	1M	3M	6M	9M	12M
$\beta_{h2,1}$	0.2224*** (0.0000)	-0.0586* (0.0845)	-0.0628** (0.0445)	-0.0634** (0.0308)	-0.0656* (0.0619)
$\beta_{y1,1}$	0.4867*** (0.0000)	0.1500*** (0.0000)	0.1524*** (0.0000)	0.1523*** (0.0000)	0.1540*** (0.0000)
$\beta_{y2,1}$	0.0568 (0.1279)	0.1112*** (0.0000)	0.1072*** (0.0007)	0.1062*** (0.0001)	0.1038*** (0.0000)
$\tau_{h,k}$	-0.1192*** (0.0000)	0.0111 (0.5452)	0.0124 (0.4476)	0.0134 (0.4879)	0.0124 (0.5189)
$\tau_{y,k}$	-0.0493 (0.1083)	0.0062 (0.7392)	0.0061 (0.7183)	0.0064 (0.7165)	0.0061 (0.7489)
λ_h	0.2287 (0.2712)	-0.0950 (0.1191)	-0.1002 (0.1563)	-0.1082 (0.1165)	-0.0960 (0.1756)
λ_y	-0.3795*** (0.0000)	0.1018 (0.3421)	0.1249 (0.3467)	0.1297 (0.2889)	0.1467 (0.3182)

表6-10 离（在）岸汇率均值溢出、波动溢出、非对称效应结果（加入UEPUI控制变量）

	1M	3M	6M	9M	12M
$\alpha_{h1,1}$	-0.0163 (0.6118)	-0.0124 (0.7189)	0.0021 (0.9501)	0.0053 (0.8738)	0.0006 (0.9846)
$\alpha_{h2,1}$	0.0592 (0.1413)	0.0812* (0.0537)	0.0968** (0.0215)	0.0993** (0.0148)	0.0940** (0.0205)
$\alpha_{h3,1}$	0.0374 (0.3119)	0.0081 (0.8203)	-0.0181 (0.5988)	-0.0232 (0.4517)	-0.0146 (0.6403)
η_h	-0.0001* (0.0861)	-0.0001 (0.1597)	-0.0001 (0.1607)	-0.0001 (0.1592)	-0.0001 (0.1599)
$\alpha_{y1,1}$	0.4791*** (0.0000)	0.4783*** (0.0000)	0.4782*** (0.0000)	0.4781*** (0.0000)	0.4783*** (0.0000)

（续表）

	1M	3M	6M	9M	12M
$\alpha_{y2,1}$	-0.2389*** (0.0000)	-0.2379*** (0.0000)	-0.2381*** (0.0000)	-0.2383*** (0.0000)	-0.2380*** (0.0000)
$\alpha_{y3,1}$	0.6557* (0.0814)	0.1436 (0.2643)	0.1122 (0.1136)	0.0837* (0.0908)	0.0609 (0.1120)
η_y	-0.0000 (0.3114)	-0.0000 (0.3374)	-0.0000 (0.3941)	-0.0000 (0.4301)	-0.0000 (0.4381)
$\beta_{h1,1}$	0.0515 (0.1043)	0.2619*** (0.0000)	0.2707*** (0.0000)	0.2718*** (0.0000)	0.2455*** (0.0000)
$\beta_{h2,1}$	0.0818*** (0.0000)	-0.0965* (0.0845)	-0.0994*** (0.0001)	-0.0998*** (0.0003)	-0.0918*** (0.0026)
$\beta_{y1,1}$	0.2986*** (0.0000)	0.1795*** (0.0000)	0.1821*** (0.0000)	0.1824*** (0.0000)	0.1675*** (0.0000)
$\beta_{y2,1}$	-0.0085** (0.0429)	0.0790*** (0.0084)	0.0768*** (0.0025)	0.0757*** (0.0082)	0.0861*** (0.0027)
$\tau_{h,k}$	0.0873*** (0.0000)	-0.0134* (0.0759)	-0.0138 (0.3507)	-0.0136 (0.3174)	0.0000 (0.4993)
$\tau_{y,k}$	0.0962 (0.1083)	0.0213*** (0.0000)	0.0209* (0.0750)	0.0210** (0.0431)	0.0002** (0.0170)
λ_h	0.0061 (0.9651)	-0.0543 (0.3742)	-0.0560 (0.2747)	-0.0624 (0.3500)	-0.0771 (0.1917)
λ_y	-1.7820*** (0.0000)	0.1835 (0.1694)	0.2021* (0.0685)	0.2046 (0.1361)	0.1668 (0.1938)

表6-11 离（在）岸汇率均值溢出、波动溢出、非对称效应结果（加入CEPUI控制变量）

	1M	3M	6M	9M	12M
$\alpha_{h1,1}$	-0.0152 (0.6365)	-0.0114 (0.7409)	0.0028 (0.9340)	0.0059 (0.8611)	0.0006 (0.9846)
$\alpha_{h2,1}$	0.0620 (0.1251)	0.0838** (0.0465)	0.0991** (0.0187)	0.1014** (0.0128)	0.0940** (0.0205)

（续表）

	1M	3M	6M	9M	12M
$\alpha_{h3,1}$	0.0373 (0.3137)	0.0078 (0.8273)	−0.0179 (0.6039)	−0.0226 (0.4620)	−0.0146 (0.6403)
η_h	−0.0000 (0.3587)	−0.0000 (0.3884)	−0.0000 (0.3938)	−0.0000 (0.3949)	−0.0001 (0.1599)
$\alpha_{y1,1}$	0.4799*** (0.0000)	0.4791*** (0.0000)	0.4789*** (0.0000)	0.4788*** (0.0000)	0.4783*** (0.0000)
$\alpha_{y2,1}$	−0.2383*** (0.0000)	−0.2374*** (0.0000)	−0.2377*** (0.0000)	−0.2380*** (0.0000)	−0.2380*** (0.0000)
$\alpha_{y3,1}$	0.6493* (0.0849)	0.1453 (0.2565)	0.1126 (0.1102)	0.0839* (0.0861)	0.0609 (0.1120)
η_y	−0.0000 (0.7846)	−0.0000 (0.7565)	−0.0000 (0.8243)	0.0000 (0.8363)	−0.0000 (0.4381)
$\beta_{h1,1}$	0.0885** (0.0294)	0.3578*** (0.0000)	0.3659*** (0.0000)	0.2718*** (0.0000)	0.3663*** (0.0000)
$\beta_{h2,1}$	0.2703*** (0.0000)	0.0408 (0.3740)	0.0408 (0.4036)	−0.0998*** (0.0003)	0.0411*** (0.0026)
$\beta_{y1,1}$	0.4586*** (0.0000)	0.2470*** (0.0000)	0.2488*** (0.0000)	0.1824*** (0.0000)	0.2488*** (0.0000)
$\beta_{y2,1}$	0.1109*** (0.0000)	0.1278*** (0.0046)	0.1280*** (0.0060)	0.0757*** (0.0082)	0.1283** (0.0104)
$\tau_{h,k}$	−0.0004*** (0.0000)	0.0050 (0.7969)	0.0052 (0.7708)	−0.0136 (0.3174)	0.0051 (0.7641)
$\tau_{y,k}$	−0.0003 (0.1083)	0.0239 (0.1285)	0.0239 (0.1256)	0.0210** (0.0431)	0.0240 (0.1408)
λ_h	0.3804*** (0.0000)	−0.0305 (0.6868)	−0.0342 (0.6306)	−0.0624 (0.3500)	−0.0349 (0.6223)
λ_y	−0.4105*** (0.0000)	0.2913 (0.1905)	0.2967 (0.1355)	0.2046 (0.1361)	0.2922 (0.2246)

表6-12 离（在）岸汇率均值溢出、波动溢出、非对称效应结果（加入 USDX 控制变量）

	1M	3M	6M	9M	12M
$\alpha_{h1,1}$	-0.0152 (0.6349)	-0.0118 (0.7310)	0.0023 (0.9465)	0.0054 (0.8611)	0.0006 (0.9854)
$\alpha_{h2,1}$	0.0595 (0.1413)	0.0806* (0.0556)	0.0957** (0.0231)	0.0980** (0.0162)	0.0928** (0.0223)
$\alpha_{h3,1}$	0.0358 (0.3329)	0.0072 (0.8389)	-0.0182 (0.5969)	-0.0230 (0.4548)	-0.0144 (0.6459)
η_h	0.0012 (0.1076)	0.0012 (0.1176)	0.0012 (0.1171)	0.0012 (0.1169)	0.0012 (0.1173)
$\alpha_{y1,1}$	0.4791*** (0.0000)	0.4781*** (0.0000)	0.4782*** (0.0000)	0.4782*** (0.0000)	0.4782*** (0.0000)
$\alpha_{y2,1}$	-0.2392*** (0.0000)	-0.2386*** (0.0000)	-0.2386*** (0.0000)	-0.2386*** (0.0000)	-0.2385*** (0.0000)
$\alpha_{y3,1}$	0.4880 (0.2944)	0.0413 (0.8008)	0.0761 (0.4276)	0.0637 (0.3461)	0.0424 (0.4240)
η_y	0.0006 (0.2925)	0.0009 (0.1472)	0.0006 (0.3277)	0.0005 (0.3982)	0.0006 (0.3623)
$\beta_{h1,1}$	-0.0706*** (0.0003)	0.2965*** (0.0000)	0.2991*** (0.0000)	0.3000*** (0.0000)	0.3014*** (0.0000)
$\beta_{h2,1}$	0.0065*** (0.0000)	-0.0874*** (0.0013)	-0.0864*** (0.0011)	-0.0866*** (0.0035)	-0.0883*** (0.0020)
$\beta_{y1,1}$	0.3292*** (0.0000)	0.2195*** (0.0000)	0.2195*** (0.0000)	0.2202*** (0.0000)	0.2213*** (0.0000)
$\beta_{y2,1}$	-0.0025 (0.4122)	0.0691*** (0.0090)	0.0718*** (0.0055)	0.0715*** (0.0081)	0.0698** (0.0118)
$\tau_{h,k}$	0.0066*** (0.0000)	0.0024*** (0.0003)	0.2096** (0.0414)	0.2040*** (0.0080)	0.2133** (0.0250)
$\tau_{y,k}$	0.0336*** (0.0000)	-0.0004 (0.5476)	-0.0378 (0.5933)	-0.0406* (0.0699)	-0.0372 (0.5729)

（续表）

	1M	3M	6M	9M	12M
λ_h	0.1270 (0.2397)	-0.0723 (0.2056)	-0.0816 (0.1528)	-0.0844 (0.1434)	-0.0804 (0.1278)
λ_y	-24.7776*** (0.0000)	0.2968* (0.0538)	0.2826* (0.0853)	0.2810* (0.0776)	0.2935* (0.0541)

表6-13 离（在）岸汇率均值溢出、波动溢出、非对称效应结果（加入MCCI控制变量）

	1M	3M	6M	9M	12M
$\alpha_{h1,1}$	-0.0177 (0.5805)	-0.0144 (0.6755)	-0.0001 (0.9974)	0.0031 (0.9272)	-0.0018 (0.9573)
$\alpha_{h2,1}$	0.0559 (0.1669)	0.0766* (0.0690)	0.0919** (0.0293)	0.0944** (0.0206)	0.0890** (0.0285)
$\alpha_{h3,1}$	0.0372 (0.3141)	0.0086 (0.8104)	-0.0172 (0.6177)	-0.0222 (0.4699)	-0.0134 (0.6689)
η_h	0.4769*** (0.0000)	0.0009** (0.0172)	0.0009** (0.0178)	0.0009** (0.0179)	0.0009** (0.0177)
$\alpha_{y1,1}$	0.4769*** (0.0000)	0.4753*** (0.0000)	0.4756*** (0.0000)	0.4758*** (0.0000)	0.4754*** (0.0000)
$\alpha_{y2,1}$	-0.2422*** (0.0000)	-0.2424*** (0.0000)	-0.2425*** (0.0000)	-0.2423*** (0.0000)	-0.2428*** (0.0000)
$\alpha_{y3,1}$	-0.1879 (0.7480)	-0.3054 (0.1460)	-0.1280 (0.3256)	-0.0787 (0.3995)	-0.0800 (0.2787)
η_y	0.0008** (0.0190)	0.0012*** (0.0016)	0.0011*** (0.0093)	0.0011** (0.0148)	0.0012*** (0.0091)
$\beta_{h1,1}$	0.1731*** (0.0000)	0.2536*** (0.0000)	0.2552*** (0.0000)	0.2551*** (0.0000)	0.2537*** (0.0000)

（续表）

	1M	3M	6M	9M	12M
$\beta_{h2,1}$	0.1905*** (0.0000)	-0.0952*** (0.0010)	-0.0927*** (0.0004)	-0.0922*** (0.0016)	-0.0921*** (0.0028)
$\beta_{y1,1}$	0.3895*** (0.0000)	0.1850*** (0.0000)	0.1851*** (0.0000)	0.1855*** (0.0000)	0.1850*** (0.0000)
$\beta_{y2,1}$	0.0316* (0.0507)	0.0710*** (0.0057)	0.0738*** (0.0037)	0.0746*** (0.0068)	0.0762*** (0.0076)
$\tau_{h,k}$	-0.0014*** (0.0000)	0.0108 (0.7318)	0.0101 (0.7357)	0.0080 (0.8146)	0.0088 (0.8040)
$\tau_{y,k}$	-0.0013*** (0.0000)	-0.0487* (0.0645)	-0.0498* (0.0528)	-0.0508* (0.0688)	-0.0504 (0.1131)
λ_h	0.1742 (0.2397)	-0.0710 (0.2123)	-0.0786 (0.1597)	-0.0848 (0.1500)	-0.0830 (0.1653)
λ_y	-0.6799*** (0.0000)	0.3335** (0.0458)	0.3170* (0.0613)	0.3087** (0.0469)	0.2976* (0.0712)

（3）不同的宏观经济变量对于人民币离岸和在岸汇率有不同层次（报酬冲击和波动冲击）、不同大小和方向的冲击，其中美元指数和消费者信心指数的作用尤其值得关注（见表6-7至表6-13）。具体表现为：引入宏观经济变量后，5个模型中有3个显示VIX指数对离岸汇率有-0.0016单位的报酬冲击；显示ADS商业指数、UEPUI指数以及CEPUI指数具有显著报酬冲击和波动冲击的方程较少且方向不稳定，因此其影响有限。5个模型均显示美元指数USDX对在岸汇率具有显著的波动冲击，一个模型为-24.7776单位，其余皆为+0.4单位左右。5个模型均显示MCCI指数对于离岸、在岸汇率具有正向、稳定的报酬冲击，4个模型显示MCCI指数对在岸汇率有约+0.3单位的波动溢出冲击（见表6-14）。

表 6－14　离（在）岸汇率联动方差分解结果（以 1M 为例）

（单位：%）

RCNH 的方差分解				
时期	RCNH	RCNY	RNDF1M	RFORWARD1M
1	100.0000	0.0000	0.0000	0.0000
10	92.2746	6.4545	0.7722	0.4986
RCNY 的方差分解				
时期	RCNH	RCNY	RNDF1M	RFORWARD1M
1	17.9050	81.0949	0.0000	0.0000
10	72.9200	24.4304	2.3010	0.3484
RNDF1M 的方差分解				
时期	RCNH	RCNY	RNDF1M	RFORWARD1M
1	37.9891	4.7087	57.1402	0.1618
10	44.5580	3.1167	52.2321	0.0931
RFORWARD1M 的方差分解				
时期	RCNH	RCNY	RNDF1M	RFORWARD1M
1	0.9048	0.1451	0.0000	98.9494
10	1.8152	0.8717	0.0142	97.2988

（4）在区分人民币升值和贬值周期下，离岸汇率在报酬溢出和波动溢出两个信息传递效应中仍居主导地位，并且不同宏观经济变量对离岸和在岸汇率的冲击主要集中在波动冲击层面上（见表 6－15 至表 6－28）。具体表现如下：

①人民币升值周期。a. 报酬溢出方面：大多数模型显示在岸汇率对离岸汇率有约＋0.2 单位的报酬溢出效应，所有模型均显示各期离岸汇率对在岸汇率有约－0.3 单位的报酬溢出效应；所有模型均显示期限为 6M、9M、12M 离岸远期汇率对离岸即期汇率有约－0.1 单位的报酬溢出效应；大多数模型显示在岸远期汇率对在岸即期汇率几乎无报酬溢出效应。b. 波动溢出方面：加入 1M 和 3M 远期的模型显示在岸汇率对离岸汇率有较小的波动溢出效应，

加入所有期限的模型均显示离岸汇率对在岸汇率有较大的波动溢出效应。c. 非对称效应方面：人民币离岸、在岸汇率的非对称效应较弱，甚至接近于无。d. 国际金融变量的冲击方面：VIX 指数对于人民币离岸、在岸汇率基本无均值溢出效应，对人民币离岸汇率的波动溢出效应明显大于在岸汇率，且 VIX 指数的增大会加大离岸、在岸汇率的波动性；ADS 指数对于人民币离岸、在岸汇率基本无均值溢出效应，对人民币离岸汇率无波动溢出效应，对人民币在岸汇率有约 +0.1 单位的波动溢出效应；UEPUI 指数对于人民币离岸、在岸汇率基本无均值溢出效应，对人民币离岸汇率有显著为正的波动溢出效应，对人民币在岸汇率基本无波动溢出效应；CEPUI 指数对人民币离岸、在岸汇率无均值溢出效应，对短期人民币离岸汇率有正的波动溢出效应，对中长期人民币离岸汇率有负的波动溢出效应，对人民币在岸汇率有显著为正的波动溢出效应；美元指数对人民币离岸、在岸汇率均无均值溢出效应，在离岸、在岸汇率波动溢出效应方面表现也较弱；消费者信心指数对于人民币离岸汇率的均值溢出效应较弱，对于在岸中长期汇率有显著为正的均值溢出效应，对于离岸汇率具有显著为负的波动溢出效应，即消费者信心指数的增加有利于减少汇率的波动。

②人民币贬值周期。a. 报酬溢出方面：所有模型均显示离岸汇率对在岸汇率有约 −0.25 单位的报酬溢出效应，在岸汇率对离岸汇率几乎没有报酬溢出效应。与人民币升值周期相比，中长期离岸远期汇率对离岸即期汇率的引导作用大大削弱，而在岸远期汇率对在岸即期汇率几乎无报酬溢出效应，这与升值周期基本相同。b. 波动溢出方面：在岸汇率对离岸汇率的波动溢出效应显著为负，且随着期限的延长，其效应逐渐减小；离岸汇率对在岸汇率有显著为正的波动溢出效应，且稳定在 +0.45 单位左右，离岸汇率在信息传递中处于中心地位。c. 国际金融变量的冲击方面：VIX 指数对于人民币离岸、在岸汇率基本无均值溢出效应，对人民币离岸汇率的波动溢出效应明显大于在岸汇率，且 VIX 指数的增大会加大离岸、在岸汇率的波动性，这与升值周期基本类似；ADS 指数与 UEPUI 指数对汇率的作用进一步减弱，在波动溢出方面的作用也近乎零；CEPUI 指数对人民币离岸、在岸汇率无均值溢出效应，对短期人民币离岸汇率有正的波动溢出效应，对各期人民币在岸汇率有 +0.02单位左右的波动溢出效应，这反映中国政策不确定性加剧对在岸汇率

波动的影响远甚于离岸汇率；美元指数对人民币离岸、在岸汇率均无均值溢出效应，对1M和3M具有较显著的波动溢出效应；消费者信心指数对于人民币离岸、在岸汇率的影响较人民币升值期已显著减弱。

表6－15　人民币升值周期下汇率信息传递效应及非对称效应结果

	1M	3M	6M	9M	12M
$\alpha_{h1,1}$	－0.0293 (0.4702)	－0.0756 (0.0567)	－0.0631 (0.1114)	－0.0657 (0.0954)	－0.0657 (0.0957)
$\alpha_{h2,1}$	0.2025*** (0.0011)	0.2150*** (0.0005)	0.2340*** (0.0001)	0.2282*** (0.0001)	0.2283** (0.0001)
$\alpha_{h3,1}$	－0.0981 (0.1394)	－0.0706 (0.1721)	－0.0927** (0.0395)	－0.0790** (0.0498)	－0.0791** (0.0493)
$\alpha_{y1,1}$	0.2461*** (0.0000)	0.2602*** (0.0000)	0.25992*** (0.0000)	0.2599*** (0.0000)	0.2599*** (0.0000)
$\alpha_{y2,1}$	－0.2735*** (0.0000)	－0.2783*** (0.0000)	－0.2788*** (0.0000)	－0.2789*** (0.0000)	－0.2793*** (0.0000)
$\alpha_{y3,1}$	0.5757 (0.1716)	0.3028** (0.0270)	0.1009 (0.1837)	0.0749 (0.1506)	0.0586 (0.1424)
$\beta_{h1,1}$	0.2149*** (0.0002)	0.3266*** (0.0000)	0.3343*** (0.0000)	0.3338*** (0.0000)	0.3338*** (0.0000)
$\beta_{h2,1}$	0.1877*** (0.0002)	0.0573 (0.2107)	0.0574 (0.2107)	0.0584 (0.0298)	0.0572 (0.2409)
$\beta_{y1,1}$	0.4812*** (0.0000)	0.1621*** (0.0000)	0.1654*** (0.0000)	0.1648*** (0.0000)	0.1651*** (0.0000)
$\beta_{y2,1}$	0.2412** (0.0074)	0.1018*** (0.0039)	0.1026*** (0.0044)	0.1028*** (0.0051)	0.1013*** (0.0001)
$\tau_{h,k}$	0.5083*** (0.0002)	－0.0635 (0.4225)	－0.0657 (0.4295)	－0.0627 (0.4606)	－0.0637 (0.4362)
$\tau_{y,k}$	－0.6966** (0.0245)	0.0646 (0.7351)	0.0932* (0.6394)	0.0847 (0.7033)	0.0978 (0.6656)

表 6－16　人民币升值周期下汇率信息传递效应及非对称效应结果（加入 VIX 控制变量）

	1M	3M	6M	9M	12M
$\alpha_{h1,1}$	0.0309 (0.6026)	0.0257 (0.6830)	−0.0633 (0.1102)	−0.0660* (0.0940)	−0.0659* (0.0943)
$\alpha_{h2,1}$	−0.0161 (0.7914)	−0.0162*** (0.0005)	0.2341*** (0.0001)	0.2282*** (0.0001)	0.2283*** (0.0001)
$\alpha_{h3,1}$	0.0757 (0.1645)	0.0735 (0.1894)	−0.0928** (0.0393)	−0.0789** (0.0499)	−0.0791** (0.0495)
η_h	−0.0023 (0.4255)	−0.0004 (0.6527)	−0.0004 (0.6601)	−0.0004 (0.6734)	−0.0004 (0.6734)
$\alpha_{y1,1}$	0.7007*** (0.0000)	0.2603*** (0.0000)	0.2598*** (0.0000)	0.2598*** (0.0000)	0.2598*** (0.0000)
$\alpha_{y2,1}$	−0.2485*** (0.0000)	−0.2783*** (0.0000)	−0.2787*** (0.0000)	−0.2789*** (0.0000)	−0.2793*** (0.0000)
$\alpha_{y3,1}$	0.1333 (0.8804)	0.3167** (0.0359)	0.0944 (0.2619)	0.0719 (0.2157)	0.0571 (0.2046)
η_y	0.0004 (0.8020)	0.0000 (0.9270)	−0.0001 (0.7750)	−0.0001 (0.8231)	−0.0001 (0.8580)
$\beta_{h1,1}$	0.2671 (0.0004)	0.3299*** (0.0000)	0.1472*** (0.0001)	0.3380*** (0.0000)	0.3380*** (0.0000)
$\beta_{h2,1}$	−0.0797 (0.2991)	0.0403 (0.4241)	0.1035*** (0.0076)	0.0400 (0.6259)	0.0382 (0.5120)
$\beta_{y1,1}$	0.5932*** (0.0000)	0.1436*** (0.0001)	0.1472*** (0.0001)	0.1467*** (0.0001)	0.1471*** (0.0001)
$\beta_{y2,1}$	0.2027 (0.0066)	0.1026*** (0.0053)	0.1035*** (0.0076)	0.1042*** (0.0480)	0.1022*** (0.0405)
$\tau_{h,k}$	−0.1936** (0.03708)	−0.0800 (0.2935)	−0.0800 (0.3529)	−0.0792 (0.3730)	−0.0807 (0.2943)

（续表）

	1M	3M	6M	9M	12M
$\tau_{y,k}$	-0.5323 (0.1034)	0.0119 (0.9583)	0.0119 (0.9594)	0.0429 (0.8861)	0.0602 (0.8063)
λ_h	0.0719*** (0.0002)	0.0046* (0.0778)	0.0048** (0.0392)	0.0049 (0.2238)	0.0049*** (0.0075)
λ_y	0.0317** (0.0238)	0.0025* (0.0622)	0.0026** (0.0255)	0.0026 (0.2897)	0.0025*** (0.0049)

表6-17　人民币升值周期下汇率信息传递效应及非对称效应结果（加入ADS控制变量）

	1M	3M	6M	9M	12M
$\alpha_{h1,1}$	0.0303 (0.6097)	0.0255 (0.6860)	0.0381 (0.5526)	0.0636 (0.2961)	0.0467 (0.4707)
$\alpha_{h2,1}$	-0.0191 (0.7541)	-0.0188 (0.7605)	-0.0089 (0.8854)	0.0112 (0.8494)	0.0020 (0.9721)
$\alpha_{h3,1}$	0.0778 (0.1536)	0.0750 (0.1812)	0.0569 (0.3223)	0.0224 (0.6565)	0.0460 (0.4405)
η_h	0.0260 (0.4462)	0.0254 (0.4580)	0.0245 (0.4745)	0.0238 (0.4876)	0.0238 (0.4869)
$\alpha_{y1,1}$	0.7000*** (0.0000)	0.6998*** (0.0000)	0.6998*** (0.0000)	0.6997*** (0.0000)	0.6995*** (0.0000)
$\alpha_{y2,1}$	-0.2489*** (0.0000)	-0.2489*** (0.0000)	-0.2490*** (0.0000)	-0.2490*** (0.0000)	-0.2492*** (0.0000)
$\alpha_{y3,1}$	0.3009 (0.7296)	0.0673 (0.8548)	0.0560 (0.7993)	0.0540 (0.7391)	-0.0223 (0.8633)
η_y	0.0134 (0.5107)	0.0134 (0.5226)	0.0143 (0.5074)	0.0151 (0.4882)	0.0107 (0.6301)
$\beta_{h1,1}$	0.2357*** (0.0084)	0.1999*** (0.0195)	0.1925*** (0.0058)	0.2187*** (0.0000)	0.1347*** (0.0000)

（续表）

	1M	3M	6M	9M	12M
$\beta_{h2,1}$	-0.2077** (0.0259)	-0.1350 (0.1266)	-0.1177* (0.0895)	-0.1193** (0.0234)	-0.0008 (0.9017)
$\beta_{y1,1}$	0.3828*** (0.0000)	0.3619*** (0.0000)	0.3696*** (0.0000)	0.3697*** (0.0000)	0.5131*** (0.0000)
$\beta_{y2,1}$	0.0103 (0.8858)	0.0724 (0.3596)	0.0819 (0.2170)	0.0829 (0.1043)	0.0585*** (0.0000)
$\tau_{h,k}$	-0.0662 (0.5174)	-0.1217 (0.2005)	-0.1338 (0.1399)	-0.1436* (0.0905)	0.0770 (0.4079)
$\tau_{y,k}$	-0.2243 (0.3796)	-0.4199 (0.2386)	-0.5168* (0.0661)	-0.5446** (0.0437)	-4.6291*** (0.0000)
λ_h	-0.0177 (0.7082)	-0.0088 (0.8176)	-0.0063 (0.8664)	-0.0064 (0.8682)	-0.0196 (0.6038)
λ_y	0.0830* (0.0867)	0.0945* (0.0462)	0.0982** (0.0383)	0.1004* (0.0823)	0.0931 (0.2193)

表6-18　人民币升值周期下汇率信息传递效应及非对称效应结果（加入UEPUI控制变量）

	1M	3M	6M	9M	12M
$\alpha_{h1,1}$	-0.0286 (0.4805)	-0.0753 (0.0578)	-0.0628 (0.1131)	-0.0655 (0.0964)	-0.0655 (0.0967)
$\alpha_{h2,1}$	0.2038*** (0.0010)	0.2160*** (0.0005)	0.2350*** (0.0001)	0.2290*** (0.0001)	0.2291*** (0.0001)
$\alpha_{h3,1}$	-0.0998 (0.1324)	-0.0716 (0.1665)	-0.0935** (0.0378)	-0.0795** (0.0482)	-0.0796** (0.0479)
η_h	0.0000 (0.6311)	0.0000 (0.6434)	0.0000 (0.6348)	0.0000 (0.6426)	0.0000 (0.6425)
$\alpha_{y1,1}$	0.2456*** (0.0000)	0.2602*** (0.0000)	0.2598*** (0.0000)	0.2599*** (0.0000)	0.2598*** (0.0000)

（续表）

	1M	3M	6M	9M	12M
$\alpha_{y2,1}$	-0.2740*** (0.0000)	-0.2788*** (0.0000)	-0.2794*** (0.0000)	-0.2795*** (0.0000)	-0.2798*** (0.0000)
$\alpha_{y3,1}$	0.5118 (0.2260)	0.2783** (0.0441)	0.0878 (0.2504)	0.0652 (0.2146)	0.0508 (0.2076)
η_y	-0.0000 (0.2198)	-0.0000 (0.2985)	-0.0000 (0.2372)	-0.0000 (0.2487)	-0.0000 (0.2541)
$\beta_{h1,1}$	0.0720 (0.1697)	0.3174*** (0.0000)	0.3260*** (0.0000)	0.3258*** (0.0000)	0.3259*** (0.0000)
$\beta_{h2,1}$	0.1168*** (0.0003)	0.0421 (0.3479)	0.0429 (0.3506)	0.0430 (0.3813)	0.0413 (0.4042)
$\beta_{y1,1}$	0.3234*** (0.0000)	0.1628*** (0.0000)	0.1671*** (0.0000)	0.1670*** (0.0000)	0.1674*** (0.0000)
$\beta_{y2,1}$	-0.0053** (0.7286)	0.1051*** (0.0035)	0.1058*** (0.0014)	0.1059*** (0.0081)	0.1041*** (0.0064)
$\tau_{h,k}$	0.0873*** (0.0000)	-0.0626 (0.4529)	-0.0655 (0.4325)	-0.0620 (0.4761)	-0.0629 (0.4756)
$\tau_{y,k}$	0.0962 (0.1083)	0.0952*** (0.6054)	0.1284* (0.0014)	0.1234 (0.5795)	0.1397 (0.5565)
λ_h	0.0008*** (0.0000)	0.0005** (0.0109)	0.0005** (0.0418)	0.0005** (0.0146)	0.0005** (0.0225)
λ_y	0.0006*** (0.0000)	0.0002 (0.1171)	0.0002* (0.0597)	0.0002* (0.0957)	0.0002 (0.1083)

表 6－19　人民币升值周期下汇率信息传递效应及非对称效应结果（加入 CEPUI 控制变量）

	1M	3M	6M	9M	12M
$\alpha_{h1,1}$	-0.0298 (-0.0298)	-0.0760 (0.0554)	-0.0633 (0.1098)	-0.0660 (0.0939)	-0.0660 (0.0942)
$\alpha_{h2,1}$	0.2030*** (0.0011)	0.2158*** (0.0005)	0.2350*** (0.0001)	0.2292*** (0.0001)	0.2293*** (0.0001)

（续表）

	1M	3M	6M	9M	12M
$\alpha_{h3,1}$	-0.0975 (0.1414)	-0.0706 (0.1722)	-0.0930** (0.0388)	-0.0792** (0.0490)	-0.0793** (0.0487)
η_h	-0.0000 (0.5490)	-0.0000 (0.5074)	-0.0000 (0.4981)	-0.0000 (0.4985)	-0.0000 (0.4985)
$\alpha_{y1,1}$	0.2463*** (0.0000)	0.2604*** (0.0000)	0.2601*** (0.0000)	0.2601*** (0.0000)	0.2601*** (0.0000)
$\alpha_{y2,1}$	-0.2740*** (0.0000)	-0.27884*** (0.0000)	-0.2793*** (0.0000)	-0.2794*** (0.0000)	-0.2797*** (0.0000)
$\alpha_{y3,1}$	0.4865 (0.2558)	0.2770** (0.0474)	0.0822 (0.2908)	0.0623 (0.2442)	0.0495 (0.2256)
η_y	0.0000 (0.3923)	0.0000 (0.4874)	0.0000 (0.4001)	0.0000 (0.4152)	0.0000 (0.4381)
$\beta_{h1,1}$	0.1919** (0.0008)	0.2734*** (0.0000)	0.2245*** (0.0000)	0.2524*** (0.0000)	0.2886*** (0.0000)
$\beta_{h2,1}$	0.1365*** (0.0000)	0.1024 (0.3740)	0.1126*** (0.0000)	0.1109*** (0.0003)	0.1213*** (0.0026)
$\beta_{y1,1}$	0.3980*** (0.0000)	0.2142*** (0.0000)	0.2028*** (0.0000)	0.1873*** (0.0000)	0.2200*** (0.0000)
$\beta_{y2,1}$	0.0092*** (0.0000)	-9.9e-003*** (0.0046)	0.0206*** (0.0060)	0.0172*** (0.0082)	0.0140** (0.0104)
$\tau_{h,k}$	0.1660 (0.1608)	0.0499 (0.4419)	0.0863 (0.2953)	0.1663 (0.0011)	0.0930 (0.7641)
$\tau_{y,k}$	-0.8410*** (0.0000)	-0.4541*** (0.0000)	-0.7057*** (0.0000)	-0.5345*** (0.0000)	-0.5317*** (0.0000)
λ_h	0.0003*** (0.0000)	1.1312e-005 (0.2584)	5.52e-005*** (0.0000)	-4.54e-005*** (0.0000)	-5.74e-005*** (0.0000)
λ_y	0.0003*** (0.0000)	6.96e-005*** (0.0000)	8.31e-005*** (0.0000)	6.77e-006*** (0.0000)	3.61e-005*** (0.0000)

表6-20 人民币升值周期下汇率信息传递效应及非对称效应结果（加入USDX控制变量）

	1M	3M	6M	9M	12M
$\alpha_{h1,1}$	-0.0295 (0.4669)	-0.0755 (0.0571)	-0.0630 (0.1114)	-0.0657 (0.0955)	-0.0656 (0.0960)
$\alpha_{h2,1}$	0.2031*** (0.0011)	0.2169*** (0.0005)	0.2358*** (0.0001)	0.2300*** (0.0001)	0.2302*** (0.0001)
$\alpha_{h3,1}$	-0.0971 (0.1435)	-0.0711 (0.1695)	-0.0929** (0.0392)	-0.0792** (0.0493)	-0.0794** (0.0485)
η_h	-0.0009 (0.6661)	-0.0013 (0.5324)	-0.0014 (0.5197)	-0.0014 (0.5250)	-0.0014 (0.5249)
$\alpha_{y1,1}$	0.2468*** (0.0000)	0.2608*** (0.0000)	0.2603*** (0.0000)	0.2604*** (0.0000)	0.2603*** (0.0000)
$\alpha_{y2,1}$	-0.2720*** (0.0000)	-0.2748*** (0.0000)	-0.2769*** (0.0000)	-0.2769*** (0.0000)	-0.2776*** (0.0000)
$\alpha_{y3,1}$	1.0094* (0.0689)	0.5069* (0.0630)	0.1795* (0.0833)	0.1356* (0.0583)	0.1066* (0.0526)
η_y	-0.0021 (0.2039)	0.0009 (0.1472)	-0.0021 (0.2203)	-0.0023 (0.1795)	-0.0024 (0.1692)
$\beta_{h1,1}$	0.0667*** (0.0003)	0.3355*** (0.0000)	0.3403*** (0.0000)	0.3410*** (0.0000)	0.3414*** (0.0000)
$\beta_{h2,1}$	0.1327*** (0.0000)	0.0517 (0.3045)	0.0520 (0.2740)	0.0503 (0.2616)	0.0486 (0.2965)
$\beta_{y1,1}$	0.4753*** (0.0000)	0.1848*** (0.0000)	0.1860*** (0.0000)	0.1860*** (0.0000)	0.1860*** (0.0000)
$\beta_{y2,1}$	-0.0644*** (0.0000)	0.0998*** (0.0011)	0.1016*** (0.0023)	0.1010*** (0.0012)	0.0976*** (0.0017)
$\tau_{h,k}$	0.0174 (0.6150)	-0.067 (0.3823)	-0.0691 (0.3782)	-0.0685 (0.4002)	-0.0704 (0.2989)

（续表）

	1M	3M	6M	9M	12M
$\tau_{y,k}$	-1.0522*** (0.0000)	0.1487 (0.5029)	0.1634 (0.4406)	0.1628 (0.4579)	0.1859 (0.4082)
λ_h	0.0091*** (0.0000)	-0.0005 (0.8885)	-0.0001 (0.9651)	-0.0003 (0.0281)	-0.0003 (0.9318)
λ_y	0.0276*** (0.0000)	0.0014 (0.5334)	0.0014 (0.5199)	0.0014*** (0.0000)	0.0014 (0.4482)

表6-21　人民币升值周期下汇率信息传递效应及非对称效应结果（加入MCCI控制变量）

	1M	3M	6M	9M	12M
$\alpha_{h1,1}$	-0.0294 (0.4682)	-0.0761 (0.0551)	-0.0633 (0.1100)	-0.0661 (0.0937)	-0.0661 (0.0935)
$\alpha_{h2,1}$	0.1988*** (0.0014)	0.2123*** (0.0006)	0.2317*** (0.0001)	0.2258*** (0.0002)	0.2258*** (0.0002)
$\alpha_{h3,1}$	-0.1005 (0.1297)	-0.0705 (0.1731)	-0.0931** (0.0389)	-0.0791** (0.0496)	-0.0790** (0.0499)
η_h	0.0006 (0.1349)	0.0003** (0.0172)	0.0003 (0.4636)	0.0003 (0.4704)	0.0003 (0.4704)
$\alpha_{y1,1}$	0.2449*** (0.0000)	0.2595*** (0.0000)	0.2578*** (0.0000)	0.2580*** (0.0000)	0.2580*** (0.0000)
$\alpha_{y2,1}$	-0.2763*** (0.0000)	-0.2807*** (0.0000)	-0.2835*** (0.0000)	-0.2833*** (0.0000)	-0.2831*** (0.0000)
$\alpha_{y3,1}$	0.1087 (0.8671)	0.1868 (0.3712)	-0.0855 (0.5000)	-0.0468 (0.5965)	-0.0359 (0.6036)
η_y	0.0005 (0.2065)	0.0003 (0.3856)	0.0008* (0.0534)	0.0008* (0.0718)	0.0008* (0.0766)
$\beta_{h1,1}$	0.2210 (0.0084)	0.3307*** (0.0000)	0.3361*** (0.0000)	0.3357*** (0.0000)	0.3362*** (0.0000)

（续表）

	1M	3M	6M	9M	12M
$\beta_{h2,1}$	0.1929** (0.0447)	0.0551*** (0.0010)	0.0546 (0.3026)	0.0554 (0.2867)	0.0536 (0.3429)
$\beta_{y1,1}$	0.4958*** (0.0001)	0.1633*** (0.0000)	0.1657*** (0.0000)	0.1655*** (0.0000)	0.1660*** (0.0000)
$\beta_{y2,1}$	0.2370 (0.1713)	0.1095*** (0.0032)	0.1083*** (0.0043)	0.1084*** (0.0025)	0.1074*** (0.0063)
$\tau_{h,k}$	0.5036** (0.0268)	0.0648 (0.7535)	-0.0597 (0.5176)	-0.0577 (0.5358)	-0.0590 (0.5194)
$\tau_{y,k}$	-0.7193* (0.0923)	-0.0487* (0.0645)	0.1036 (0.6663)	0.0981 (0.6729)	0.1120 (0.6387)
λ_h	-0.0040 (0.4653)	-0.0022* (0.0682)	-0.0022* (0.0627)	-0.0022** (0.0486)	-0.0022* (0.0700)
λ_y	-0.0105 (0.3710)	-0.0006 (0.2379)	-0.0006 (0.2107)	-0.0006 (0.1977)	-0.0006 (0.2434)

表6-22　人民币贬值周期下汇率信息传递效应及非对称效应结果

	1M	3M	6M	9M	12M
$\alpha_{h1,1}$	0.0327 (0.5810)	0.0277 (0.6597)	0.0400 (0.5324)	0.0651 (0.2848)	0.0481 (0.4574)
$\alpha_{h2,1}$	-0.0168 (0.7826)	-0.0168 (0.7858)	-0.0071 (0.9082)	0.0127 (0.8307)	0.0034 (0.9542)
$\alpha_{h3,1}$	0.0758 (0.0000)	0.0734 (0.0000)	0.0557 (0.3325)	0.0218 (0.6654)	0.0455 (0.4456)
$\alpha_{y1,1}$	0.7005*** (0.0000)	0.7002*** (0.0000)	0.7002*** (0.0000)	0.7002*** (0.0000)	0.6998*** (0.0000)
$\alpha_{y2,1}$	-0.2483*** (0.0000)	-0.2484*** (0.0000)	-0.2485*** (0.0000)	-0.2484*** (0.0000)	-0.2489*** (0.0000)

（续表）

	1M	3M	6M	9M	12M
$\alpha_{y3,1}$	0.2391 (0.7809)	0.0221 (0.9500)	0.0176 (0.9315)	0.0208 (0.8887)	-0.0399 (0.7315)
$\beta_{h1,1}$	0.1826*** (0.0002)	0.1632*** (0.0021)	0.1659*** (0.0001)	0.1923*** (0.0001)	0.1806*** (0.0014)
$\beta_{h2,1}$	-0.1511*** (0.0089)	-0.0938* (0.0864)	-0.0860* (0.0763)	-0.0861 (0.1204)	-0.0810 (0.1592)
$\beta_{y1,1}$	0.4035*** (0.0000)	0.4053*** (0.0000)	0.4123*** (0.0000)	0.4083*** (0.0000)	0.4113*** (0.0004)
$\beta_{y2,1}$	0.0713 (0.2678)	0.1280* (0.0657)	0.1293** (0.0183)	0.1307* (0.0797)	0.1332* (0.0556)
$\tau_{h,k}$	-0.1113 (0.1982)	-0.1478 (0.1402)	-0.1533* (0.0522)	-0.1567* (0.0791)	-0.1520* (0.0950)
$\tau_{y,k}$	-0.3330 (0.1253)	-0.4971** (0.0400)	-0.5756** (0.0102)	-0.6062* (0.0648)	-0.6265** (0.0440)

表6-23　人民币贬值周期下汇率信息传递效应及非对称效应结果（加入VIX控制变量）

	1M	3M	6M	9M	12M
$\alpha_{h1,1}$	0.0309 (0.6026)	0.0257 (0.6830)	0.0378 (0.5551)	0.0629 (0.3016)	0.0454 (0.4834)
$\alpha_{h2,1}$	-0.0161 (0.7914)	-0.0162 (0.7929)	-0.0067 (0.9141)	0.0131 (0.8244)	0.0036 (0.9517)
$\alpha_{h3,1}$	0.0757 (0.1645)	0.0735 (0.1894)	0.0560 (0.3293)	0.0221 (0.6602)	0.0465 (0.4350)
η_h	-0.0023 (0.4255)	-0.0023 (0.4222)	-0.0023 (0.4208)	-0.0023 (0.4247)	-0.0023 (0.4174)
$\alpha_{y1,1}$	0.7007*** (0.0000)	0.7005*** (0.0000)	0.7005*** (0.0000)	0.7006*** (0.0000)	0.7003*** (0.0000)

（续表）

	1M	3M	6M	9M	12M
$\alpha_{y2,1}$	-0.2485*** (0.0000)	-0.2487*** (0.0000)	-0.2487*** (0.0000)	-0.2487*** (0.0000)	-0.2493*** (0.0000)
$\alpha_{y3,1}$	0.1333 (0.8804)	-0.0312 (0.9321)	-0.0151 (0.9436)	-0.0010 (0.9945)	-0.0608 (0.6132)
η_y	0.0004 (0.8020)	0.0005 (0.7596)	0.0005 (0.7625)	0.0005 (0.7748)	0.0007 (0.6808)
$\beta_{h1,1}$	0.2667 (0.0001)	0.2780*** (0.0003)	0.2722*** (0.0001)	0.2193* (0.0567)	0.2567*** (0.0082)
$\beta_{h2,1}$	-0.0801 (0.2638)	-0.0513 (0.4185)	-0.0433 (0.4274)	-0.0549 (0.5633)	-0.0455 (0.4556)
$\beta_{y1,1}$	0.5930*** (0.0000)	0.5912*** (0.0000)	0.5901*** (0.0001)	0.5237*** (0.0000)	0.5643*** (0.0000)
$\beta_{y2,1}$	0.2027*** (0.0037)	0.2084*** (0.0056)	0.2002*** (0.0047)	0.1834** (0.0184)	0.1922*** (0.0077)
$\tau_{h,k}$	-0.1938** (0.0390)	-0.1686* (0.0944)	-0.1592 (0.3529)	-0.1519 (0.1479)	-0.1569 (0.1072)
$\tau_{y,k}$	-0.5305* (0.0533)	-0.6609** (0.0352)	-0.7474** (0.0371)	-0.7780 (0.1171)	-0.7667 (0.1022)
λ_h	0.0718*** (0.0000)	0.0577*** (0.0000)	0.0541*** (0.0000)	0.0234 (0.2238)	0.0399*** (0.0000)
λ_y	0.0317** (0.0170)	0.0237*** (0.0000)	0.0313*** (0.0093)	0.0026 (0.2897)	0.0276** (0.0258)

表6-24 人民币贬值周期下汇率信息传递效应及非对称效应结果
（加入ADS控制变量）

	1M	3M	6M	9M	12M
$\alpha_{h1,1}$	0.0303 (0.6097)	-0.0758 (0.0560)	-0.0631 (0.1111)	-0.0657 (0.0953)	-0.0657 (0.0956)

（续表）

	1M	3M	6M	9M	12M
$\alpha_{h2,1}$	-0.0191 (0.7541)	0.2155*** (0.0005)	0.2348*** (0.0001)	0.2290*** (0.0001)	0.2291*** (0.0001)
$\alpha_{h3,1}$	0.0778 (0.1536)	-0.0716 (0.1665)	-0.0939** (0.0369)	-0.0802** (0.0463)	-0.0804** (0.0459)
η_h	0.0260 (0.4462)	-0.0157 (0.4424)	-0.0164 (0.4220)	-0.0164 (0.4201)	-0.0164 (0.4201)
$\alpha_{y1,1}$	0.7000*** (0.0000)	0.2603*** (0.0000)	0.2600*** (0.0000)	0.2600*** (0.0000)	0.2600*** (0.0000)
$\alpha_{y2,1}$	-0.2489*** (0.0000)	-0.2783*** (0.0000)	-0.2788*** (0.0000)	-0.2789*** (0.0000)	-0.2793*** (0.0000)
$\alpha_{y3,1}$	0.3009 (0.7296)	0.3018** (0.0275)	0.1009 (0.1835)	0.0752 (0.1492)	0.0588 (0.1412)
η_y	0.0134 (0.5107)	0.0019 (0.8720)	0.0024 (0.8429)	0.0025 (0.8336)	0.0025 (0.8341)
$\beta_{h1,1}$	0.2336*** (0.0030)	0.3326*** (0.0000)	0.3403*** (0.0000)	0.3401*** (0.0000)	0.3405*** (0.0000)
$\beta_{h2,1}$	-0.2054*** (0.0091)	0.0522 (0.2524)	0.0514** (0.2551)	0.0522** (0.2536)	0.0501 (0.2894)
$\beta_{y1,1}$	0.3819*** (0.0000)	0.1654*** (0.0000)	0.1689*** (0.0000)	0.1684*** (0.0000)	0.1689*** (0.0000)
$\beta_{y2,1}$	0.01225 (0.8579)	0.0996*** (0.0025)	0.0992*** (0.0013)	0.0996*** (0.0047)	0.0977*** (0.0059)
$\tau_{h,k}$	-0.0680 (0.4481)	-0.0765 (0.3369)	-0.0778 (0.3806)	-0.0755 (0.3835)	-0.0767 (0.3590)
$\tau_{y,k}$	0.3058*** (0.0000)	0.0993 (0.6076)	0.1327 (0.5513)	0.1233 (0.5918)	0.1415 (0.5429)
λ_h	-0.0171 (0.7051)	-0.0246 (0.5259)	-0.0243 (0.5103)	-0.0242 (0.4677)	-0.0242 (0.5140)
λ_y	0.0832* (0.0658)	-0.0263 (0.2326)	-0.0254 (0.2427)	-0.0255 (0.2113)	-0.0254 (0.2669)

表6－25 人民币贬值周期下汇率信息传递效应及非对称效应结果（加入UEPUI控制变量）

	1M	3M	6M	9M	12M
$\alpha_{h1,1}$	0.0317 (0.5927)	0.0260 (0.6799)	0.0387 (0.5459)	0.0108 (0.8557)	0.0463 (0.4743)
$\alpha_{h2,1}$	－0.0190 (0.7546)	－0.0195 (0.7517)	－0.0095 (0.8778)	0.0108 (0.8557)	0.0008 (0.9882)
$\alpha_{h3,1}$	0.0769 (0.1577)	0.0754 (0.1784)	0.0571 (0.3203)	0.0224 (0.6568)	0.0475 (0.4251)
η_h	－0.0001 (0.2620)	－0.0001 (0.2550)	－0.0001 (0.2639)	－0.0001 (0.2706)	－0.0001 (0.2622)
$\alpha_{y1,1}$	0.7006*** (0.0000)	0.7002*** (0.0000)	0.7002*** (0.0000)	0.7001*** (0.0000)	0.6997*** (0.0000)
$\alpha_{y2,1}$	－0.2488*** (0.0000)	－0.2489*** (0.0000)	－0.2489*** (0.0000)	－0.2489*** (0.0000)	－0.2493*** (0.0000)
$\alpha_{y3,1}$	0.3562 (0.6998)	0.0458 (0.9007)	0.0257 (0.9016)	0.0241 (0.8719)	－0.0394 (0.7342)
η_y	－0.0000 (0.5238)	－0.0000 (0.5822)	－0.0000 (0.5831)	－0.0000 (0.5833)	－0.0000 (0.5960)
$\beta_{h1,1}$	0.2975*** (0.0000)	0.2704*** (0.0016)	0.2849*** (0.0001)	0.3174*** (0.0012)	0.2971*** (0.0002)
$\beta_{h2,1}$	－0.2383*** (0.0000)	－0.1958*** (0.0037)	－0.1883*** (0.0047)	－0.1844** (0.0304)	－0.1757*** (0.0081)
$\beta_{y1,1}$	0.4021*** (0.0000)	0.3777*** (0.0000)	0.3737*** (0.0000)	0.3750*** (0.0000)	0.3764*** (0.0000)
$\beta_{y2,1}$	－0.0182 (0.7486)	0.0124 (0.8568)	0.0129 (0.8524)	0.0329 (0.6640)	0.0366 (0.6108)
$\tau_{h,k}$	－0.0171 (0.8429)	－0.0606 (0.5338)	－0.0709 (0.5580)	－0.0997 (0.3708)	－0.0955 (0.2571)

（续表）

	1M	3M	6M	9M	12M
$\tau_{y,k}$	-0.0397 (0.8244)	-0.0737 (0.7644)	-0.1112 (0.7102)	-0.1854 (0.5260)	-0.2011 (0.4469)
λ_h	-0.0003 (0.2536)	-2.64e-004 (0.1073)	-2.50e-004 (0.2804)	-0.0002 (0.3060)	-2.32e-004 (0.3294)
λ_y	0.0001 (0.4684)	2.58e-004 (0.2954)	2.51e-004 (0.3527)	0.0002 (0.3712)	2.71e-004 (0.2744)

表6-26　人民币贬值周期下汇率信息传递效应及非对称效应结果
（加入CEPUI控制变量）

	1M	3M	6M	9M	12M
$\alpha_{h1,1}$	0.0308 (0.6038)	0.0258 (0.6829)	0.0380 (0.5541)	0.0634 (0.2986)	0.0459 (0.4792)
$\alpha_{h2,1}$	-0.018 (0.7670)	-0.0180 (0.7707)	-0.0084 (0.8921)	0.0117 (0.8437)	0.0022 (0.9706)
$\alpha_{h3,1}$	0.0773 (0.1565)	0.0748 (0.1825)	0.0572 (0.3202)	0.0229 (0.6495)	0.0473 (0.4286)
η_h	-0.0000 (0.5251)	-0.0000 (0.5296)	-0.0000 (0.5363)	-0.0000 (0.5521)	-0.0000 (0.5398)
$\alpha_{y1,1}$	0.7006*** (0.0000)	0.7004*** (0.0000)	0.7004*** (0.0000)	0.7004*** (0.0000)	0.7000*** (0.0000)
$\alpha_{y2,1}$	-0.2490*** (0.0000)	-0.2492*** (0.0000)	-0.2492*** (0.0000)	-0.2492*** (0.0000)	-0.2496*** (0.0000)
$\alpha_{y3,1}$	0.1973 (0.8210)	-0.0038 (0.9915)	-0.0005 (0.9978)	0.0092 (0.9526)	-0.0527 (0.6616)
η_y	0.0000 (0.8589)	0.0000 (0.8314)	0.0000 (0.8345)	0.0000 (0.8464)	0.0000 (0.7518)

（续表）

	1M	3M	6M	9M	12M
$\beta_{h1,1}$	0.2717** (0.4124)	0.3380 (0.5535)	0.3646 (0.2177)	0.2524*** (0.0000)	0.0319 (0.9033)
$\beta_{h2,1}$	−0.4981* (0.0776)	−0.5518* (0.0538)	−0.8240** (0.0056)	0.1109*** (0.0003)	−1.4576*** (0.0000)
$\beta_{y1,1}$	1.1467*** (0.0000)	1.0740** (0.0379)	1.2649*** (0.0000)	0.1873*** (0.0000)	1.3086*** (0.0000)
$\beta_{y2,1}$	−0.1402 (0.4194)	−0.1384 (0.4993)	−0.2075 (0.2510)	0.0172*** (0.0082)	−0.2206 (0.2739)
$\tau_{h,k}$	−0.1428 (0.3581)	−0.1057 (0.5359)	−0.1421 (0.3493)	−0.1270 (0.4596)	0.1937** (0.0491)
$\tau_{y,k}$	−0.6799* (0.0778)	−0.5740* (0.0567)	−0.6868*** (0.0028)	−0.5840*** (0.0023)	−0.3171** (0.0119)
λ_h	0.0017*** (0.7187)	0.0024 (0.5600)	0.0019 (0.6125)	0.0001 (0.9641)	0.0032 (0.4383)
λ_y	0.0240** (0.0141)	0.0209*** (0.0077)	0.0270*** (0.0006)	0.0304*** (0.0000)	0.0272*** (0.0000)

表6-27　人民币贬值周期下汇率信息传递效应及非对称效应结果（加入USDX控制变量）

	1M	3M	6M	9M	12M
$\alpha_{h1,1}$	0.0309 (0.6024)	0.0259 (0.6814)	0.0382 (0.5509)	0.0634 (0.2971)	0.0463 (0.4748)
$\alpha_{h2,1}$	−0.0185 (0.7611)	−0.0185 (0.7646)	−0.0088 (0.8875)	0.0112 (0.8502)	0.0018 (0.9753)
$\alpha_{h3,1}$	0.0766 (0.1597)	0.0742 (0.1859)	0.0563 (0.3272)	0.0222 (0.6596)	0.0461 (0.4395)
η_h	0.0015 (0.3927)	0.0015 (0.3943)	0.0015 (0.3974)	0.0015 (0.4010)	0.0015 (0.3976)

（续表）

	1M	3M	6M	9M	12M
$\alpha_{y1,1}$	0.6998*** (0.0000)	0.6992*** (0.0000)	0.6991*** (0.0000)	0.6992*** (0.0000)	0.6969*** (0.0000)
$\alpha_{y2,1}$	-0.2489*** (0.0000)	-0.2494*** (0.0000)	-0.2494*** (0.0000)	-0.2494*** (0.0000)	-0.2518*** (0.0000)
$\alpha_{y3,1}$	0.1290 (0.8919)	-0.0741 (0.8623)	-0.0631 (0.8227)	-0.0423 (0.8490)	-0.1893 (-0.1893)
η_y	0.0005 (0.6301)	0.0007 (0.5560)	0.0008 (0.5561)	0.0008 (0.5868)	0.0019 (0.2469)
$\beta_{h1,1}$	0.3352*** (0.0000)	0.2850*** (0.0041)	0.2535*** (0.0028)	0.2005*** (0.0000)	0.1735*** (0.0015)
$\beta_{h2,1}$	-0.2499*** (0.0000)	-0.1917** (0.0216)	-0.1512** (0.0382)	-0.0730 (0.1849)	-0.0517 (0.2826)
$\beta_{y1,1}$	0.4369*** (0.0000)	0.3996*** (0.0000)	0.3979*** (0.0000)	0.4244*** (0.0000)	0.4420*** (0.0000)
$\beta_{y2,1}$	-0.0373 (0.4454)	0.0075*** (0.9128)	0.0446 (0.5633)	0.1398** (0.0208)	0.1492*** (0.0049)
$\tau_{h,k}$	-0.0355 (0.6839)	-0.0829 (0.4756)	-0.1300 (0.1688)	-0.1539* (0.0585)	-0.1384 (0.1525)
$\tau_{y,k}$	0.0867 (0.6446)	0.0250 (0.9297)	-0.1871 (0.5367)	-0.6381** (0.0347)	-0.8350 (0.4000)
λ_h	0.0056*** (0.0000)	0.0044 (0.1426)	0.0036 (0.1603)	0.0028*** (0.0021)	0.0026 (0.2112)
λ_y	0.0014* (0.0909)	0.0010 (0.6612)	0.0006 (0.8269)	-0.0005* (0.0888)	-0.0009 (0.7960)

表6-28 人民币贬值周期下汇率信息传递效应及非对称效应结果（加入MCCI控制变量）

	1M	3M	6M	9M	12M
$\alpha_{h1,1}$	0.0309 (0.6024)	0.0259 (0.6814)	0.0382 (0.5509)	0.0634 (0.2971)	0.0463 (0.4748)
$\alpha_{h2,1}$	-0.0185 (0.7611)	-0.0185 (0.7646)	-0.0088 (0.8875)	0.0112 (0.8502)	0.0018 (0.9753)
$\alpha_{h3,1}$	0.0766 (0.1597)	0.0742 (0.1859)	0.0563 (0.3272)	0.0222 (0.6596)	0.0461 (0.4395)
η_h	0.0015 (0.3927)	0.0015 (0.3943)	0.0015 (0.3974)	0.0015 (0.4010)	0.0015 (0.3976)
$\alpha_{y1,1}$	0.6998*** (0.0000)	0.6992*** (0.0000)	0.6991*** (0.0000)	0.6992*** (0.0000)	0.6969*** (0.0000)
$\alpha_{y2,1}$	-0.2489*** (0.0000)	-0.2494*** (0.0000)	-0.2494*** (0.0000)	-0.2494*** (0.0000)	-0.2518*** (0.0000)
$\alpha_{y3,1}$	0.1290 (0.8919)	-0.0741 (0.8623)	-0.0631 (0.8227)	-0.0423 (0.8490)	-0.1893 (0.3104)
η_y	0.0005 (0.6301)	0.0007 (0.5560)	0.0008 (0.5561)	0.0008 (0.5868)	0.0019 (0.2469)
$\beta_{h1,1}$	0.3303*** (0.0011)	0.3303*** (0.0011)	0.2552** (0.0113)	0.2003*** (0.0078)	0.1735*** (0.0015)
$\beta_{h2,1}$	-0.2487*** (0.0018)	-0.2487*** (0.0018)	-0.1525* (0.0707)	-0.0727 (0.2464)	-0.0517 (0.2870)
$\beta_{y1,1}$	0.4361*** (0.0000)	0.4361*** (0.0000)	0.3969*** (0.0000)	0.4250*** (0.0000)	0.4422*** (0.0000)
$\beta_{y2,1}$	-0.0357 (0.5365)	-0.0357 (0.5365)	0.0428 (0.7097)	0.1404** (0.0204)	0.1492*** (0.0003)
$\tau_{h,k}$	-0.0321 (0.6956)	-0.0321 (0.6956)	-0.1284 (0.2097)	-0.1533* (0.0765)	-0.1385 (0.1569)

（续表）

	1M	3M	6M	9M	12M
$\tau_{y,k}$	0.0788 (0.7135)	0.0788 (0.7135)	-0.1808 (0.6886)	-0.6429 (0.1028)	-0.8350** (0.0369)
λ_h	0.0057* (0.0886)	0.0057* (0.0886)	0.0036 (0.1545)	0.0029 (0.1988)	0.0026 (0.2086)
λ_y	0.0015 (0.5435)	0.0015 (0.5435)	0.0006 (0.8526)	-0.0005 (0.8238)	-0.0009 (0.7956)

（四）结果分析

上述实证结果表明，在香港离岸人民币市场产生后，在岸市场与离岸市场的联动关系出现了新的变化。具体表现在：

（1）境内外人民币即期市场的信息传达上，香港离岸人民币市场在报酬溢出和波动溢出两个信息传递效应中均处于主导地位，离岸人民币市场汇率的变动趋势引导在岸远期市场汇率的变化趋势居多。

这一结果说明，目前过度倚重离岸市场会给未来人民币定价权带来不确定性。由于法律环境、监管条件和税收制度的不同，一国货币在离岸和在岸两个市场上往往会形成不一样的价格。如果资本管制有效，则离岸市场与在岸市场相割裂，二者形成各自的利率与汇率，离岸市场不会对在岸市场的定价权形成挑战。此外，规模大的市场可以通过套利资金消化规模相对小的市场对其价格变动的影响。一般情况下，在岸市场的规模往往大于离岸市场的规模，从而保证了在岸市场能够主导价格发现功能。但是，从离岸人民币市场的发展来看，在这两个维度上，离岸市场对在岸市场定价权的挑战都在日益增加。从资本管制的角度看，人民币资本项目的全面开放尽管在时间上、步骤上存有争议，但终究是大势所趋。从市场规模的角度看，虽然目前离岸人民币市场上的人民币存量还相当有限，但是香港等成熟金融市场上具有很多杠杆率较高的金融工具，一旦这些存量资金被允许投向高杠杆金融工具，那么就有可能出现以较少资金撬动大额交易的“以小搏大”行为，加之离岸市场管制少，交易成本低廉，容易形成巨大的交易规模，从而加剧市场风险。

随着离岸市场的快速发展和离岸市场的价格发现功能得到越来越充分的发挥，如果在岸市场的价格发现功能仍然受到政策的抑制，与纯粹市场化的离岸市场相比，在岸市场的价格在市场参与者的眼中更多的是一种“政策市场”形成的均衡，长此以往，在市场的自由选择下，人民币的定价权就有可能旁落。美元的历史已经给出了证明。美元是全球最主要的国际储备货币，但是国际美元银团贷款的利率定价权不在纽约而在伦敦。与此类似，日元股指期货的交易中心在新加坡而非在东京。如果境内在岸市场不注意与离岸市场的协调发展，人民币利率、汇率等的定价权也同样有可能落在境外某金融中心。如果人民币定价权不在内地，那么最大的可能是在香港。当然也有可能落在伦敦或新加坡等另外的人民币离岸市场，为其国际离岸金融中心加码。因此，离岸市场发展对未来人民币定价权的冲击值得关注。

（2）外生宏观经济对于人民币离岸汇率的冲击影响较大。这一结果的不利后果在于离岸市场的发展将为国际资本冲击一国货币创造更为便利的条件。在外汇管制下，国际资本不能自由跨境流动，从而冲击人民币汇率。而随着离岸市场的发展，离岸人民币不断增加，国际资本有可能通过离岸市场方便快捷地获得所需的离岸人民币资金，从而间接冲击在岸人民币市场。如果在岸市场的开放不能跟离岸市场的发展有效对接和协同发展，并且在政策上对资金进出两个市场不能做到有效的控制，那么一旦在岸市场本身出现问题，如银行危机、债务危机、经常账户恶化等，快速发展的离岸市场可能使得该国货币更易受到国际资本的冲击。1997 年亚洲金融危机时，泰铢受到来自离岸市场的巨大冲击就是一个典型的实证。

更重要的是，人民币定价权若外移至其他国家，可能为国际资本冲击在岸市场打开方便之门。货币离岸中心是金融巨头操控市场进行投机的场所，如果人民币定价权掌握在境外国际金融中心，则未来人民币受到国际资本冲击的可能性和遭遇冲击的程度将会大为增加。例如，在当前的欧洲债务危机中，希腊等国的债券交易中心大都不在本国而在法兰克福和伦敦，其二级市场定价权也同样在国外金融市场上。而欧洲离岸金融中心的对冲机制非常发达，成为希腊等国国债价格过度波动的原因之一。虽然欧洲已经认识到这个问题，禁止信用违约掉期“裸交易”与限制“裸卖空”行为，但希腊等国国债定价权旁落、易受冲击的问题并未完全得到解决。

（3）境内外人民币远期市场的信息传达上，香港离岸远期市场和境内人民币远期市场虽呈现出一定的双向引导关系，但境内人民币远期市场仍处于信息中心。这说明由于不同市场的价格差，令资金有限地通过各类渠道在境内外两个市场进行渗透和流通，而境内人民币远期市场经过不断的完善和发展后，在信息传递上论证了境内优先说的理论，信息传递方向表现为境内市场引导境外市场。因此，在香港离岸市场诞生之后，香港离岸市场并未对境内市场远期汇率进行引导，境内人民币远期汇率的主要影响因素依然是利率平价，并且境内远期市场的定价机制已经逐步完善，基本实现了从预期的低效的定价机制向合理的高效的利率平价转变。香港离岸人民币远期市场目前从交易规模和业务占比来看更受到投资者的青睐，可以预计未来将取代传统人民币无本金交割远期市场。

此外，相比升值周期，人民币离岸、在岸汇率在贬值周期相互之间没有了均值溢出效应，相互之间波动溢出效应也发生了深刻的变化。在升值周期，离岸、在岸汇率之间的波动溢出效应都是正向的，意味着双方之间的风险是可以传染的。在贬值周期，在岸汇率对离岸汇率的波动溢出变为负向，这意味着通过对在岸汇率的有效管理可降低离岸市场的风险。与此同时，影响离岸、在岸汇率的宏观经济变量也发生了较大的变化。ADS 指数、UEPUI 指数与 CEPUI 指数的作用日趋减弱，反映了美国宏观经济、政策不确定性以及消费者信心状况对人民币市场递减的边际效应。中国政策不确定性指数对人民币汇率市场的波动溢出效应的增强，则意味着当前的情况下，货币政策当局需要采取稳定的政策来引导和管理市场。

四、跨境套利影响境内人民币利率水平

人民币离岸市场与在岸市场利率与汇率的联动主要通过利率平价渠道，即资金在境内或者境外流动的因素取决于资金的收益高低、即期和远期汇率预期以及升贴水率。因此，本节将基于离岸、在岸市场联动视角就离岸市场对境内人民币利率水平的影响进行讨论。

拟基于宏观经济不确定性视角，实证考察人民币离岸、在岸市场利率之间的报酬溢出效应、波动溢出效应、非对称效应、动态时变关系以及受宏观

经济变量的影响，旨在解决下列问题：①人民币离岸、在岸市场利率与宏观不确定指数之间是否存在收益、波动信息传递关系？离岸与在岸利率市场哪一个是信息传递中心？②人民币离岸、在岸利率是否存在非对称效应？③人民币离岸、在岸利率有怎样的动态时变关系？研究结果可以为我国逐步开放资本账户、维护国内金融稳定与安全，以及推进人民币国际化提供理论依据和决策参考。

（一）变量选取与数据处理

CNH Hibor 利用 Hibor 完善的定价体系能够全面地反映短期离岸人民币市场的资金供需情况。Shibor 自 2007 年报价以来在短期市场中很好地体现了基准利率与市场资金供求之间的高度联动效应，两者已经成为公认的离岸、在岸人民币产品定价基准。本节选取 2013 年 5 月 27 日到 2015 年 12 月 1 日 CNH Hibor 与 Shibor 的日度数据，期限品种包括隔夜、7 天、14 天、1 月。Shibor 数据来源于上海银行间同业拆借网站，CNH Hibor 数据来源于 Wind 数据库。

考虑对数收益率即变化率作为实证研究对象的统计特性更为良好，故对数据进行对数差分处理：$R_{i,t}=100\times(\ln P_{i,t}-\ln P_{i,t-1})$，其中，$R_{i,t}$为人民币离岸、在岸市场利率收益率，$P_{i,t}$为相应的人民币离岸、在岸市场利率报价，$i=1$、2、3、4分别代表隔夜、7 天、14 天和 1 月，t 为时间。文中 RHI1N、RHI1W、RHI2W、RHI1M 分别代表隔夜、7 天、14 天、1 月期离岸市场人民币利率收益率，RSH1N、RSH1W、RSH2W、RSH1M 分别代表隔夜、7 天、14 天、1 月期在岸市场人民币利率收益率。

（二）实证结果

本节列出了有关均值溢出、波动溢出、非对称效应的实证结果（如表 6－29至表 6－35 所示），汇总如下：

（1）信息溢出结果表明，人民币离岸与在岸利率之间的报酬溢出效应较弱，7 个模型均显示只有 14 天的在岸利率对离岸利率有约 +0.08 单位的报酬溢出效应。人民币离岸与在岸利率之间的波动溢出效应表现也基本稳定，隔夜利率方面，有 4 个模型显示离岸利率对在岸利率有约 +0.08 单位的波动溢出效应；7 天利率方面，有 6 个模型显示在岸利率对离岸利率有约 -0.05 单位的波动溢出效应；14 天利率方面，只有 2 个模型显示在岸利率对离岸利率有约 +0.10 单位的波动溢出效应；1 月利率方面，7 个模型均显示在岸利率对离岸利率有小于 +0.1 单位的波动溢出效应，4 个模型显示离岸利率对在岸利率有约 -0.10 单位的波动溢出效应。总体来看，波动溢出效应在信息传递中占据主导，在岸利率处于信息传递中心。

（2）在非对称效应方面，7 个模型均显示各期限离岸利率和在岸利率有显著的“放大利空，缩小利好”的非对称效应。在宏观经济不确定的冲击中，报酬冲击较少，主要有 VIX 指数对 7 天、14 天、1 月离岸利率具有显著为负的报酬冲击，美国政策不确定指数对 1 月离岸利率具有负的报酬冲击。VIX 指数对隔夜离岸利率有约 +0.05 单位的波动冲击，对各期在岸利率均有绝对值小于 -0.3 单位的波动冲击。UEPUI 对 14 天离岸利率有约 -0.006 单位的波动溢冲击，对在岸利率无影响。CEPUI 对 7 天离岸利率有 +0.04 单位的波动冲击，对各期在岸利率均有大小不等的负的波动冲击。USDX 对各期离岸利率均有正的波动冲击，对 1 月期冲击最大，达到 +0.65 单位；USDX 对各期在岸利率均有绝对值大于 1.5 的负的波动冲击。MCCI 与 USDX 的作用结果相似，只是对各期离岸利率有更大的正向波动冲击，对各期在岸利率的负向波动冲击的绝对值更小。ADS 商业指数对 14 天、1 月离岸利率和在岸利率有大小和方向不同的波动冲击。

表 6-29　离（在）岸利率均值溢出、波动溢出、非对称效应结果（不加入宏观经济变量）

	1N	1W	2W	1M
$\alpha_{h1,1}$	0.0117 (0.7786)	0.1145*** (0.0054)	0.0843** (0.0395)	0.0531 (0.1989)
$\alpha_{h2,1}$	-0.0675 (0.6550)	0.0229 (0.7049)	0.0846* (0.0844)	0.0178 (0.7336)
$\alpha_{s1,1}$	-0.0089 (0.4266)	0.0062 (0.8208)	-0.0114 (0.7335)	0.0365 (0.2354)

（续表）

	1N	1W	2W	1M
$\alpha_{s2,1}$	0.2130*** (0.0000)	0.1513*** (0.0002)	0.2110*** (0.0000)	0.3037*** (0.0000)
$\beta_{h1,1}$	0.2600*** (0.0000)	0.2584*** (0.0280)	0.0456 (0.1316)	0.3409*** (0.0000)
$\beta_{h2,1}$	0.0017 (0.9740)	-0.0547** (0.0484)	0.1034*** (0.0000)	0.0755*** (0.0043)
$\beta_{s1,1}$	0.0851** (0.0323)	-0.0413 (0.4071)	0.0125 (0.1915)	-0.0667 (0.1127)
$\beta_{s2,1}$	0.3826*** (0.0000)	0.4025*** (0.0000)	0.2529*** (0.0000)	0.3018*** (0.0000)
$T_{h,k}$	0.4872*** (0.0005)	0.4193** (0.0203)	3.6414 (0.1750)	0.3432*** (0.0008)
$T_{s,k}$	0.2669** (0.0379)	0.5013*** (0.0000)	0.1479*** (0.0282)	0.4041*** (0.0000)

表6-30　离（在）岸利率均值溢出、波动溢出、非对称效应结果（加入VIX控制变量）

	1N	1W	2W	1M
$\alpha_{h1,1}$	0.0114 (0.7838)	0.1145*** (0.0054)	0.0807** (0.0483)	0.0496 (0.2289)
$\alpha_{h2,1}$	-0.0677 (0.6542)	0.0229 (0.7049)	0.0841* (0.0852)	0.0215 (0.6807)
$\alpha_{s1,1}$	-0.0091 (0.4192)	0.0062 (0.8208)	-0.0118 (0.7260)	0.0370 (0.2290)
$\alpha_{s2,1}$	0.2129*** (0.0000)	0.1513*** (0.0002)	0.2110*** (0.0000)	0.3032*** (0.0000)

（续表）

	1N	1W	2W	1M
$\beta_{h1,1}$	0.2559*** (0.0000)	0.2584*** (0.0280)	0.1908*** (0.0006)	0.3276*** (0.0000)
$\beta_{h2,1}$	0.0012 (0.9631)	-0.0547** (0.0484)	-0.0045 (0.8964)	0.0700** (0.0261)
$\beta_{s1,1}$	0.0837** (0.0138)	-0.0413 (0.4071)	-0.0167 (0.5119)	-0.0719** (0.0449)
$\beta_{s2,1}$	0.3890*** (0.0000)	0.4025*** (0.0000)	0.2555*** (0.0000)	0.3248*** (0.0000)
$T_{h,k}$	0.5198*** (0.0023)	0.4193** (0.0203)	0.7426*** (0.0054)	0.3574*** (0.0002)
$T_{s,k}$	0.2790*** (0.0000)	0.5013*** (0.0000)	0.4384*** (0.0000)	0.4224*** (0.0000)
η_k	-0.0596 (0.8390)	-0.1959* (0.0994)	-0.1833* (0.0604)	-0.1357** (0.0452)
η_s	-0.0320 (0.6862)	0.0185 (0.8177)	-0.0177 (0.8248)	0.0206 (0.6839)
λ_h	0.0489** (0.0127)	0.0759 (0.2859)	0.0239 (0.7155)	-0.0305 (0.7040)
λ_s	-0.1331*** (0.0014)	-0.2095*** (0.0090)	-0.2472*** (0.0000)	-0.2976*** (0.0002)

表6-31　离（在）岸利率均值溢出、波动溢出、非对称效应结果（加入 UEPUI 控制变量）

	1N	1W	2W	1M
$\alpha_{h1,1}$	0.0118 (0.7767)	0.1140*** (0.0056)	0.0835** (0.0414)	0.0527 (0.2026)
$\alpha_{h2,1}$	-0.0676 (0.6546)	0.0226 (0.7089)	0.0836* (0.0881)	0.0170 (0.7445)

（续表）

	1N	1W	2W	1M
$\alpha_{s1,1}$	-0.0090 (0.4249)	0.0062 (0.8226)	-0.0117 (0.7261)	0.0364 (0.2369)
$\alpha_{s2,1}$	0.2478*** (0.0000)	0.1513*** (0.0002)	0.2106*** (0.0000)	0.3035*** (0.0000)
$\beta_{h1,1}$	0.2559*** (0.0000)	0.2597*** (0.0000)	0.0383 (0.2959)	0.3384*** (0.0000)
$\beta_{h2,1}$	0.0001 (0.9947)	-0.0544** (0.0421)	0.1021*** (0.0000)	0.0757*** (0.0088)
$\beta_{s1,1}$	0.0832** (0.0182)	-0.0402 (0.3672)	0.0103 (0.3367)	-0.0751** (0.0239)
$\beta_{s2,1}$	0.3873*** (0.0000)	0.4027*** (0.0000)	0.2553*** (0.0000)	0.3379*** (0.0000)
$T_{h,k}$	0.5513*** (0.0020)	0.4138*** (0.0066)	4.4585 (0.3520)	0.3434*** (0.0003)
$T_{s,k}$	0.2736*** (0.0000)	0.5006*** (0.0000)	0.1505** (0.0385)	0.3896*** (0.0000)
η_k	0.0030 (0.8456)	-0.0028 (0.6541)	-0.0038 (0.4579)	-0.1357** (0.0452)
η_s	-0.0009 (0.8142)	-0.0004 (0.9227)	-0.0016 (0.7078)	0.0206 (0.6839)
λ_h	0.0136 (0.1055)	0.0034 (0.8620)	-0.0066** (0.0214)	-0.0047 (0.6187)
λ_s	-0.0288 (0.3335)	0.0045 (0.8822)	-0.0022 (0.8366)	-0.0074 (0.7091)

表6-32　离（在）岸利率均值溢出、波动溢出、非对称效应结果（加入CEPUI控制变量）

	1N	1W	2W	1M
$\alpha_{h1,1}$	0.0117 (0.7783)	0.1145*** (0.0054)	0.0843** (0.0395)	0.0531 (0.1989)
$\alpha_{h2,1}$	-0.0686 (0.6501)	0.0229 (0.7049)	0.0836* (0.0846)	0.0175 (0.7383)
$\alpha_{s1,1}$	-0.0089 (0.4271)	0.0063 (0.8206)	-0.0114 (0.7333)	0.0365 (0.2354)
$\alpha_{s2,1}$	0.2122*** (0.0000)	0.1513*** (0.0002)	0.2108*** (0.0000)	0.3034*** (0.0000)
$\beta_{h1,1}$	0.3152*** (0.0000)	0.2560*** (0.0000)	0.1859 (0.0043)	0.2954*** (0.0000)
$\beta_{h2,1}$	-0.0392 (0.1011)	-0.0542** (0.0049)	-0.0088 (0.7198)	0.1072*** (0.0030)
$\beta_{s1,1}$	-0.0940 (0.2458)	-0.0716** (0.0341)	-0.0244 (0.3441)	-0.0411 (0.2449)
$\beta_{s2,1}$	0.4917*** (0.0000)	0.3068*** (0.0001)	0.1455*** (0.0003)	0.3057*** (0.0000)
$T_{h,k}$	0.3186** (0.0170)	0.4401** (0.0289)	0.6805** (0.0237)	0.3754*** (0.0000)
$T_{s,k}$	0.2749*** (0.0093)	0.8479*** (0.0000)	0.7893** (0.0033)	0.3111*** (0.0000)
η_k	0.0030 (0.8142)	-0.0028 (0.6541)	-0.0001 (0.9774)	-0.0006 (0.8182)
η_s	0.0022 (0.5301)	-0.0004 (0.9227)	0.0007 (0.8447)	-0.0007 (0.7524)
λ_h	0.0225 (0.4190)	0.0371** (0.0477)	0.0177 (0.3552)	0.0073 (0.7879)
λ_s	-0.5003*** (0.0000)	-0.3081*** (0.0000)	-0.1382*** (0.0000)	-0.1191*** (0.0000)

表6-33 离（在）岸利率均值溢出、波动溢出、非对称效应结果（加入MCCI控制变量）

	1N	1W	2W	1M
$\alpha_{h1,1}$	0.0117 (0.7788)	0.1143*** (0.0054)	0.0840** (0.0402)	0.0526 (0.2030)
$\alpha_{h2,1}$	-0.0674 (0.6555)	0.0231 (0.7022)	0.0849* (0.0835)	0.0184 (0.7249)
$\alpha_{s1,1}$	-0.0089 (0.4276)	0.0063 (0.8189)	-0.0113 (0.7369)	0.0368 (0.2317)
$\alpha_{s2,1}$	0.2128*** (0.0000)	0.1502*** (0.0002)	0.2109*** (0.0000)	0.3034*** (0.0000)
$\beta_{h1,1}$	0.2743*** (0.0000)	0.2531*** (0.0000)	0.2088*** (0.0000)	0.3093*** (0.0000)
$\beta_{h2,1}$	-0.0095 (0.7043)	-0.0188 (0.4798)	0.0239 (0.4069)	0.0920*** (0.0007)
$\beta_{s1,1}$	0.0383 (0.2725)	-0.0021 (0.9527)	-0.0204 (0.4576)	-0.0206 (0.2557)
$\beta_{s2,1}$	0.4953*** (0.0000)	0.5299*** (0.0000)	0.3312*** (0.0000)	0.3090*** (0.0000)
$T_{h,k}$	0.5064** (0.0070)	0.3978** (0.0124)	0.5844*** (0.0004)	0.3663*** (0.0000)
$T_{s,k}$	0.1483*** (0.0203)	0.4564*** (0.0000)	0.3504*** (0.0000)	0.3487*** (0.0000)
η_k	0.0099 (0.9408)	0.0161 (0.7896)	0.0202 (0.6831)	0.0044 (0.8858)
η_s	-0.0118 (0.7424)	-0.0065 (0.8733)	-0.0111 (0.7841)	-0.0150 (0.5132)
λ_h	0.4435*** (0.0000)	0.6752*** (0.0000)	0.6880*** (0.0000)	0.8591*** (0.0001)
λ_s	-0.9468*** (0.0000)	-1.0613*** (0.0000)	-0.9137*** (0.0000)	-0.7889*** (0.0000)

表6-34　离（在）岸利率均值溢出、波动溢出、非对称效应结果（加入USDX控制变量）

	1N	1W	2W	1M
$\alpha_{h1,1}$	0.0117 (0.7790)	0.1145*** (0.0054)	0.0843** (0.0395)	0.0531 (0.1987)
$\alpha_{h2,1}$	-0.0673 (0.6561)	0.0230 (0.7037)	0.0847* (0.0841)	0.0181 (0.7297)
$\alpha_{s1,1}$	0.0134 (0.7266)	0.0063 (0.8206)	-0.0115 (0.7323)	0.0364 (0.2359)
$\alpha_{s2,1}$	0.2127*** (0.0000)	0.1507*** (0.0002)	0.2105*** (0.0000)	0.3028*** (0.0000)
$\beta_{h1,1}$	0.2738*** (0.0000)	0.0769*** (0.0095)	0.0047*** (0.0000)	0.2706*** (0.0000)
$\beta_{h2,1}$	-0.0232 (0.3500)	-0.0519** (0.0182)	0.01678 (0.3396)	0.0936*** (0.0002)
$\beta_{s1,1}$	0.0134 (0.7266)	0.0371** (0.0158)	-0.0009 (0.4653)	-0.0465* (0.0726)
$\beta_{s2,1}$	0.5442*** (0.0000)	0.6373*** (0.0000)	0.3974*** (0.0000)	0.3849*** (0.0000)
$T_{h,k}$	0.5064** (0.0070)	2.0181*** (0.0608)	36.3697*** (0.0000)	0.4972*** (0.0029)
$T_{s,k}$	0.1483*** (0.0203)	0.3656*** (0.0000)	0.3392*** (0.0003)	0.2768*** (0.0000)
η_k	0.0099 (0.9408)	-0.0028 (0.6541)	-0.0001 (0.9774)	0.0044 (0.8858)
η_s	-0.0118 (0.7424)	-0.0004 (0.9227)	0.0007 (0.8447)	-0.0150 (0.5132)
λ_h	0.2498*** (0.0000)	0.2718*** (0.0000)	0.1759*** (0.0000)	0.6501*** (0.0001)
λ_s	-1.5642*** (0.0000)	-2.8921*** (0.0000)	-3.4082*** (0.0001)	-1.6982*** (0.0000)

表 6-35 离（在）岸利率均值溢出、波动溢出、非对称效应结果（加入 ADS 控制变量）

	1N	1W	2W	1M
$\alpha_{h1,1}$	0.0117 (0.7783)	0.1145*** (0.0054)	0.0843** (0.0396)	0.0527 (0.2022)
$\alpha_{h2,1}$	-0.0678 (0.6538)	0.0229 (0.7054)	0.0844* (0.0852)	0.0166 (0.7504)
$\alpha_{s1,1}$	-0.0089 (0.4300)	0.0063 (0.8186)	-0.0115 (0.7309)	0.0361 (0.2408)
$\alpha_{s2,1}$	0.2116*** (0.0000)	0.1503*** (0.0002)	0.2102*** (0.0000)	0.3034*** (0.0000)
$\beta_{h1,1}$	0.2647*** (0.0000)	0.3171*** (0.0000)	0.1894*** (0.0000)	0.3938*** (0.0000)
$\beta_{h2,1}$	0.0008 (0.9772)	-0.0560*** (0.0748)	0.0031 (0.9370)	0.0696*** (0.0221)
$\beta_{s1,1}$	0.0786** (0.0469)	-0.0840 (0.0645)	-0.0167 (0.5935)	-0.0880** (0.0202)
$\beta_{s2,1}$	0.3753*** (0.0000)	0.3854*** (0.0000)	0.3280*** (0.0000)	0.3295*** (0.0000)
$T_{h,k}$	0.4928*** (0.0032)	0.3095** (0.0054)	0.7214*** (0.0002)	0.3663*** (0.0000)
$T_{s,k}$	0.2689*** (0.0000)	0.4949*** (0.0000)	0.2755*** (0.0004)	0.3487*** (0.0000)
η_k	0.0099 (0.9408)	0.0188 (0.9887)	0.1199 (0.9130)	0.0044 (0.8858)
η_s	-0.0118 (0.7424)	0.6646 (0.4614)	0.5801 (0.5201)	-0.0150 (0.5132)
λ_h	-0.0198 (0.5452)	-0.1033* (0.0888)	0.6880*** (0.0000)	-0.1410** (0.0344)
λ_s	0.0179 (0.6777)	0.05448 (0.2383)	-0.9137*** (0.0000)	0.0887** (0.0164)

（三）结果分析

上述实证结果表明，在香港离岸人民币市场产生后，在岸市场与离岸市场的联动关系出现了新的变化。具体表现在：

（1）人民币离岸、在岸利率市场之间的报酬溢出效应比较弱，只有14天的在岸利率对离岸利率有约+0.08单位的报酬溢出效应；人民币离岸、在岸利率市场之间表现出一定的双向波动溢出效应，不同期限的利率具有不同的特征，在岸市场的溢出作用整体较强。这一结果说明，由于法律环境、监管条件和税收制度的不同，人民币离岸、在岸利率在报酬溢出方面保持着相对独立性，在波动溢出方面联动效应较强，且在岸市场处于信息溢出较强势的一方。一般而言，若资本管制有效，离岸、在岸市场保持相对独立，就会形成不同的利率和汇率。但规模较大的市场会通过套利、套汇资金消化规模较小的市场对自身的价格影响。一般而言，在岸市场规模往往大于离岸市场，从而保证其主导价格功能。相比汇率市场而言，利率市场方面在岸市场仍旧保持相对强势地位。但是随着离岸市场规模的逐步扩大以及资本管制的日趋放开，对于人民币利率、汇率等的定价权是否会旁落离岸市场要保持高度重视。如何有效利用离岸市场，同时规避离岸市场产生的风险已成为目前需重点研究的课题。

（2）人民币离岸、在岸利率均表现出显著的“放大利空，缩小利好”的非对称性，总体来看，离岸市场的非对称效应较大一些。随着近年来中国经济增长速度的放缓，以及负债高企、产能过剩和资本流出等问题仍然突出，人民币的升值周期已经结束，国际上也不乏做空人民币的势力。对于人民币利空的消息在离岸、在岸金融市场都会被放大，而人民币利好的消息只能抵消部分做空人民币资金的预期。由于人民币离岸市场的法律环境及监管条件更为宽松，是做空资金投机的主要场所，因此表现出更强的“放大利空，缩小利好”的非对称效应。

（3）不同的宏观经济变量对于人民币离岸和在岸利率有不同层次（报酬冲击和波动冲击）、不同程度和方向的冲击，其中美元指数和消费者信心指数的作用尤其值得关注。当前全球金融结构的最大变化是各经济体之间的关联性不断加强，溢出和溢回效应呈倍数增加（朱民，2016）。宏观经济变量的波动对于包括人民币离岸、在岸利率在内的金融变量已产生不同层次、程度和方向的影响。美元指数和消费者信心指数是对人民币离岸、在岸利率和汇率影响较为显著的两个变量。在美元加息且持续走强的大背景下，新兴市场经济体的公司债务情况正持续恶化，这将对全球经济产生重大影响。美元指数和消费者信心指数的重要影响反映美国作为最大经济体和最成熟金融体系对中国金融市场的溢出效应。

五、本章小结

在资本金融账户逐步放开、人民币利率逐步市场化以及宏观经济环境不确定性加剧的背景下，人民币利率和汇率在离岸、在岸市场的信息传递关系与受宏观经济变化的影响值得关注与探讨。本章实证考察了离岸人民币市场存款创造能力及其对货币供给量的影响，人民币离岸、在岸利率和汇率市场信息传递关系、相关关系的时变特征以及对宏观经济变化的反应。

上述研究结论对进一步推进资本金融账户开放，人民币利率市场化改革，继续保持人民币利率和汇率在合理、均衡水平上的基本稳定，以及监管、防范与管理利率和外汇市场风险具有重要意义。虽然人民币利率和汇率在在岸市场仍处于信息传递中心，监管部门仍应重视来自离岸市场和外部宏观环境的风险传递，不仅要充分关注其时变性和持续性特征，而且更应注意其非对称性及非对称类型，建立与完善风险评估与防范体系。具体有以下政策启示：

1. 汇率层面

①审慎对待人民币在岸与离岸市场的联动效应，对于来自离岸市场的报酬溢出和波动溢出效应大小设立阈值，避免其严重干扰在岸市场的汇率稳定。②对人民币汇率报酬冲击和波动冲击较大的宏观指标应纳入监管框架，建立安全预警机制，引导在岸与离岸金融机构稳健经营，防止汇率受到强烈的外生冲击而出现骤升骤降，保持汇率在一定区间内的稳定性。③稳妥推进人民币汇率市场化改革，进一步增强汇率弹性，充分发挥人民币指数的作用。④建立完善市场稳定机制，对离岸市场短期汇率的“放大利空，缩小利好”的杠杆效应密切关注，避免离岸市场汇率大幅度波动；同时配合以适当的货币

政策，防止人民币在岸汇率的波动类型向“放大利空，缩小利好”转化。

2. 利率层面

①加强 Shibor 作为基准利率建设，保持在岸利率在信息传递中的主导地位。②关注离岸人民币利率曲线，将离岸市场因素纳入货币政策制定框架内，建立完善的市场稳定机制，稳步推进利率市场化进程。③将对人民币离岸、在岸利率报酬冲击和波动冲击较大的宏观指标纳入监管框架，并根据其不同特点设置不同的指标，防止利率受到强烈的外生冲击而出现骤升骤降，保持利率在一定的区间内合理浮动。④对离岸、在岸市场利率的“放大利空，缩小利好”的杠杆效应密切关注，避免连续利空给市场带来大幅度波动。

第七章　国际经验比较

本章主要通过对美国、日本两个主要经济体离岸市场的发展状况、成长过程进行梳理，分析其离岸与在岸市场之间的联动特征，以及离岸市场对国内货币政策的影响。同时客观分析其他国家离岸市场发展中的宝贵经验和教训，以及对我国的启示。其中，美元离岸市场中主要分析最为典型的欧洲美元市场，可以说，美元离岸市场的发展对于美元成为国际货币，在国际中成为主导具有重要的支持作用。欧洲美元市场的发展对于美国的国内货币政策也产生了一定的倒逼作用。而日本离岸市场则导致了本土金融的空心化，日元在国际化过程中的经验教训也为我国推进离岸市场发展起到了重要的借鉴作用。

一、美元离岸市场：成就美元国际霸权

这里主要以欧洲美元市场为例进行综述，原因在于：欧洲美元市场是规模最大、最为典型的离岸市场①；与欧洲美元市场相比，其他货币在全球离岸市场所占比例很小。根据 Altman（1963）的统计，20 世纪 60 年代初，欧洲离岸市场上 85% 的外币存款为欧洲美元存款。Swoboda（1968）指出，美元在欧洲货币市场的主导地位可以归因于美元作为国际金融交易中最重要的媒介货币的角色所导致的货币偏好。

---

① 欧洲美元占全球美元的规模稳步上升，从 20 世纪 70 年代的不到十分之一，上升至高峰期（2007 年）的三分之一，2008 年国际金融危机后下降到四分之一，欧洲的资产负债保持大体平衡。

（一）美元离岸市场的发展状况

美元离岸市场可分为境外离岸市场（如欧洲美元市场）和境内离岸市场（IBF）。20 世纪 50 年代诞生的欧洲美元市场是离岸金融市场发展的革命性创新，它改变了国际金融市场的运作方式，也在很大程度上促使美元代替英镑成为世界上最重要的国际货币。

美元离岸市场遍布世界各地，时区无缝衔接，保证了以美元为中心的外汇交易 24 小时不间断：以东京、新加坡、中国香港为中心的亚洲美元市场覆盖了亚洲市场；以伦敦为中心的欧洲美元市场覆盖了欧洲大陆；以巴林为中心的中东市场覆盖了中东地区，连接了东方与西方；以英属维尔京群岛、开曼群岛、百慕大群岛、巴哈马群岛为中心的加勒比海地区也是开展离岸金融业务的热土。

20 世纪 60 年代末至 80 年代初是欧洲美元市场迅速发展的时期。图 7－1 反映了离岸美元存款规模的变化：1977 年规模只有 3076 亿美元，85% 的离岸美元集中在银行部门；2005 年之后开始加速增长，每年规模增加3000 亿～4000 亿美元，年均增速达 20%；2008 年达到最高峰的 96400 亿美元，之后略有回落；2013 年离岸美元市场规模为 78987 亿美元。此后，离岸美元市场规

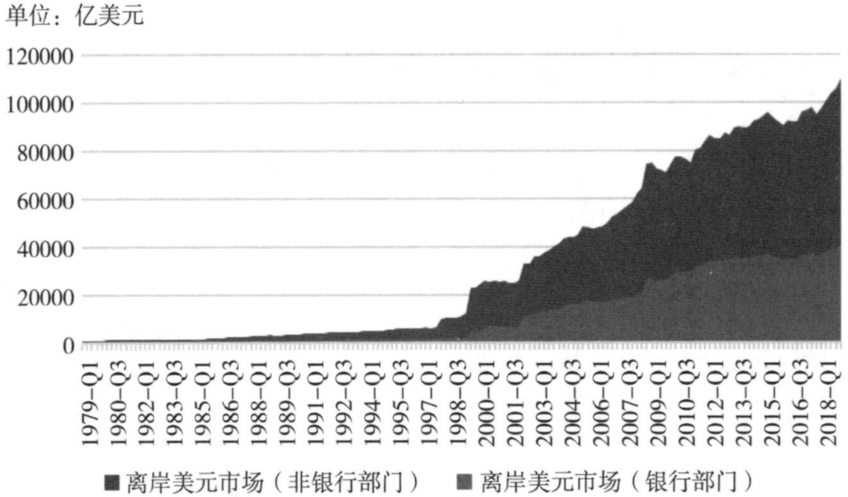

图 7－1　离岸美元存款规模

资料来源：BIS。

模在波动中持续上升，截至 2018 年第一季度，规模已经超过 110000 亿美元。

从图 7 –2 看出，1977—2013 年离岸美元存款规模以年均 10% 的速度增长，1984 年的增速达到 50% ，只有 1991—1993 年，2008—2012 年有所下跌。2013 年资金回流美元市场，离岸美元存款规模又有所回升，这种上升的趋势持续到了 2018 年。

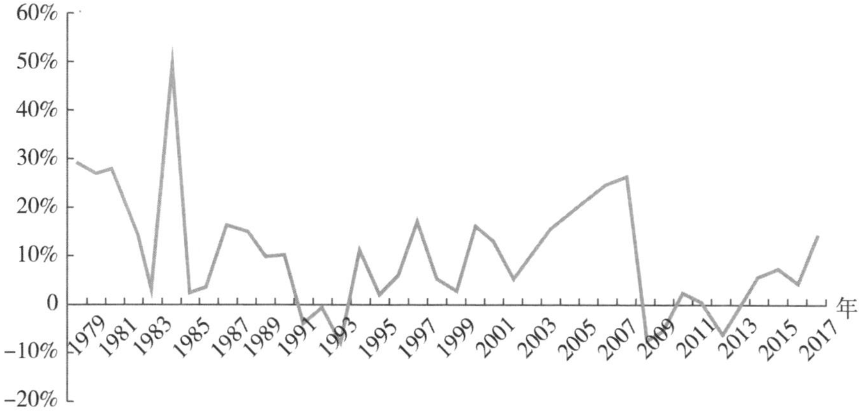

图 7 –2　离岸美元存款增速

资料来源：BIS。

图 7 –3 分析美国境内银行和境外银行对外负债规模的变化情况。1990 年之前，在所有银行部门对外负债结构里，美国境外银行的对外负债是美国境内银行的四倍。之后，两者都出现了快速增长。2008 年，美国境外银行的对外负债规模达到 96400 亿美元，相比之下，美国境内银行的对外负债只有 37119 亿美元。受 2008 年金融危机冲击的影响，两者规模均有所下滑。截至 2013 年 7 月，境外银行的对外负债规模达 78988 亿美元，占美元总体对外负债的 69% ，境内银行对外负债规模达 35770 亿美元，占总体的 31% 。可见，离岸金融市场在美元的国际交易中起主要作用。

据 Botta（2003）对离岸美元存款分布情况分析，2002 年美元在海外的存量达 4140 亿美元，流通中的美元达 6200 亿美元。图 7 –4 显示了 2002 年由美联储估计的美元在海外的存量分布情况。美元在海外存量主要集中在俄罗斯和其他独联体国家、亚洲地区、南美洲地区。

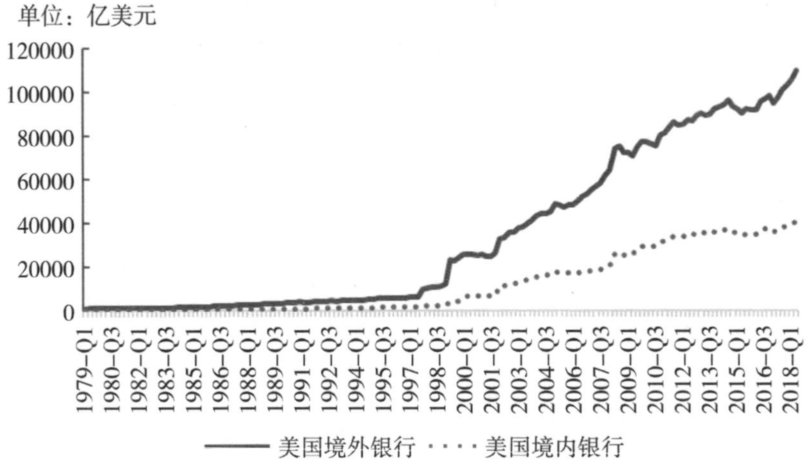

图 7－3　美国境内银行和境外银行对外负债规模

资料来源：BIS。

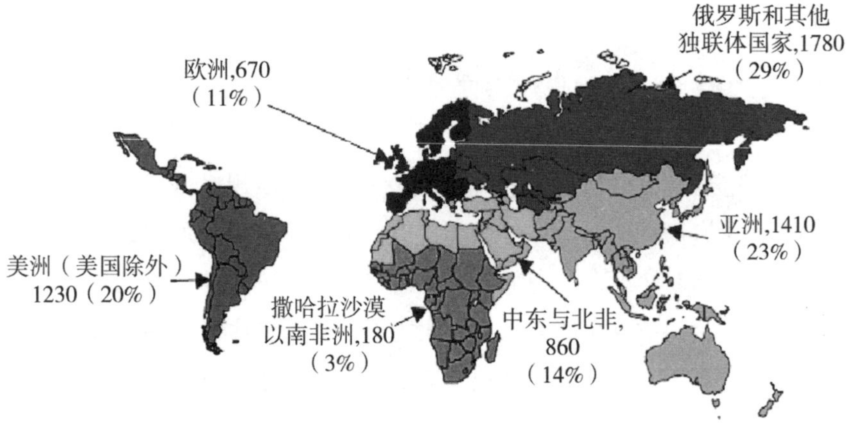

图 7－4　离岸美元存款分布情况

注：单位为亿美元，美联储 2002 年 5 月的估算。

资料来源：Botta（2003）。

（二）美元离岸市场的发展历程

20 世纪 20 年代初，欧洲美元市场开始萌芽，在宏观环境和微观利益共同驱动下，欧洲美元市场快速发展。其发展可以分为四个阶段：

1. 萌芽阶段（1914—1954 年）

19 世纪末期，美元还远未成为国际通用货币，其占世界贸易和官方外汇储备的比例都不及 30%。1914 年，美国从净债务国变成净债权国，而英国在这一年从净债权国变为净债务国（Chinn and Frankel，2007）。第一次世界大战爆发后，基于各国出口贸易的急剧膨胀，美元成为重要的国际货币，外国央行开始持有美元储备，美元在贸易和金融领域的使用量也开始增多。到了 1920 年，美国银行机构已在国外开设 181 家分支机构，地区分布主要在欧洲。“二战”前，美元存款规模虽然呈现一定的增长趋势，但是由于各国外汇管制的实施和 20 世纪 30 年代国际货币体系的崩溃，增长趋势一度受到遏制。1944 年，凭借“二战”后对盟国的影响力，美国在布雷顿森林体系会议上通过向各国施压建立起了新式金本位制。布雷顿森林体系不同于传统的金本位制，美元可以留在海外并成为外国央行的准备金。美联储可以向外任意输出美元，又不受黄金兑付的约束（罗斯巴德，2011）。因此，“二战”后重建阶段，资本一直都是从充裕的美国流向匮乏的欧洲，欧洲美元市场开始形成。

2. 初始阶段（1955—1962 年）

20 世纪 50 年代后期欧洲各国实现经常项目货币可兑换，促使各国贸易商更多地使用美元作为结算货币。在这一阶段，美元成为国际贸易中的主流货币，甚至苏联等东欧社会主义阵营国家也普遍使用美元作为主要贸易结算货币，因此美元的持有量大大增加。因为在朝鲜战争中美国政府曾冻结中国政府在海外的美元资产，苏联等国普遍担心美国会突然冻结其美元资产，于是以苏联为代表的东欧国家将其美元资产从美国陆续搬往伦敦和其他欧洲国家的金融中心。由于苏联银行在欧洲的电报地址是“Eurobank”，于是便有了欧洲美元的说法（凯西斯，2011）。1955 年，由于英国国内较高的通货膨胀率，英国政府开始实施较为紧缩的货币政策，利率大幅度上升。以米德兰银行（Midland Bank）为首的商业银行发现了在英镑与美元之间的套利机会①，

① 由于美国 Q 条例限制，美国的美元 90 天以内定期存款利率为 1%，英国银行吸收欧洲美元存款后，通过远期交易换成英镑投资国内银行间市场获得高收益（3% ~ 6%），到期后兑换成美元，获得无风险收益。

该行为一直持续到1964年。1957年，英国发生严重的国际收支赤字，英政府禁止使用英镑为第三国贸易进行融资，导致英镑危机爆发，英格兰银行大幅度提高利率至7%。英格兰银行开始实施外汇管制，禁止商业银行对非英镑区国家提供英镑信贷，于是商业银行转而从事欧洲美元的存贷业务。上述综合因素刺激了欧洲美元市场的初始发展，但其规模还不是很大。

3. 发展阶段（1963—1973年）

在这一阶段，欧洲美元市场的存款规模由1963年初的70亿美元上升到1973年末的1321亿美元，年复合增长率达134%。尽管美国出台了一系列限制美元外流的措施，但美国国际收支的长期逆差和欧洲美元市场的发展使得这些措施并未起效。由于欧洲银行的美元利率高于美国本土银行利率，利息平衡税（美国居民购买外国在美发行的证券，所得的利息要缴税）和国外直接投资规则（旨在控制本国金融机构对非居民的贷款）导致美元资本转而进入欧洲美元市场筹措资金，开展业务活动，促使了欧洲美元市场的发展。欧洲美元市场参与者的多元化以及产品的多样化也是推动欧洲美元市场发展的原因之一。例如，欧洲美元存贷款在利率结构和存款期限上更为灵活；1962年，欧洲美元可转让定期存单（CDs）开始发行。除了欧洲美元市场，其他欧洲货币业务也得到了长足发展，欧洲马克、欧洲英镑、欧洲法郎等离岸货币开始流行，形成了具有一定规模的欧洲货币市场。

4. 新阶段（1974年至今）

1971年布雷顿森林体系瓦解导致外汇买卖增加，美国出现持续的国际收支逆差、1973年大量石油输出国组织成员国石油美元的流入、欧洲美元市场中长期贷款的增多等因素都进一步推动了欧洲美元市场继续快速发展。20世纪70年代后，欧洲美元市场受美国本土货币政策的影响较大①。

除了欧洲离岸市场，1981年12月3日，美联储批准美国境内银行、储

① 由于美元在离岸市场的大量使用，美元价值也在下跌，直接的表现就是美元汇率的持续贬值。20世纪70年代以后美元贬值的主要阶段是：1977—1979年、1985—1988年、1993—1995年、2002—2004年。美元贬值使得美国与欧洲地区的贸易纷争增多，欧元在这种背景下产生，1979年欧洲货币单位（ECU）诞生，1999年欧元诞生（Chinn and Frankel，2007）。

蓄机构和国际条例公司建立国际银行业设施（即在其国内美元业务之外设立的服务设施）（International Banking Facility，简称 IBF），拟帮助美国银行减少国内存款准备金的负担和利率管制，成为“银行自贸区”（Free-trade Banking Zone），吸引欧洲美元回流美国本土（Key，1982）。IBF 的交易只限于吸收非居民的存款，或非居民及其他离岸金融机构贷款，不得接受美国居民存款或向美国居民贷款，不得向居民发行可转让定期存单，不得做银行承兑业务或其他可转让票据业务，从而避免与国内市场的渗透。由于 IBF 账户与国内账户完全分离，因此它所形成的是一种内外分离型的离岸业务模式。

IBF 的运行也体现出欧洲货币市场的特点与优势。一方面，欧洲货币业务发生于居民与非居民或非居民与非居民之间，业务经营自由，较少受有关国家当局金融法律的约束和限制，因而业务成本较低，交易者的税收负担也较轻。另一方面，离岸业务与传统国际金融业务可以相辅相成，相得益彰，由传统中心延伸出的离岸业务，能进一步提高金融市场的国际化程度和国际金融中心的地位。

（三）美元在离岸与在岸市场之间的流动

根据 He 和 McCauley（2013）的研究，从居民角度看美元在欧洲和本土之间的流动，欧洲美元离岸市场分为四种类型的流动：①纯离岸交易型，非居民在离岸市场借入和贷出欧洲美元，与居民没有关系；②纯往返交易型，居民将美元存在离岸银行，居民从离岸银行借款，完成一个交易循环；③国际借贷流出型，居民将美元存在离岸银行，非居民在离岸市场借入美元；④国际借贷流入型，非居民将美元存入离岸银行，居民从离岸市场借入欧洲美元。其中，纯离岸交易型最为普遍，这种交易类型在境外派生货币，不影响在岸的货币流动性。从 20 世纪 90 年代后期开始，纯往返交易类型开始增多，特别是欧洲银行向美国居民大量借贷，以及购买美国的私人资产支持证券 ABS。国际借贷流入、国际借贷流出类型的资本流动模式发展有限。

结合欧洲美元离岸市场对美国非银行部门的外汇头寸占欧洲美元的比重，也可将 20 世纪 70 年代以后的美国在岸与离岸之间的流动类型划为四个阶段。

1. 1975—1982 年

在这一阶段，以纯离岸交易型和国际借贷流出型为主，欧洲美元银行离岸市场对美国非银行部门的负债占其总负债的比重从 15% 增长到 45% 左右，同时资产比例在 10% 以下保持平稳。这说明美元在岸市场的美元不断流入离岸市场，美国的金融机构、企业越来越多地将资金通过贷款、投资形式输入到欧洲离岸市场，带动欧洲美元市场的规模不断扩大，但是离岸市场的美元并没有回流到在岸市场。

2. 1983—1992 年

在这一阶段，欧洲美元离岸市场主要表现为纯离岸交易型和国际借贷流入型，欧洲美元离岸市场的外汇头寸负债下降，资产上升。这说明越来越多的欧洲美元回流至美国在岸市场。

3. 1993—2008 年

在这一阶段，欧洲美元离岸市场主要表现为纯离岸交易型、纯往返交易型和国际借贷流入型，流入欧洲美元市场的美元资产和流出欧洲美元市场的美元资产都在上升，其中流出的资产规模更大。这是因为 20 世纪 90 年代开始，美国资产证券化、金融衍生工具蓬勃发展，欧洲离岸银行在离岸市场上筹集美元回流至在岸市场投资金融衍生产品以获得更高收益。欧洲美元市场对美国在岸市场的贷款余额一度高达欧洲美元市场总规模的 60%。

4. 2009 年至今

在这一时期，欧洲美元离岸市场主要为纯离岸交易型和国际借贷流出型，欧洲美元离岸市场的外汇头寸负债上升，资产下降，而 2012 年之后资产和负债都出现下降。这说明美国次贷危机后，出于避险需求，美元资本从在岸市场流入欧洲美元离岸市场，欧洲美元市场美元存款快速上升，贷款出现下降，到了 2012 年，受欧洲主权债务危机以及美国经济复苏影响，欧洲离岸市场的美元流动性又回归美国在岸市场。

（四）欧洲美元市场对美国货币政策的影响

从历史来看，欧洲美元市场的发展对美国的国内货币政策产生了一定的倒逼作用。例如：美国政府于 1963 年开始放松 Q 条例，后来又陆续解除了利息平衡税、自愿限制信用计划等资本管制政策；1986 年 4 月，存折储蓄账户的利率上限被取消，Q 条例被完全终结，美国利率自由化完全实现；由于 M2 与经济状况的相关性减弱，美联储于 20 世纪 90 年代初将货币政策调控目标由 M2 改为联邦资金同业隔夜拆借利率。总体来说，由于美元汇率和货币政策的灵活性，以及美国顺应来自欧洲美元市场的力量不断推动金融自由化改革，使得境内外市场之间的扭曲不断减少。欧洲美元市场没有对美国的货币政策和宏观稳定产生重大冲击。

但是学术界关于欧洲美元市场发展对货币政策影响的争论非常激烈，观点莫衷一是，主要围绕欧洲美元市场的发展是否会使得各国货币当局的宏观调控复杂化，以及欧洲美元市场所提供的稳定的融资来源是否会引起世界范围内的通货膨胀等问题展开。具体而言，关于欧洲美元市场发展对美国货币政策影响的研究可以粗略地分为三个方面：一是资金从美国境内转移至欧洲美元市场对美国货币政策的影响；二是欧洲美元市场存款创造对美国货币政策的影响；三是资金从欧洲美元市场回流美国境内对美国货币政策的影响。

1. 关于资金从美国境内转移至欧洲美元市场对美国货币政策的影响

最具代表性的是 Balbach 和 Resler（1980）的研究。该研究假设如下：①美联储不参与欧洲美元交易或不因为这些交易而转变其货币政策，即美联储以既定的常数速率提供基础货币；②美国境内的活期存款与其他银行负债（包括从欧洲美元银行的借款）的法定存款准备金率不同，前者较高；③欧洲美元银行将美元资金以在美国银行存放活期存款或借给美国银行的方式持有准备金。基于以上假设，该研究使用美国银行、欧洲美元银行和公众三部门的 T 账户考察了欧洲美元交易的四种不同情形对三种不同口径的狭义货币供应量的影响，特别是美元资金从美国境内转移至欧洲美元市场对使用不同口径的狭义货币供应量标准衡量的美国货币供给的影响程度，使用货币乘数模型分析商业银行和公众的资产组合选择如何影响国内货币供给，并进一步指出欧洲美元交易引起的境内外相对利率变动会导致欧洲美元存款相对于国内银行存款的偏好变化。但是，实证结果显示，即便考虑上述利率效应，欧洲美元交易对于美国货币供给的影响也很小。该研究基本结论包括：欧洲美元交易对货币供给的影响与货币供应量统计口径有关；欧洲美元流动会通过改变美国银行资产负债组合构成间接影响美国货币乘数和货币存量，产生上述影响的部分原因在于美国银行不同负债类型的存款准备金要求不同；欧洲美元市场并不会对美联储调控货币供给的能力构成严重威胁，美联储可以使用适当的公开市场操作抵消欧洲美元流动对货币供给的影响。

2. 关于欧洲美元市场存款创造对美国货币政策的影响

学术界关于欧洲美元市场规模增长对美国货币政策影响的担忧主要在于其可能削弱某些货币调控指标的有效性。Trestrail（1972）认为，欧洲美元市场的迅速发展使得现行的货币定义过时，不能够再作为预测工具和经济政策指标。他认为，货币供应量的变化成为有用的预测工具和经济政策指标的必要条件是，货币定义近似等于非银行公众持有的货币。而美国银行对境外银行和官方机构的活期存款负债（包括欧洲美元银行在美国银行的活期存款）并不影响美国非银行公众的支出行为，应从货币定义中剔除，剔除后的货币供给称为有效货币供给（Effective Money Supply）。他进一步指出，欧洲美元市场发展导致的货币定义失效进而影响了货币流通速度（Income Velocity of Money）指标的稳定性，从而无法运用货币供给准确预测经济增长。

Frydl（1982）也认为，欧洲美元市场的交易会使美联储货币政策复杂化。尽管大部分在境外持有的美元不计入美国的货币总量目标，但对美国国内银行的存款产生替代效应。欧洲美元存款的变化会导致美国货币总量的周转率发生不可预测的变化，从而可能降低现行定义的货币总量作为货币政策中间目标的可靠性和有效性。他指出，尽管目前由于欧洲美元市场规模相对较小，上述影响并不明显，但欧洲美元存款增长速度远超美国国内货币存量，因此未来可能成为货币调控的重要障碍。He 和 McCauley（2013）也认为，原则上，本国居民持有的离岸存款应纳入货币供应量，因为这类存款与在岸存款具有高度替代性，并建议将其计入 M2 或 M3。由此可见，诸多研究都认为欧洲美元市场规模的迅速增长确实影响了现行货币供应量定义的有效性，但对于如何修正货币定义，并没有形成一致意见。

3. 关于资金从欧洲美元市场回流美国境内对美国货币政策的影响

20 世纪 60 年代末，在美联储实施紧缩货币政策和规定存款利率上限的 Q 条例的双重压制下，美国银行存款证出现大量流失。为补充存款，许多美国银行转而让其境外分支机构以较高的利率在欧洲美元市场上吸收存款，再从分支机构以借款的方式将欧洲美元转移至境内，由此导致 1966—1969 年间欧洲美元借款规模迅速增长。欧洲美元资金以上述方式回流境内市场引发了学术界对美国货币政策有效性的担忧。

Klopstock（1968）从实务操作层面深入阐释了这一时期美国银行从其境

外分支机构借入欧洲美元的动因及具体途径；Black（1971）则从银行流动性管理的角度推导了欧洲美元借款的供给和需求函数，解释了欧洲美元供求规模与国内存款证规模、欧洲美元利率、联邦基金利率、美国国债利率、其他货币利率等因素的关系，并使用1966—1968年间的周度时间序列数据对上述因素的影响进行了实证检验。

这些研究普遍认为欧洲美元回流会增加美国货币调控的复杂性。如Brimmer（1969）指出，拥有境外分支机构的美国银行的确可能通过求助于欧洲美元而推迟或规避紧缩货币政策的影响，但这并不意味着美联储没有能力控制银行储备规模，反而其有能力随时抵消欧洲美元流入所导致的贷款和投资总量的任何扩张。但Brimmer也表示，欧洲美元的流入使得美联储可能需要施加更大的压力以实现既定的货币政策目标，且无法从欧洲美元市场获得资金的美国银行将承受不合理的政策压力，因为其他银行可以享有欧洲美元流入的缓冲效应。Gibson（1971）也针对“资金短缺的美国银行购买欧洲美元并转回境内发放贷款的行为降低了美联储货币调控的有效性”这一逻辑提出了类似的观点，认为欧洲美元市场发展及资金回流对美国国内货币总量的影响有限，且美联储能够迅速察觉并通过公开市场操作等方式抵消这方面的影响。但Gibson也强调，欧洲美元市场对美国货币调控最严重的威胁在于其可能引起美国货币存量与收入等其他变量的关系发生变化，欧洲美元存款的变动可能导致货币流通速度发生意料之外的波动，从而增加货币调控的难度。

（五）应对欧洲美元市场发展的政策措施

无论学术界的争论结果如何，欧洲美元市场的迅速发展还是引起了美国政策制定者对本国货币政策有效性的担忧。但学术界关于是否应采取应对措施以防止离岸市场发展对本国货币政策产生负面影响的争论一直没有平息。Frydl（1979）系统总结了关于如何应对欧洲美元市场迅速发展的四种代表性观点，如表7-1所示。

表7-1　如何应对欧洲美元市场迅速发展的代表性观点总结

观点	依据	措施
直接限制	欧洲美元市场不受国内管制，在全球范围内产生过量的信贷创造和过度竞争的贷款行为，对国际货币体系稳定性构成威胁	制定国际协调政策，并对欧洲美元银行资产负债表的结构和可发放的贷款类型施加限制
混合银行体系	欧洲美元市场不受国内管制，导致银行运作从国内市场向欧洲美元市场转移，形成混合银行体系，降低本国货币当局维持国内银行体系的独立性	对欧洲美元市场施加管制，同时消除国内银行市场管制，使得两类市场实践和动机趋同，具体路径的选择取决于国内银行监管法律和管理的可行性和兼容性
监管协调	欧洲美元市场运行基本良好，不需要系统性的管制，但该市场的治外法权性质需要有组织的监管协调框架	各国货币当局要持续密切合作以实现监管协调和信息共享
维持现状	欧洲美元市场证明了其高效运作能力及其作为国际贸易融资机制的不可或缺性。任何损害欧洲美元市场的尝试都将促使相关转移至更缺少系统性监管的非银行渠道	应维持现状。目前没有证据显示欧洲美元市场对本国货币调控造成困难，即使有进一步的证据证明这些问题，靠传统货币政策也足以解决

资料来源：Frydl（1979）对相关的论点和论据进行的系统性总结。

Frydl（1982）进一步深入阐述了美联储应对欧洲美元市场迅速发展的具体措施以及各种措施的利弊。一是在制定货币政策时将欧洲美元存款纳入考虑范围，包括正式途径和非正式途径：前者是指修改货币总量目标以包含某些类型的境外存款；后者是指研究欧洲美元市场行为并适时做出调整，如转变货币目标路径调整的速度或改变货币目标范围。上述途径的共同缺陷在于大部分数据无法及时获得。二是消除境内银行体系和欧洲美元市场的风险调整利差，改变境内外银行部门的相对风险。具体应对途径包括两个方面：一是本国当局的单边行动，包括：消除或进一步降低国内存款准备金要求；对国内银行的法定存款准备金支付利息；对本国银行境外分支机构的欧洲美元存款或本国银行从境外的欧洲美元借款征收法定存款准备金；对本国银行境外存款施加资本资产比率要求等。二是各国货币当局的联合或多边行动，包括：对所有欧洲美元存款统一征收存款准备金；央行的联合公开市场操作或协调央行放款；混合监管体系，即某些国家征收法定存款准备金，某些国家施加资本资产比率要求；提高欧洲美元市场的相对风险，从而使得对于任何给定的收益率利差，欧洲美元变得更没有吸引力；对欧洲美元贷款进行联合信息披露等。

二、日元离岸市场：导致本土金融空心化

日本与中国在发展离岸市场方面有很多相似之处，研究日元离岸市场于中国有着特殊的借鉴意义。日元的国际化启动早于其经常账户和资本账户可兑换。在经历了惨痛的1990年泡沫危机和随后延续至今的经济疲软之后，日元成为十大国际货币中的一员。但是就国际货币体系的层级结构看，日元国际化的实施效果没有达到日本当年设想的宏伟目标。专家学者给出的结论基本一致，即日元国际化是失败的国际化：日元至多是一种“载体货币”，用于国际金融市场中的套利交易。当前人民币国际化与日元国际化的历史背景类似，梳理日元离岸市场的发展历程和经验教训，可为人民币离岸市场的发展提供经验和借鉴。表7－2简单总结了欧洲日元市场发展历程中的主要措施。

表7－2　欧洲日元市场发展历程中的主要措施

1960年7月	允许非居民开设“自由日元账户”持有日元；增加日元为对外结算制定货币
1960年9月	规定携带日元现钞出境限额2万日元；后经数次调整，于1980年12月增至500万日元
1964年4月	实现经常项目自由兑换
1964年11月	全面解除对外国投资者购买政府短期证券的限制
1967年7月	放松对外国投资者购买股票的限制
1968年2月	对结汇（外汇兑换为日元）开始进行限制，后于1984年6月撤销限制规定
1970年12月	首次公开发行日元外债

（续表）

1971 年 8 月	对非居民“自由日元账户”实施存款余额限制，后于 1972 年 1 月取消
1972 年 2 月	对非居民“自由日元账户”存款增加额征收存款准备金，于 1974 年 9 月取消；1977 年 11 月再度实施该项规定，于 1979 年 2 月取消
1973 年 2 月	实行浮动汇率制
1977 年 5 月	对非居民首次发行欧洲日元债券
1979 年 12 月	修订《外汇法》，实现资本项目自由兑换
1983 年 10 月	明确提出推动日元计价的国际贸易和建立以日元为基础的金融市场环境
1984 年 4 月	取消对居民发行欧洲日元债券的限制
1984 年 5 月	发布《日元与美元委员会报告书》，提出：国内金融市场自由化、完善外国金融机构的市场准入、欧洲日元市场的自由化
1984 年 6 月	向居民提供短期欧洲日元贷款自由化
1984 年 12 月	解除对非居民发行欧洲日元债券的限制
1985 年 4 月	废除向居民欧洲日元债征收所得税
1985 年 11 月	居民首次发行欧洲日元债券
1986 年 4 月	放宽对非居民欧洲日元债券发行标准
1986 年 11 月	解除对非居民发行欧洲日元商业票据的限制
1986 年 12 月	创立东京离岸金融市场
1987 年 7 月	放宽居民欧洲日元债券发行标准
1987 年 11 月	开放非居民欧洲日元 CP（短期融资券）
1988 年 4 月	开放境外金融市场，取消外资流出限制，提高外资流入最高限额
1988 年 5 月	对非居民发行欧洲日元债券，实行自由化政策
1989 年 4 月	设立东京金融期货交易所
1989 年 6 月	以居民为对象的中长期欧洲日元贷款自由化
1989 年 7 月	进一步放宽对非居民发行欧洲日元债券的标准；开放非居民欧洲日元债券（未满 4 年的债券）
1993 年 7 月	废止非居民欧洲日元发行标准
1994 年 7 月	放宽日元外债的合格债券标准

（续表）

1995 年 4 月	简化非居民欧洲日元债券、非居民国内债券的手续
1995 年 8 月	撤销非居民欧洲日元债券流通限制
1996 年 1 月	废止非居民国内债券的合格债券标准
1996 年 4 月	简化居民欧洲日元债券的回流限制；废止欧洲日元 CP（短期融资券）的发行规则
1998 年 4 月	开始实行新的外汇法；废除居民欧洲日元债券的回流限制
1998 年 12 月	实行金融体制改革法
1999 年 4 月	开始发行市场公开招标的政府短期债券（FB）；免征满足一切条件政府短期债券、政府短期国债（TB）的所得税，外国法人原则上免税；对非居民满足一定条件后，免征利息所得税；废除有价证券交易税和交易所得税

资料来源：日本大藏省外汇审议会. 面向 21 世纪的日元国际化，1999 年。中条诚一，郑甘澍. 亚洲的日元国际化. 经济资料译丛，2002（2）：16－26。贾宁. 日元和马克的国际化比较及其启示. 中国货币市场，2010（1）：20－25。

（一）日元离岸市场的发展历程

日元离岸市场分为境外离岸市场（以下称为“欧洲日元市场”）和境内离岸市场（JOM 市场）。其中，欧洲日元市场形成于 20 世纪 70 年代，遍布伦敦、纽约、新加坡、中国香港等国际金融中心。欧洲日元存款规模从 1978 年的 80.82 亿美元，增加至 2007 年的 10075 亿美元，29 年规模增长约 124 倍。即使 1986 年日本设立 JOM 市场也没有影响到欧洲日元市场的发展，1987 年欧洲日元市场存款环比增长 67%。

欧洲日元市场之所以能够快速发展可归因于以下几个方面：①日元国际化战略的影响。20 世纪 70 年代，日本大藏省（财政部）和日本银行（央行）开始联合推进日元国际化进程，通过放开资本管制、减少汇率干预、推动欧洲日元市场自由化等措施推动日元国际化。之后，日本对外贸易中使用日元结算的比例逐步提高。1970 年日本出进口贸易中日元使用占比只有 0.9% 和 0.3%，1980 年达到 29.4% 和 2.4%，1990 年升至 37.5% 和 14.5%，1998 年达到36%和21.8%（Kamps，2006）。表7-3反映了日本对外贸易中主要结算货币的比重变化情况。②日本金融机构为了规避日本国内严格的金融监管，在海外开设分支机构经营欧洲日元业务，管制比较宽松，没有利息预扣税和法定存款准备金要求。③日本境内资本账户开放采取渐进对外开放的策略，前后耗时34年（见表7-4），促进了欧洲日元市场的发展，特别是刺激了非居民日元的回流。具体表现为：当经常账户顺差较大、外汇储备激增时，鼓励资本流出、加大对资本流入的控制；反之，采取相反措施鼓励资本流入。例如，1972年日本废除外汇集中制度，允许居民和非居民持有外币存款；1978年又对非居民日元账户计提100%的准备金；1973年石油危机中，日本取消对非居民购买日本证券的限制，对外国机构投资者开放债券回购市场；1973—1974年日元走弱时，日本政府鼓励资本流入，如放宽非居民购买日本股票、禁止外国债券在日本发行等，以阻止资本流出；1976—1978年日元走强时，又鼓励资本流出，如允许银行向海外放贷（凯西斯，2011）。

表7-3　日本对外贸易中主要结算货币的比重变化情况

（单位：%）

年份	贸易出口			贸易进口		
	美元	日元	欧元	美元	日元	欧元
1992	46.6	40.1		74.5	17	
1993	48.4	39.9		72.4	20.9	
1994	48.3	39.7		73.9	19.2	
1995	52	36.8		69.6	23.5	
1996	53.2	35.6		72.3	20.6	
1997	52.5	35.8		72.4	20.8	
1998	51.2	36		71.5	21.8	
2000	52.4	36.1	7.6	70.7	23.5	2.3
2001	52.8	34.9	8	70	23.4	3
2002	51.7	35.8	8.6	68.3	24.9	4.4
2003	48	38.4	9.6	68.7	24.6	4.5

资料来源：KAMPS A. The Euro as Invoicing Currency in International Trade (August 2006). ECB Working Paper No. 665. Available at SSRN: https://ssrn.com/abstract=926402.

表 7－4 日本在岸金融市场对外开放历程

资本项目严格管制阶段（1949—1963 年）	1949 年	12 月	颁布《外汇及对外贸易管理法》
	1950 年	6 月	实施外汇集中制
	1952 年	7 月	建立东京外汇市场
	1960 年	7 月	允许开设非居民日元自有账户
放松资本项目管制阶段（1964—1979 年）	1964 年	4 月	接受国际货币基金组织协定第八条规定的义务，实现经常项目可兑换
		4 月	放开对内直接投资，实施分类行业审批制
		7 月	对短期外债实施余额管理
	1970 年	9 月	放开 100 万日元以下对外直接投资（审批制）
	1971 年	7 月	取消信托公司和保险公司购买外国证券上限
		7 月	放开居民购买日资证券公司代售的外国证券（备案制）
		7 月	放开居民购买境外房地产（审批制）
		8 月	“尼克松冲击”
		8 月	限制单笔超过 1 万美元的出口预收款（审批制）
		12 月	固定日元：美元汇率为 308：1，对美元汇率浮动范围为 ± 2.5%
		12 月	取消短期外债的余额管理制
	1972 年	2 月	放开信托公司购买外国证券
		3 月	放开商业银行购买外国证券
		5 月	取消外汇集中制
		5 月	放开居民对非居民发放非营利性日元贷款
		6 月	放开对外直接投资，由审批制改为备案制
		6 月	限制单笔超过 5000 美元的出口预收款（审批制）
		6 月	对非居民日元账户要求提取准备金
	1973 年	2 月	建立汇率自由浮动机制

（续表）

放松资本项目管制阶段（1964—1979 年）		5 月	放开除农林水产业、矿业、石油、皮革、零售行业以外的对内直接投资
	1974 年	8 月	放开非居民购买短期债券
		9 月	取消非居民日元账户准备金要求
	1976 年	7 月	废除对外直接投资限额
		11 月	放松商业银行中长期对外日元贷款
	1977 年	6 月	取消商业银行短期贷款的限制
		6 月	对银行外币负债、居民外汇存款、非居民日元账户提出准备金要求
	1978 年	3 月	提高非居民日元账户准备金要求
		4 月	放开居民购买境外房地产（备案制）
	1979 年	1 月	放开非居民购买长期债券
		2 月	取消非居民日元账户准备金要求
		5 月	取消出口预收限制审批
		5 月	放开非居民债券回购
资本项目基本可兑换阶段（1980—1998 年）	1980 年	12 月	颁布新的《外汇及对外贸易管理法》，确立原则放松准则，实现资本项目基本可兑换
		12 月	放开居民通过指定证券公司购买外国证券（无须备案）
		12 月	放开居民购买境外房地产（无须备案）
		12 月	放开 300 万日元以下对外直接投资（无须备案）
		12 月	放宽对外借款（审查制改为备案制）
	1983 年	4 月	放开境外机构对非居民的短期日元贷款
	1984 年	4 月	放开居民海外日元贷款
		4 月	放开居民发行欧洲日元债券
		4 月	放开非居民购买境内日元证券

（续表）

资本项目基本可兑换阶段（1980—1998 年）		4 月	放开 1000 万日元以下居民购买外国证券（无须备案）
		7 月	放开非居民购买境内房地产
	1985 年	10 月	放开大额定期存款利率
	1986 年	12 月	建立日本离岸市场（JOM）
	1988 年	3 月	放开境外即期期权交易（OTC）
	1989 年	6 月	建立东京国际期货市场
		7 月	放开中长期欧洲日元贷款
		7 月	放开 3000 万日元以下对外直接投资（无须备案）
	1993 年	6 月	放开定期存款利率
	1994 年	10 月	放开活期存款利率
	1995 年	8 月	放开非居民发行日元债券
	1996 年	11 月	宣布“大爆炸”（Big Bang）金融市场改革
	1998 年	4 月	颁布新的《外汇及对外贸易管理法》，实现资本项目可兑换
资本项目可兑换阶段（1999 年至今）	1999 年	2 月	实施零利率政策
	2000 年	7 月	大藏省检查、监督、审批备案的职能移交金融厅
		8 月	取消零利率政策
	2001 年	3 月	实施量化宽松政策，再次实施零利率政策
	2006 年	3 月	取消量化宽松政策，取消零利率政策
	2008 年	4 月	实施提高日本国际金融中心地位的规划
	2012 年	12 月	实施“安倍经济学”量化宽松政策

资料来源：日本银行。

"二战"后日本政府一向有向美国学习的传统。虽曾有过激烈的争论①，1986年12月，东京离岸金融市场（Japan Offshore Market，JOM）正式成立。在JOM的政策框架下（见表7-5），离岸账户免征20%的利息预扣税，也无须缴纳存款准备金，利率可以自由浮动。随后JOM市场规模快速扩张，1988年，其市场规模仅次于伦敦欧洲日元市场，成为第二大离岸市场（其发展历程详见表7-6）。

表7-5　东京离岸市场建立初期的框架

市场要素		主要内容
1	交易币种	日元或主要可兑换货币
	交易参与者	外汇指定银行，包括本国银行124家，外国银行89家
	交易对象	（1）非居民，包括政府、国际机构、商业银行海外分行；（2）不包括日本企业海外分支机构、个人；（3）包括具有非居民身份的日本本地企业
	交易中介	8家指定外汇经纪人（公司）
	交易单位	10亿日元起，隔夜交易以50亿日元起
	交易时间	上午9点至下午7点，东京时间下午3点后伦敦市场开市
2	资金来源	（1）离岸拆借；（2）离岸存款，且满足以下条件：一是约定存款，除金融机构外的法人最短存款期限在2天以上；二是非约定存款，只限于金融机构、外国政府、国际机构，且不接受活期存款；三是最低存款金额要求，非金融机构的外国法人最低存款为1亿日元或等值可兑换货币
	资金用途	（1）离岸贷款；（2）离岸存款
	资金划转	离岸与在岸账户分离，原则上禁止两个账户之间的资金借贷；但在一定范围内允许资金划转，且限制当月从离岸账户转往在岸账户的净头寸

① 大藏省国际金融局官员认为设立东京离岸市场能将境外国际业务转移到境内，提高本国银行在国际金融领域的地位，同时该离岸账户能与在岸账户有效分离，隔绝风险。大藏省银行局和日本银行官员则担心东京离岸市场的设立会减少税收收入，加剧套利套汇活动，加大外汇市场和资本市场的波动，影响金融稳定。

（续表）

市场要素		主要内容
3	金融政策	不受利率、存款准备金政策限制；但从离岸账户调往在岸账户的资金仍需缴纳准备金
	税收政策	免除20%的利息预扣税，但不免除地方税

资料来源：根据连平（2002）等文献整理。

表7-6　日本JOM离岸市场的发展历程

年份	事件
1978	日本大藏省提出“让日元和马克一起发挥国际通货补充职能，正视日元国际化”
1980	日本颁布了新的《外汇及对外贸易管理法》，实现了资本项目的基本可兑换
1982	官方组织“东京离岸市场调查团”考察离岸金融中心，随后就是否设立东京离岸市场展开激烈讨论
1984	成立了“日元与美元委员会”，以金融自由化、日元国际化作为政策目标，提出设立东京离岸市场的构想
1985	日本央行汇率专门委员会的会议上成立了“东京国际化分会”，提出建设东京离岸日元市场
1986	正式开设东京离岸市场（简称JOM，即Japan Offshore Market）
1988	JOM市场规模达到4142亿美元，成为仅次于伦敦的第二大离岸市场
1989	简化手续、放松对JOM的管制
1994	解除了对远期利率协议交易的管制，使得日元离岸市场更加活跃
1996	东京“金融大爆炸”改革

资料来源：日本财务省。

JOM市场的发展状况可分为三个时期。

（1）快速发展期（1986—1995年）：在此期间，JOM的总资产规模从887亿美元发展到6677亿美元，平均年增速达25%，超过中国香港、新加坡等离岸金融业发达地区。起初日元资产占比并不高，但随着非居民日元的涌入，日元占比上升很快。截至1995年，日元资产占比从21%增加至68%，而外币资产占比从79%降至32%。

（2）衰退下滑期（1996—2006年）：在此期间，JOM总资产规模从1995

年的高位6677亿美元一路下滑至3865亿美元，资产规模减少42%。同时，日元资产占比也迅速下降至36%。

（3）恢复发展期（2007年至今）：2007年以后，受国际金融危机影响，大量资本回流日本本土避险，JOM资产规模开始恢复上升，2012年达到7380亿美元，日元资产占比恢复至JOM设立初期的水平。

但是，日元并没有成为预期的全球储备货币，1995年之后日元在国际储备货币中的地位持续走低。2012年，日元在全球官方储备中的占比只有4%，甚至比1995年低3个百分点，与美元和欧元相去甚远。日元国际化伴随着20世纪70年代日元退出固定汇率制度，以及带来的不断升值（见图7－5）而逐渐衰退。日元从1965年350日元/1美元断断续续用了30年时间升值到1995年的83日元/1美元。整体看来，日元实行浮动汇率制度是成功的，这与当时日本处于经济发展快速期以及出口导向型的经济体制有关，并且这种浮动范围是逐步有控制的放松，避免了大幅度日元升值损害出口企业盈利和投资（Eichengreen，2004）。但是，日元的持续升值以及相对应的货币政策使得名义利率接近于零，使得经济陷入流动性陷阱，工资增长也开始放缓。

图7－5　日元兑美元名义汇率走势

资料来源：IFS。

“日元持续升值症”使得贸易品价格下降以及资产泡沫产生，泡沫的破灭与持续升值交织在一起冲击了日本经济（麦金龙和大野健一，1999；麦金农，2005）。而在亚洲金融危机期间日本政府任日元贬值，严重损害了日元在亚洲地区的信誉，一定程度上导致日元国际化“半途而废”。

（二）日元离岸市场对日本在岸市场的影响

1. 日元离岸市场演变为日元资金迂回贷款的中转站

从20世纪90年代初“黑字还流计划”① 结束至亚洲金融危机爆发前期，日本套利模式盛行。伦敦和香港等离岸市场成为日元资金迂回贷款的中转站，大量富余资本从在岸市场流入离岸市场后又回流至在岸市场，成为“自己人玩自己钱”的再贷款游戏。

上述跨境资本流动趋势可以通过日本银行业对外资产负债情况得以体现。1980年，日本银行对外资产为653亿美元，对外负债为799.17亿美元，资产负债基本平衡。到了1986年，日本银行对外资产快速增长到3452亿美元，对外负债为3459亿美元，资产负债仍然平衡。但是，1990年之后，净资产出现上升趋势，1991年的对外资产为9419亿美元，对外负债达8371亿美元，净资产高达1048亿美元。之后，对外资产增速远超对外负债增速。同时，1990年之前，对外资产与对外负债高度协同，日元资金从日本的银行体系流出，流入离岸市场，再回流至在岸市场。

为了控制离岸市场对境内金融机构经营及宏观经济产生的风险，东京离岸市场借鉴了美国IBF的监管条例，设立诸多限制性条件控制风险。具体包括：①设立“特别国际金融账户”，严格分离离岸账户与在岸账户，在该账户内征收准备金。JOM成立初期“特别国际金融账户”的准备金率为25%，1991年调整为15%。对于离岸账户与国内普通账户之间的资金流出入实施日末和月末头寸限制，即每天离岸账户向国内普通账户转账不得超过上个月余

① 20世纪80~90年代，为了缓解日元升值压力，日本政府实施“黑字还流计划”（1986—1992年），将国内经常项目盈余累计的外汇储备和私人资本通过政府发展援助和商业贷款向离岸市场输出。该计划主要是对欧美地区的资本密集型和亚太地区的劳动密集型企业进行对外投资，以及依靠日本海外基金和进出口银行配合对外输出日元贷款。

额的10%，超出部分征缴利息预扣税。②禁止非居民个人交易，参与者必须是政府、国际组织、外汇银行等金融机构。1986年共有181家内外资银行批准从事离岸金融业务，到1994年扩展到213家，包括本国银行124家，外国银行89家。③收支范围限于非居民贷款以及金融机构存款，不能开展债券、外汇与期货业务。④设立存款的最低停留期，非金融机构外国法人定期存款期限要求是至少两天，外国政府及国际机构至少隔夜，活期存款只限于从金融机构、外国政府及国际机构吸收，交易方式为T+1。⑤没有法定存款准备金和利息税。此外，在JOM设立初期不能开展债券与期货业务。1989年4月，日本放松了对JOM的管制，主要手段是：①放宽JOM与在岸市场资金转移比例限制，转移上限为上月资产平均余额的10%。②简化确认非居民的手续文件。③简化资金交易的手续文件，如借款人为外国政府，投资计划书也可以作为确认文件。但是，JOM融资仍属于"窗口指导"之外的交易，依然是日本银行部门为规避监管开展"迂回交易"的重要场所。

2. 日元离岸市场与在岸市场无风险套利盛行

上述资金迂回也反映在两个市场利率的联动效应上。图7-6反映了东京银行拆放利率（TIBOR）与伦敦银行间拆放利率（LIBOR）联动关系。由于时差的原因，东京时间比伦敦时间早9个小时，在TIBOR与LIBOR利率公布时间之间的市场信息（如信用评级、股市波动等）会影响最新的利率。1986—1994年，欧洲日元LIBOR利率与在岸TIBOR利率联动性并不高，但在1994年日本在岸市场推动利率自由化之后，两个市场间利率联动性加强（冯永琦等，2014）。

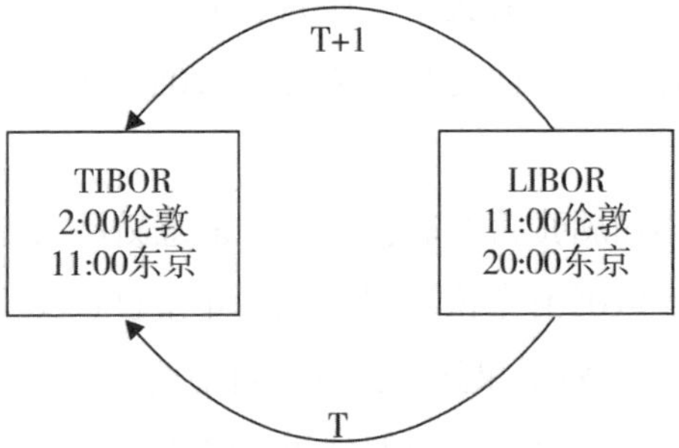

图7-6　东京银行拆放利率与伦敦银行间拆放利率联动关系

1999 年 3 月，日本央行将无担保隔夜拆借利率调至 0.03%，开始实施零利率和超宽松货币政策，日元和美元名义利差高达 2% ~2.5%，基本能实现无风险套利。因此，金融机构和日本本国居民普遍开始通过日元筹集资金，投资于名义利率相对较高的美元和欧元等离岸货币，甚至连家庭主妇都开始从事套利交易和有杠杆作用的外汇交易，这种情形被称为"渡边太太"现象（小林正宏和中林伸一，2013）。2007 年日元套利规模已达到 1 万亿美元。2008 年金融危机的爆发使得美元暴跌，正向日元套利巨亏，因此出现反向美元套利。2011 年欧债危机期间，日元 LIBOR 一度出现反常上涨，英国等国的金融监管部门认为这是由大型商业银行交易员在 LIBOR 和 TIBOR 利率之间疯狂套利造成的。

此外，虽然在此期间，日本的量化宽松政策和低利率政策刺激了经济复苏，但是大部分资金仍在金融体系中内部循环，对实体经济增长推动有限，并且有流动性外溢的迹象。相比 2012 年，2013 年日元对美元名义汇率贬值幅度达到 7.65%。

3. 日元离岸市场的发展带来银行债务结构不匹配问题

20 世纪 80 年代，日本从全球其他国家借入短期债务并发放长期债务，日本的资本流出主要投资在以外币计价的资产上，这表明长期利率差异是有利于非日元资产（美元资产）的，而且日本缺少长期金融债务产品。20 世纪 90 年代日本限制外币组合投资国内资产组合，造成流出与流入币种和结构的不匹配（Maziad and Kang，2012）。由于这种结构不匹配，日本的银行忙于境外资金的期限转换，而不是真正从事日元的贸易和投资业务。

（三）日元离岸市场发展的经验教训

日元国际化是日本全面金融开放的一部分。从主权货币变成国际货币本身不能判断其是否成功，毕竟货币国际化只是手段，不是目的。成功的货币国际化应促进实体经济发展（潘英丽，2012）。日元国际化只是形式的实施，没有惠及实体经济，没有为企业提供融资便利。从这个角度来说，日元国际化是不成功的。

国内外很多学者对货币国际化机制进行了经典的分析，主要从两个角度展开，即货币交易成本（Krugman，1980；Rey，2001）与货币交易网络

（Feige and Dean，2002；庞晓波和黄卫挺，2008；巴曙松，2011），其中一些也涉及二者关系。可将这两个角度归结为价值效应（价值尺度功能）与网络效应（网络外部性）。价值效应包括：①货币币值稳定，与黄金、国际大宗商品价格保持相对较窄的波动幅度；②具备投资价值，即能提供套利套汇的利益；③基于该国货币的交易制度创新能获得特殊便利。网络效应指，该货币在国际贸易投资中占大比重而形成的规模效应，能够大幅降低交易成本并依靠巨大的转换成本形成锁定效应。

在固定汇率的金本位时代，货币国际化的逻辑路径是借助黄金形成对价值效应的支撑，初步形成网络效应，进而形成国际化。在黄金非货币化的浮动汇率时代，美元通过对石油等大宗商品的“标而不定”，实现了从借助黄金的价值效应扩张向借助定价权的网络效应扩张的转换。但在布雷顿森林体系下，货币国际化的症结在于，黄金对美元价值效应的支持限制从内在逻辑上限制了美元网络效应的扩张。而日元国际化缺乏价值效应的形成机制是其不成功的主要原因。浮动汇率下的日元国际化是一个为获得价值效应而不断消耗自身的进程。

其一，由于日本推动日元贸易结算的努力早于其正式宣布日元国际化，日本国际贸易中出口采用日元的比率普遍高于进口，导致其境外贸易对手产生风险对冲管理以及套期保值需要，从而带动了日元国际借贷业务的发展以及日元外汇市场交易（包括衍生品交易）的发展。其直接后果是，大量的日元外汇交易及外汇衍生品交易并未发生在日本本土（见表 7－7），导致了日本金融市场的高度空心化。

表 7－7　日元金融市场占比情况

日平均交易（单位：百万美元）					
指标（年份）	全球交易量	日本交易量	境外交易量	本土占比	国际占比
日元外汇交易量					
1995 年	371375	130810	240565	35.22%	64.78%
1998 年	407194	124045	283149	30.46%	69.54%
2001 年	369567	109708	259859	29.69%	70.31%
2004 年	483695	139632	344063	28.87%	71.13%

（续表）

日平均交易（单位：百万美元）					
指标（年份）	全球交易量	日本交易量	境外交易量	本土占比	国际占比
日元外汇交易量					
2007 年	679775	169574	510201	24.95%	75.05%
2010 年	934464	248863	685601	26.63%	73.37%
日元外汇衍生品交易量					
1995 年	247972	93730	154242	37.80%	62.20%
1998 年	270372	77040	193332	28.49%	71.51%
2001 年	265701	85529	180172	32.19%	67.81%
2004 年	365265	110397	254868	30.22%	69.78%
2007 年	475966	104096	371870	21.87%	78.13%
2010 年	—	—	—	—	—
单一货币利率衍生品交易量					
1995 年	53937	22809	31128	42.29%	57.71%
1998 年	36695	25659	11036	69.93%	30.07%
2001 年	38318	12600	25718	32.88%	67.12%
2004 年	60630	26630	34000	43.92%	56.08%
2007 年	179052	68368	110684	38.18%	61.82%
2010 年	199156	86352	112804	43.36%	56.64%

资料来源：日本财务省。

其二，由于国际货币清算规律的作用，欧洲日元市场在没有任何管制的环境下得到了极大的发展机会（日本方面设置的对欧洲日元的管制只能作用于日本居民或其居民的海外机构，但无法作用于境外的主体，从而导致境内外主体的需求一致流向欧洲日元市场）。尽管实施了严格的监管制度，仍然无法阻隔境外的欧洲日元市场与国内市场间的资金交易，欧洲日元市场长期成为日元资金迂回贷款的中转站。JOM 市场的设立虽然将部分的欧洲日元市场交易拉回到日本本土，但也存在诸多问题。①由于实行严格的隔离制度，其资产供给显著不足，切断了对流向海外的日元的资产支持，导致境外日元没有很好的投资渠道而不能成为好的资产货币。②资产种类以贷款为主，大量的交易仍然集中在套利交易上（这与日元的长期低利率有关）。③同期日本境内金融市场的过度管制加大了日元本土的筹资成本，进一步加剧了对欧洲日元市场的融资需求，形成了恶性循环。

其三，在日元大幅升值的背景下，日本在国内金融改革尚未展开就急忙开放资本项目，并且没有对银行采取审慎管理措施来区分离岸市场和在岸市场，导致了大量外币资金进入日本套利，加剧了20世纪80年代末形成的资产泡沫（地产和股票市场泡沫）。虽然离岸市场本身并不是泡沫的主要成因，但外汇管制的放开却给国际投机者开辟了一条通向国内资本市场投机的道路，而JOM资金通过海外分行绕道回国更是大幅降低了该道路的成本。

三、本章小结

本章主要通过梳理美国、日本两个主要经济体离岸市场的发展经验，总结和归纳了适用于我国发展离岸人民币市场的启示。具体总结如下：①国家经济发展是前提，一国经济强大决定货币的国际化，而货币的国际化并不能保证经济的强大。②离岸货币市场的健康发展必须满足一系列条件，其中政策支持只能起辅助作用，而在岸金融市场的深化程度才是决定离岸市场发展的基础。③尽管我国发展人民币离岸市场有利于推动人民币国际化，但是对正常的市场套利行为也要有容忍度，以使得资本的流动有利于离岸市场发展。④要合理选择离岸金融市场运行模式，对离岸账户与在岸账户之间的渗透要有所监测和管控。⑤当前我国的金融体系对外开放程度较低，需要在利率、汇率市场化和金融机构建设上实现突破，防止低效的金融市场严重扭曲在岸市场和离岸市场的要素价格。

第八章　结论及政策建议

一、主要结论

作为中国对外经济与金融开放的一个重要组成部分，人民币国际化已经历了整整十年的发展，其中，既有快速扩张的时期，也有相对平稳的发展阶段。从长远看，人民币可以成为主要的国际货币并且值得期待，但这个过程将面临波折和挑战。

影响一种主权货币国际化的因素大致包括三类，即规模（Size）、流动性（Liquidity）和可信度（Reliability）。具体来讲，第一，经济规模应该足够大，包括经济总量、对外贸易规模和金融市场规模等均处于全球前列；第二，金融市场足够成熟并且具有高度流动性，这意味着金融市场有着完备的基础设施、丰富的金融市场工具以及基本开放的资本账户；第三，经济、金融和货币具有可信度，这意味着能够保持良好的经济增长趋势、稳定的货币价值（尤其是对外货币汇率）、独立的中央银行体系、稳健的金融监管体系以及良好的法制和税收环境等。过去十年人民币国际化所经历的成长和波动，完全可以用上述分析框架来进行解释。

人民币国际化是一个市场驱动的过程。政府的作用是创造各种基础性条件，而不是刻意去推动。具体而言，政府应做到：第一，积极推进市场化的经济改革，为经济增长提供新动力，从而为人民币国际化提供根本保障；第二，加快技术进步和制造业升级，构建新的贸易优势，为人民币长期稳定创造条件；第三，加快金融改革，建立市场化的现代金融体系（特别是加快国债市场建设和人民币汇率制度改革）；第四，积极推动国际经济和金融合作。

我国现阶段还不具备完全开放资本账户的条件，因此，在未来一个时期人民币国际化可能仍将主要通过离岸金融市场来逐渐获得推进。只有当国内金融体制的市场化改革基本实现，人民币汇率制度真正实现了有管理的浮动汇率制度，有效的金融监管体系基本建立和完善，我国的资本账户才能全面开放。也只有到那个时候，人民币国际化才能主要通过在岸金融市场来实现。

离岸人民币对境内货币供给量具有一定的影响。如果离岸人民币通过境外市场非法回流使银行对央行资金供给倚重下降，那将导致国内货币政策传导效率下降。当资产泡沫出现后，会使货币增速控制措施失灵，清算行结算模式下会引起基础货币与货币供给的变动。这部分人民币跨境流通应受到中央银行的特别关注和监控。离岸人民币对境内基础货币增长的影响是间接的，人民币跨境流通对国内货币调控的影响程度取决于中央银行对境内商业银行流动性的调控与中央银行的货币市场参与行为。

离岸人民币汇率对在岸人民币汇率存在比较明显的影响。香港离岸人民币即期外汇市场虽起步较晚，但其价格引导能力却高于境内外汇市场。香港离岸人民币市场在报酬溢出和波动溢出两个信息传递效应中均处于主导地位：香港离岸人民币即期汇率与在岸人民币即期汇率间存在显著的双向波动溢出效应，信息流从境外市场向香港离岸人民币即期外汇市场传递，再从香港离岸人民币即期外汇市场向境内人民币远期外汇市场传递。境内外四个市场人民币汇率之间存在明显的联通机制。人民币离岸和在岸汇率均表现出一定的非对称性，但这种非对称性非常不稳定。不同的宏观经济变量对人民币离岸和在岸汇率有不同层次（报酬冲击和波动冲击）、不同程度和方向的冲击，其中美元指数和消费者信心指数的作用尤其值得关注。人民币离岸和在岸汇率的动态相关系数表现出一定的规律性，系数突变点值得关注，动态相关系数的大小与离岸和在岸汇差具有因果关系。

离岸人民币与在岸人民币之间存在利率联动关系。在均值溢出效应方面，离岸、在岸货币市场利率之间存在显著的双向波动溢出效应，其中离岸利率对在岸利率的波动溢出全面且显著，离岸利率较在岸利率有较为明显的优势。不同期限的利率具有不同的特征，短期内离岸人民币货币市场利率波动会弱化在岸人民币货币市场利率波动，但长期来看离岸人民币货币市场利率变化加剧了在岸人民币货币市场利率的波动，二者之间的动态相关性存在较大的不稳定性。人民币离岸和在岸利率均表现出显著的“放大利空、缩小利好”的非对称性，总体来看，离岸市场的非对称效应较大一些。不同的宏观经济变量对人民币离岸和在岸利率有不同层次（均值冲击和波动冲击）、不同程度和方向的冲击，其中美元指数和消费者信心指数的作用尤其值得关注。人民币离岸和在岸利率的动态相关性小于离岸和在岸汇率联动效果，且动态相关系数整体上呈现下降的趋势。

上述结论表明，离岸人民币市场的发展，通过对境内货币供给量、利率和汇率等的影响，造成了我国货币政策的决策和执行难度加大。由于目前的市场摩擦和投资限制等因素在一定程度上制约了人民币市场的完全性和价格发现功能，而交易成本和投资限制则会降低香港离岸人民币市场和境内市场之间的联系程度，但随着离岸人民币市场的进一步发展，这种联系会越来越密切。

二、政策建议

在未来20年，中国经济将进一步融入世界经济。在此过程中，汇率在中国货币政策中的作用将是未来中国货币政策框架演变的核心问题。随着离岸人民币汇率灵活性的增强，汇率作为货币政策名义锚所发挥的作用将会逐渐下降，而作为隔绝外部冲击缓冲器和货币政策工具的作用将会相应增强。此外，随着转型期国际国内因素的变化，离岸市场对货币政策的影响因素也会发生变化。因此，如何在这种复杂多变的形势下较好地发挥离岸人民币市场的作用，优化其与货币政策协调配合的效应，是未来一段时间宏观经济政策面临的重要挑战。

从主要国际货币发展史来看，无论是美元还是日元，几乎每一种国际货币的形成和发展都离不开离岸金融市场的支持。美元确立为国际货币的地位与欧洲美元市场的形成和发展密切相关，而欧洲日元市场的放开和东京离岸市场的建立是日元国际化的关键步骤。当前，人民币国际化正在稳步推进，人民币已经在我国对外经贸往来中充当计价单位和交易媒介等国际货币的职能。加快人民币离岸市场发展，以及推进人民币离岸市场和在岸市场更好地联动，将有力地推进人民币国际化进程。

同时要看到，发展人民币离岸市场也是一把“双刃剑”，一方面会有利于扩大人民币的供给渠道，满足境外人民币投融资需求，推动国内利率汇率市场化和人民币资本项目可兑换等重大改革；另一方面也会产生加大跨境资金流动的波动性、增加货币政策执行难度、放大外部经济冲击等不利影响。国际经验也表明，任何一种货币的国际化都不是一个简单顺利的过程，期间都会伴随复杂的经济、金融乃至政治问题。因此，要更好地享受人民币离岸市场带来的收益，合理控制风险，就必须站在全局的高度和全球的视角，积极推进相关体制和机制改革，夯实人民币离岸市场长期健康发展的经济和金融基础，实现市场力量和政府推动的有机结合，更好地推进人民币国际化。

（一）综合运用货币政策工具组合，健全宏观审慎政策框架

离岸人民币市场发展对我国货币政策提出了更高要求，必须加大货币政策贯彻执行力度，充分发挥货币政策调控金融与经济的作用。

具体应包括：①应当逐步建立离岸、在岸人民币和境内外汇总量为中国货币供应量统计口径的体系。同时，要积极关注离岸人民币及其相关市场发展对我国境内货币供给量的影响。②我国中央银行应运用货币数量与货币价格等货币政策工具，调整人民币现钞发行及回笼计划、外汇储备的流动性安排，把好流动性总闸门，引导货币信贷及社会融资规模平稳适度增长。③进一步提高中央银行市场利率引导和调控水平，强化价格型调控机制，调整目前以货币供给量为中间目标的政策调控框架。政策手段由货币供给量、存款准备金率等数量型工具向利率、汇率等价格型工具转变。④继续根据国际收支和流动性供需形势，逐步促进我国货币政策的及时反馈和市场化，提升货币政策工具使用效率。⑤视情况所需，合理运用公开市场操作、存款准备金率、再贷款、再贴现及其他创新流动性管理工具组合，保持银行体系流动性合理适度，引导市场利率平稳运行。⑥我国中央银行应引导金融机构增强风险定价能力，加强金融机构定价机制建设，推动金融市场发展及产品创新。

（二）加快推进人民币利率和汇率市场化改革，缩小在离岸市场间人民币资产价格差异

我国境内相对严格的金融监管与香港离岸人民币金融市场上自由宽松的环境之间的差异导致了两个市场上资产价格和收益之间的差异。境内市场和离岸市场人民币价格和收益的差距是通过香港离岸人民币金融市场投机套利活动和短期跨境资本流动，进而冲击内地货币政策的主要诱因。在境内市场上，由于相对严格的金融管制政策，人民币汇率不能完全反应市场供求状况；而在离岸金融市场上，在相对自由宽松的政策环境条件下，市场化程度高、人民币汇率的市场反应能力相对较强，但同时也易受境内即期汇率的影响，从而释放并不准确的信号，出现套利机会、引发短期资本流动，加大了金融市场的不稳定性和波动性。虽然此种差异在短期之内是不可能完全消除的，但仍然可以通过一系列方式来减小价差。如继续深入进行我国境内市场金融体制改革，逐步放松金融管制，推动利率市场化和形成更富有弹性的汇率机制，使利率和汇率能够客观、准确、及时地反映人民币的市场供求状况，有利于投资者做出正确的市场判断，引导资金的合理流动，减少投机套利活动、市场的波动性对境内金融政策的冲击。

1. 利率市场化改革方面，需进一步完善利率的形成与调控机制

无法实现利率完全市场化使得我国金融资产价格无法被准确估计。与国际其他成熟金融市场相比，虽然从规模来看，我国已经处于领先的位置，但是金融政策的不完善使得收益率曲线缺乏合理性。因此，加快推进利率市场化改革步伐，加快建立和完善货币市场基准利率体系，优化市场化利率传导渠道，实现货币政策调控方式由数量型间接调控向价格型间接调控转变，防止出现由利差引起的离岸与在岸市场的套利投机活动，应是我国中央银行未来工作目标之一。

在岸市场处于金融改革的中间步骤，应当本着审慎的原则。在岸市场与离岸市场间可能由于贸然开放的资本项目而产生大范围的跨境资本流动。美元、日元离岸市场的发展经验都说明，在岸金融市场的稳定和利率水平对货币国际化、离岸市场利率波动有着决定性影响，货币当局对本币的利率也要保持一定控制力。自 1993 年党的十四届三中全会提出利率市场化改革的基本

设想以来，我国利率市场化改革取得了重大进展。目前，我国所有的利率都基本实现了市场化，以上海银行间同业拆放利率（Shibor）为代表的短期基准利率和以国债收益率为代表的中长期基准利率体系日趋完善，中央银行运用货币政策工具引导市场利率的能力不断提高。

从我国经济发展和金融改革的大局出发，在坚持渐进式改革模式的框架下，我国利率市场化改革在下一阶段的工作重点应包括以下几方面的工作：①加强利率市场化的总体设计，鼓励金融制度创新，重点解决金融发展中的体制性障碍和深层次矛盾，全面推进利率市场化与经济社会的协调发展。②央行需同有关部门进一步培育和完善存款利率市场化所需要的各项基础条件，应确保金融机构定价的合理性、设定市场化的利率定价参照、尽快建立存款保险制度和风险型金融机构的市场退出机制等配套制度体系，为推进利率市场化创造条件。③建立健全市场基准利率体系，寻找到存款利率市场定价的参照和贷款利率的定价参照，引导金融机构提高风险定价能力。目前Shibor已成为企业债券、衍生品等金融产品和服务定价的重要基准，可以预计未来将进一步扩张到信贷市场等其他金融市场。因此，应以加快培育和完善Shibor为突破口，建立以Shibor为核心的货币市场基准利率体系，使之成为货币市场、票据市场、债券市场以及金融衍生产品市场的定价基准；逐步推进中国金融机构定价机制建设，建立健全市场化产品定价机制、贷款定价管理机制、内部转移定价管理机制，依托支持利率定价机制建设的管理信息系统，不断提高金融机构风险定价水平。同时，完善Shibor形成机制，放宽市场准入标准，增加市场报价主体，增强Shibor报价的代表性。建立和完善Shibor报价行的进入与退出机制。④加强对金融机构的指导力度，提高金融机构风险定价能力和水平。经过多年的努力，目前我国银行业金融机构已经基本建立起根据借款人信用、项目风险和贷款成本等因素差别定价的利率管理制度，有条件的商业银行还加强了利率定价系统和内部转移定价体系的建设。下一阶段，一方面要进一步完善金融机构公司治理结构，强化内部控制和风险管理体系，切实把提高利率定价能力作为商业银行经营业务发展的战略重点和核心竞争力；另一方面，中央银行和金融监管当局继续引导金融机构改变过去以基准利率为基础的加成利率定价方法，优化和完善内部定价体系和定价模型，督促商业银行建立集中统一的利率数据采集、分析系统，推动金融机构建设覆盖全机构的利率风险计量与控制系统。⑤通过央行的利率政策指导体系引导和调控市场利率。对于短期利率，中国人民银行可通过加强运用短期回购利率和常备借贷便利（SLF）利率，以培育和引导短期市场利率的形成。对于中长期利率，中国人民银行可通过发挥再贷款、中期借贷便利（MLF）、抵押补充贷款（PSL）等工具对中长期流动性的调节作用以及中期政策利率的功能，引导和稳定中长期市场利率。⑥鼓励商业银行金融创新，大力发展中间业务，减少利差依赖，逐步实施以非息收入为导向的综合化、差异化经营战略，通过资产结构和收入结构的转型，来应对利率市场化带来的影响。⑦坚持大力发展债务工具及债务工具利率市场化促进存贷款利率市场化，快速发展境内债券市场。债券市场的发展会降低企业对银行的依赖，其与银行形成间接融资市场竞争，使中国金融风险得以有效分散，逐渐实现完全的利率市场化。

2. 汇率改革方面，需推动在岸外汇市场发展

各国离岸市场发展经验表明，离岸市场发展不可能与在岸市场的发展分割，两个市场应该保持一致发展，才能增强在岸的金融稳定以及离岸的市场发展。从目前来看，在岸人民币市场，无论是产品和市场深度都远低于离岸市场。在岸市场与离岸市场间的汇率制度不同使得套利资金发生流动。在岸市场方面，我国实行有管制的浮动汇率制度，而离岸市场中的汇率已经完全市场化。大规模的资金套利行为会严重冲击我国的货币政策。在推进人民币国际化的进程中，汇率波幅的逐步扩大乃至最终实现退出钉住美元的汇率制度是非常有必要的。此外，人民币境外需求的规模扩大在很大程度上受到人民币汇率制度的制约。缺乏弹性的汇率制度不仅影响着中国资本账户的开放进度，而且也是阻碍人民币国际化进程的一大隐患。

因此央行有必要进一步加快汇率市场化改革步伐，着力于价格形成机制，强调市场力量的稳步培育与均衡发展，逐步抑制或减少非市场因素对汇率形成的影响。具体可采取以下措施：①进一步增强汇率弹性，扩大人民币汇率浮动区间，增强人民币汇率双向波动的弹性，更好地发挥市场供求关系在汇率决定中的作用，反映市场异质性预期。人民币汇率弹性的提高，将有利于减少投资者单边升值预期、增加私人主体持有外币的动力，培育多元化的交易主体，也有利于保持国内货币政策的独立性，减缓国际利率走高对境内流

动性的紧缩效应。②可建立人民币有效汇率指数并尝试定期公布，逐渐把有效汇率水平作为人民币汇率水平的参照系和调控的参考，维持人民币名义有效汇率的稳定，在考虑人民币货币篮子的币种选择和权重方面，不仅应把主要贸易伙伴国的货币纳入货币篮子，还应把主要资本交易货币也纳入货币篮子。货币篮子的币种及权重应该根据经济发展和对外贸易、投资结构的变化而及时做出动态调整，有意识地增加币值相对坚挺、政治经济形势较稳定的国家的货币权重。同时，央行也应该进一步增加货币篮子的透明度，用以指导市场对人民币汇率走势的预期，完善人民币汇率形成机制。③适度降低市场准入门槛，允许符合条件的非银行金融机构、非金融企业以及个人进入银行间外汇市场。完善银行间外汇市场做市商制度，提高市场流动性。积极培育外汇经纪人，降低交易成本。④进一步丰富外汇市场交易品种和交易方式，适时推出外汇期货和外汇期权产品，完善交易制度，为经济主体提供更多避险工具。

（三）扩大离岸市场与在岸市场的内外循环

1. 扩大离岸市场人民币供给，进一步发展离岸人民币债券市场，有序放开境内银行间债券和股票市场

扩大离岸市场的人民币供给是人民币离岸市场发展的基础。《金融业发展和改革“十二五”规划》明确提出了“支持香港发展成为离岸人民币业务中心和国际资产管理中心。巩固和提升香港国际金融中心地位”。提升香港离岸人民币市场的广度和深度，只有在人民币产品和规模达到一定程度后，金融机构才会有动力开发和拓展人民币产品。扩大离岸市场人民币资金池，加强以人民币为计价货币的对外贸易、直接投资和贷款，进一步加大金融机构“走出去”的支持力度，鼓励其加快海外布局，提升对全球客户的人民币综合金融服务能力。鼓励在岸企业在离岸市场发行以人民币计价的股票和基金产品。

境外人民币债券市场是企业和机构获得人民币资金的重要融资方式，同时还为境外沉积的人民币资金提供了具有稳定回报的投资渠道。其在丰富境外人民币投资渠道的同时，对我国境内金融市场的冲击并不会太大。一方面，应扩大离岸人民币债券市场上发行体的准入范围。事实上，目前在人民币债

券市场上成功发债的主体，主要还是政府、国际性机构，以及资金雄厚的境内外大型企业和发达金融机构。另一方面，应扩大离岸人民币市场的债券发行规模，为目前流动性、活跃度尚低的人民币债券市场注入新的活力，也为日后境内外人民币债券市场间的良性互动提前打下基础，降低波动性和风险。

随着跨境贸易结算中人民币的占比和规模逐渐增大，对我国加快放开资本项下管制提出了新的要求。作为跨境贸易人民币结算的配套措施，可以有选择地开放境内银行间债券市场，从而建立离岸人民币回流的重要途径。还可适当放开境外金融机构、国际机构等在我国内地发行“熊猫债券”，使得境外机构可以直接从内地投资者手中融得人民币资金。一方面，境内银行间债券市场的规模和活跃度都已具备一定基础，投资回报率较好，对于境外人民币资金具有较强的吸引力，因而可作为向香港离岸人民币资金放开的理想选择。另一方面，债券市场相比于股票市场波动性、投机性相对较小，因此可选择银行间债券市场先行先试。

此外，向香港离岸人民币市场放开境内股票市场，也是建立人民币回流机制的重要手段。然而，有别于风险、波动性较低的债券市场，股票市场的开放必须首先考虑到国内市场的风险承受能力，因而股票市场的开放必须渐进有序。

2. 加大离岸人民币业务创新力度，加快市场产品创新，鼓励服务实体经济的金融创新

我国的商业银行由于成立时间较短、境内市场环境不完善等，普遍存在国际业务品种单一、国际化程度较低的问题，其在国际业务中的服务能力远远达不到国际先进水平，明显落后于国际发达同业。此外，对于我国银行业而言，离岸人民币业务毕竟是一项新型业务。党的十八届三中全会通过的《中共中央关于全面深化改革若干重大问题的决定》，提出鼓励金融创新，丰富金融市场层次和产品。金融创新要为实体经济服务，没有创新，金融就失去了活力。因此，在人民币离岸市场的发展中，境内银行就可以利用这一难得的历史机遇和缓冲时期，在与境外同业的合作中学习和提高自身在融资、理财等相关国际业务上的服务水平，尽快推出新业务、新产品，即通过业务创新来吸引境内外客户的加入，并为其提供更加成熟和高质量的国际业务服务。比如为境外企业客户提供新的跨境贸易、投资项下的融资业务和人民币理财产品，向境外同业提供人民币拆借、融资、购售业务和开发新的金融衍生产品等。

另外，金融创新一旦脱离实体经济就会成为以规避风险为主的“伪创新”，有可能带来更大的道德风险，诱发危机。因此，应该鼓励正向的金融创新①，发展面向中小企业的金融市场体系，丰富中小微企业融资渠道和产品，提升金融服务实体经济的能力，助力经济转型和结构调整。

3. 拓宽离岸人民币回流渠道

继续大力建设人民币回流渠道、人民币债券发行渠道，开放境内银行间债券市场，以促进人民币内外良性循环。建立起人民币输出、境外流通和回流的良性循环机制。除了贸易渠道外，还要加强直接投资、资本市场的渠道畅通，拓宽个人跨境投资渠道。对于离岸人民币债券融资回流，应与目前外币外债额度管理模式相区别，建立宏观审慎框架下的与银行、企业资产负债相匹配的人民币外债管理模式。在鼓励服务实体经济的前提下扩大离岸人民币贷款的试点范围。除了人民币输出和回流，人民币的外循环也非常重要。香港要与其他离岸市场形成良性互动，吸引大的国际资产管理公司参与到人民币资产配置的过程中，支持离岸市场之间的人民币投资、贷款活动。加强在岸与离岸市场的货币互换，通过货币互换提供流动性支持，加快离岸人民币全球体系构建。

（四）稳步推进资本项目开放

目前境内人民币市场与离岸人民币市场间存在显著的息差与汇差，境内与离岸市场的抛补利率平价存在显著偏差，意味着跨境套利者面临着较大的交易成本，说明我国的资本账户管制依然是有效的。

相对不健全的在岸金融体系中暂时不允许完全立即开放资本项目和自由兑换人民币。而对于人民币国际化进程来说，资本项目的开放和金融市场的稳定发展是必不可少的必要条件。根据 IMF 划分的七大类四十项资本项目交易，中国实现资本项目基本可兑换的交易已有 80% 以上，实现资本项目可兑

① 史蒂格里兹（2010）指出，美国次贷危机的诱因之一是衍生性金融产品等“危险创新工具”泛滥，正向的有益创新却因为损害了华尔街的利益反而受到了压制。

换已有一定基础。美元、日元的历史经验说明资本账户开放极大地促进了离岸市场发展及本币国际化。Eichengreen 等（2011）① 认为，一国只有在金融市场成熟、会计准则与国际接轨、债权人有良好保障、法律法规比较健全的前提下，资本账户开放才会带来正面影响，而且资本账户开放要与其他经济政策与制度变革齐头并进。IMF（2012）② 指出，当金融经济发展到一定水平，实现资本账户开放是必然选择，但也不排除保留临时性的管制措施。资本项目可兑换后可以采取托宾税、外汇头寸限制等宏观审慎管理手段调控资本流动。

但是，过快的资本账户开放未必能够稳定人民币汇率，反而可能导致人民币汇率出现超调，进而引发系统性危机。因此，我们不主张在基础条件不成熟、结构性改革不到位的情况下，以加快资本账户开放来促进国内结构性改革的做法。人民币资本账户开放要与汇率形成机制改革、利率市场化改革相互配合、相互促进。通过利率和汇率的市场化改革，使利率和汇率能够真正体现本外币的相对价格，并通过利率变动对汇率变动的及时有效传导，稳定跨境资本的流动，从而提高中央银行货币政策的有效性。

未来 3—5 年是我国推进资本项目可自由兑换的关键时期。未来一段时间，建议把推进资本项目可兑换的重点放在规范和引导资本流入管理，拓宽资本流出渠道，建立有序可控的资金双向流动机制；逐步放开条件成熟的资本项目交易，对该放未放、实际已发生且管制效果有限的资本交易，通过立法“变暗为明”，确立其合法地位，逐步实现人民币资本项目可兑换。具体措施包括：①以资本市场开放为突破口。重点提高证券项下可兑换程度；引进境外机构在境内发行证券市场工具；逐步放宽境外投资者买卖境内证券市场工具的限制；进一步放松境内机构在境外发行证券市场工具的限制；逐步拓宽境内投资者对外证券投资的渠道。②以规范管理、统一待遇为切入点。

① Eichengreen B, Rachita G, Ugo P, “Capital account liberalization, financial development and industry growth: a synthetic view,” *Journal of international money and finance* 30, No. 6 (2011): 1090 - 1106.

② IMF, “The liberalization and management of capital flows: An institutional view,” *IMF staff papers* 137, No. 12 (2012).

推进对外债权债务管理方式改革；改进短期外债指标核定方式和规模；推进实现不同所有制企业借用外债公平待遇；简化贸易信贷管理方式；规范对外债权管理和监测；推动境内金融机构对外发放人民币贷款并基本建立对外债权登记制度；简化债权和债务管理方式。③以直接投资便利化为落脚点。巩固直接投资可兑换成果，明确个人对外直接投资相关外汇管理规定，简化外商直接投资的业务办理流程，放宽汇兑环节管制等。

（五）加强境内外监管当局协调监管，有效防范系统性金融风险

与国际上成熟的离岸金融市场，尤其是经济发达国家的离岸金融市场相比，目前人民币离岸金融市场尚处于初级发展阶段，相对不完善的市场运作模式和风险监管制度等诸多方面都必然容易导致市场风险。成熟的金融市场之所以更有效，是因为在市场高度发达的条件下，价格能够充分反映当前市场信息，提供及时有效的市场参数和相应的风险管理工具，对风险防范和分散起到了良好的作用。比如《巴塞尔协议》要求银行业使用包括多种方法在内的风险管理模型，也是建立在成熟金融市场的基础上的。因此，推进人民币离岸金融市场成熟性建设包括完善金融体系、运作规范、金融产品以及监督管理等多方面。

1. 推动人民币离岸市场基础设施建设，加速构建境内外联动的全球结算系统

人民币离岸市场的基础设施包括市场、产品、网络、支付结算体系等。目前，香港等离岸人民币市场的基础设施已有一定基础，还需进一步完善。离岸人民币债券指数、CNH 即期定盘价、可交割远期价格、同业拆息价格都是香港人民币市场的基准指标价格，需进一步完善交易机制，增加交易机构数量，使其更好地反映市场需求。加强人民币跨境收付信息管理系统（RCPMIS）和支付结算系统在离岸市场的连接，使其高效、稳定运行处理跨境人民币业务。

当前由于只有新加坡及中国香港、澳门、台湾等开设了人民币业务清算行，其他大部分地区的人民币结算仍然只能依赖“代理行”模式。从目前来看，境内银行及其境外分行的境外参加行客户数量直接决定了其离岸人民币

业务的市场占比。因此，我国银行业应以全球性的结算网络为基础，扩大人民币结算业务，实施“走出去”的国际化经营战略：①选择境外重点区域增设分行，以便更加直接地接触境外当地企业，为其提供相应的人民币业务和服务。②应加强境内外分行间的联动，共享客户资源，推动整个系统的人民币离岸业务规模。③在全球范围内建立和完善与境外参加行间的代理清算网络。

2．防范离岸市场发展中的货币错配风险

货币错配可以区分为债务型错配和债权型错配。当外币资产小于需要偿付的外币负债，就是债务型错配，如日本、泰国借入短期外债发放中长期贷款的债务型错配。当外币资产大于需要偿付的外币外债，属于债权型错配，中国拥有巨额外汇储备，如果外币贬值就会引发资产大规模缩水。人民币离岸市场的发展中应防止出现大的外债和货币错配风险。为降低对外资产负债表中的货币错配风险，应扩大内需，减少外需，放缓对外资产积累；同时鼓励藏汇于民，促进对外直接投资，推动人民币国际化（李扬，2013）①。客观全面看待在岸和离岸市场之间的套利现象，如果一味地防止利差、汇差套利，只会使交易需求转向离岸市场，在岸市场的影响力将下降，应通过增强人民币汇率弹性、缩小利差等疏导措施来缓解资本流出流入压力。

3．加强在岸市场监管，加强在岸与离岸市场协调监管

目前，国内金融业的混业经营、跨境经营趋势越来越强，货币市场、外汇市场、证券市场紧密相连，现行“分业经营、分业监管”的体制决定了金融监管缺位和重叠现象时有发生。在岸市场监管上，有必要加强一行三会的监管协调，充分发挥金融监管部际协调会议机制的作用。实现本外币一体化监管，建立涵盖跨境外汇与人民币贷款、直接投资、贸易融资、离岸账户管理的监测平台，实现全流程统计监测，防范异常资金通过人民币渠道流出流入。同时，也要切实保护银行、企业、投资人的合法利益，守住不发生系统性、区域性金融风险的底线。

在岸市场与离岸市场协调监管方面，一方面，要加强与内地金融监管当

---

① 李扬：《中国国家资产负债表2013——理论、方法与风险评估》，中国社会科学出版社，2013。

局的合作。一是建立健全香港金融管理局等境外监管当局与内地金融监管机构之间信息交流和政策协商机制，就香港人民币离岸业务的重大政策和事项进行充分和有效的沟通和协作。同时，经营离岸人民币业务的机构必须定期向中国人民银行、银监会等监管当局报送业务报表，以便于内地监管当局及时了解离岸人民币业务运作情况，及早采取相应对策，化解风险。二是香港金融管理局等境外监管当局和中国人民银行共同制定人民币离岸业务危机预案。当香港等市场上出现囤积人民币并且对其进行恶性攻击行为时，中国人民银行可以通过香港金融管理局等境外监管当局进行干预。三是建立重大事项报告制度。规定经营离岸人民币业务的金融机构发生重大事项时，必须主动向中国人民银行、银监会等报告。

另一方面，加强国际交流与合作。鉴于离岸金融市场对全球金融体系和金融稳定带来的潜在风险，许多国际组织加强了对这些市场的研究和关注。例如，巴塞尔委员会（BCBS）、国际证监会组织（IOSCO）、国际保险监督官协会（IAIS）和金融行动特别工作组（FATF）分别就银行业、证券业、保险业和反洗钱的监管提出了一系列的标准和措施。国际货币基金组织（IMF）对离岸金融市场的监管主要集中在两个方面：一是开展离岸金融中心评估工作（Offshore Financial Center Assessment Program），定期对离岸金融市场的监管状况进行全面、系统的评估，并在必要的时候提供多方面的技术援助。二是进行协同证券投资调查（Coordinated Portfolio Investment Survey，CPIS），督促离岸金融中心披露离岸金融交易的数据，以便更好地掌握离岸金融市场的发展情况。在这种情况下，要借鉴和吸取国际组织制定的有关离岸金融市场监管的原则和措施，不断丰富和完善人民币离岸金融市场监管的工具和手段，提高监管的有效性。同时，与国际组织开展多层次的合作与交流，积极参与国际反洗钱、避免有害税收竞争以及改善离岸市场透明度等工作。

4. 针对系统性风险实施防范

具体措施包括：①中国人民银行通过实施离岸人民币准备金制度进而控制基础货币的信用扩张，同时监督中国银行海外清算行更好地发挥人民币的清算、托管功能，从而调控离岸金融市场上人民币的供应量。②严格分离离岸和在岸市场以避免互相渗透风险是当务之急。此外，通过征收资本流动税进而减少短期资本的流动。包括银行间隔夜拆借市场在内的银行间市场的运作和发展都对监管单位的货币政策的实施产生影响。从国际上来看，美国、日本和英国等国的离岸金融市场都被严格地与在岸市场分离开来。只有实施严格分离的制度，才能有效降低两个市场间的系统性风险。③加强宏观审慎管理，引导在岸与离岸金融机构稳健经营。督促金融机构加强内控和风险管理，继续加强对金融创新和业务发展中潜在风险的监测。健全系统性金融风险的防范预警和评估体系，加强对地方政府债务、银行信贷风险的监测和管理，强化跨行业、跨市场、跨境金融风险的监测评估，防范实体经济部分地区、行业、企业风险及非正规金融风险向金融体系传导。构建危机管理和风险处置框架。采取综合措施维护金融稳定，守住不发生系统性、区域性金融风险的底线。④继续发挥宏观审慎政策的逆周期调节作用，根据经济景气变化、金融机构稳健状况和信贷政策执行情况等对有关参数进行适度调整，引导金融机构更有针对性地支持实体经济发展。

5. 建立资本与金融账户下的人民币跨境流动监测体系

人民币各流通渠道对目前我国货币政策的影响是不同的。从现阶段人民币的流出渠道来看，我国货币当局只要维持其既有的基础货币供应增长率，就不会加大我国货币政策调控的难度。而资本与金融项目下的相关流通渠道导致的货币供应量的增加则会直接加大我国货币政策调控的难度。这些渠道包括企业赴港发行人民币债券并使资金回流、境外机构投资我国境内银行间债券市场，以及企业从境外获得人民币贷款等。因此，未来随着相关资本与金融账户的不断开放，人民币通过资本与金融账户回流境内的资金将不断增加，对于这部分资金的跨境流动，我国应建立起相关监测体系，防止其大规模流动对我国境内金融市场产生冲击。具体包括：①金融监管机构应与海关、商务、外事等部门共同建立人民币跨境流动监测协调机制，建立人民币出入境统计系统，深港两地对有关人民币离岸市场的金融数据、监管信息应建立双边信息交换及信息共享机制。②为防止人民币离岸市场对境内利率、汇率及金融稳定造成过大冲击，防止国际资本利用人民币离岸市场攻击人民币，香港金管局应与中国人民银行共同制定危机处置预案及相关安全预警机制，约定当出现异常的巨额人民币跨境流动，或香港市场上出现囤积人民币并对其进行攻击的行为时即启动预案，且必要时可暂停人民币资金在离岸与在岸间的跨境流动，并通过某种方式进入香港市场进行干预，如借鉴美国经验对离岸人民币存款征收存款准备金等。

（六）加快经济发展方式转变和结构调整，促进国民经济持续健康发展

从本质上讲，一国货币的国际化是该国总体经济实力强大在货币形态上的反映。理论和实证研究都表明，一个国家的经济规模越大，综合竞争能力越强，其货币越容易实现国际化。尽管英镑、美元和欧元国际化的道理各不相同，但是支撑它们国际化进程的基础是一样的，那就是英国、美国和以法德为代表的欧洲国家在国际贸易和国际金融领域强大的比较优势。而日元国际化的失败，与日本经济在 20 世纪 90 年代“泡沫经济”破灭后陷入长达十年的经济萧条期密不可分。同样地，继续保持中国经济的平稳较快发展，进一步提高综合国力，既是实现人民币国际化的重要前提条件，也是促进人民币离岸市场发展、有效应对各类风险最坚强的后盾。

综上所述，合理引导香港离岸人民币金融市场的发展是现阶段的主要任务。完善的金融制度和基础设施建设使香港离岸人民币市场由初级阶段稳定并逐步迈向成熟阶段；通过缩小人民币在境内外市场间的价格和收益差异，减少短期资本流动，降低风险；最后，通过加强货币当局的监管与相互合作，进行及时有效的风险管理，最终在很大程度上降低香港离岸人民币金融市场对境内货币政策的冲击和影响。此外，在积极发展香港离岸人民币市场的同时，应该采取措施加快境内债券市场的发展，并积极推进境内利率市场化和汇率形成机制的改革，稳妥推进资本账户自由化改革，特别要充分考虑资本项目可兑换实现后的潜在风险，做好相关制度设计，完善境内货币政策的稳健性，以有效控制人民币境内外利率或汇率差异以及离岸人民币信贷扩张可能带来的风险。

参考文献

[1] EICHENGREEN B. The irresistible rise of the renminbi[EB/OL]. Project Syndicate (online journal), [2009 - 11 - 23]. http://www. project-syndicate. org/commentary/the irresistible rise of the renminbi.

[2] ZHANG L Q, TAO K Y. The benefits and costs of renminbi internationalization [M]//EICHENGREEN B, KAWAI M. Renminbi internationalization: achievements, prospects, and challenges. Washington: Brookings Institution Press, 2015.

[3] PETER K B. The role of the dollar as an International currency: occasional paper 13 [C]. New York: Group of Thirty, 1983.

[4] CHINN M, FRANKEL J. Will the euro eventually surpass the dollar as leading International reserve currency? [J]. NBER working papers 11510, 2005.

[5] ALIBER R Z. The integration of the offshore and domestic banking system [J]. Journal of monetary economics, 1980, 6(4): 509 - 526.

[6] ANDERSEN T G, BOLLERSLEV T, DIEBOLD F X, et al. Micro effects of macro announcements: real - time price discovery in foreign exchange[J]. American economic review, 2003, 93(1): 38 - 62.

[7] APERGIS N. Domestic and eurocurrency yields: any exchange rate link? evidence from a VAR model [J]. Journal of Policy Modeling, 1997, 19(1): 41 - 49.

[8] BALKE N S, MA J, WOHAR M E. The contribution of economic fundamentals to movements In exchange rates [J]. Journal of international

economics, 2013, 90(1): 1 – 16.

[9] CHAN D Y K, LEE R S K. The dynamics of interest rates between eurodollar and domestic US dollar [J]. Applied financial economics, 1996, 6(4): 347 – 349.

[10] Microstructure and links to the onshore market [J]. Cesifo working paper, 2014, 49: 170 – 189.

[11] CHEUNG Y W, Rime D. The offshore renminbi exchange rate: microstructure and links to the onshore market [J]. Cesifo working paper, 2014, 49: 170 – 189.

[12] CULBERTSON J M. The term structure of interest rates[J]. Quarterly journal of economics, 1957, 71(4): 485 – 517.

[13] DING D K, TSE Y, WILLIAMS M R. The price discovery puzzle in offshore yuan trading: different contributions for different contracts[J]. Journal of futures markets, 2014, 34(2): 103 – 123.

[14] EGAGNON J, TROUTMAN K. Renminbi internationalization and trade settlement[J]. Financial market research, 2014.

[15] EVANS M DD, LYONS R K. Informational integration and FX trading [J]. Journal of international money & finance, 2002, 21(6): 807 – 831.

[16] EVANS M DD, Rime D. Micro approaches to foreign exchange determination[J]. Working paper, 2011, 19(5): 73 – 110.

[17] FAUST J, Rogers J H, WANG S Y B, et al. The high frequency response of exchange rates and interest rates to macroeconomic announcements [J]. Journal of monetary economics, 2007, 54(4): 1051 – 1068.

[18] Friedman M. The case for flexible exchange rates: essays in positive economics [C]. Chicago: University of chicago press, 1953: 157 – 203.

[19] FUNKE M, SHU C, CHENG X, et al. Assessing the CNH – CNY pricing differential: role of fundamentals, contagion and policy. Journal of international

money & finance, 2015, 59(6): 245 – 262.

[20] FUNG H G, ISBERG S C. The international transmission of eurodollar and US interest rates: A cointegration analysis[J]. Journal of banking & finance, 1992, 16(4): 757 – 769.

[21] GIDDY I H, DUFEY G, MIN S. Interest rates in the U. S. and eurodollar markets[J]. Weltwirtschaftliches archiv, 1979, 115(1): 51 – 67.

[22] HARTMAN D G. Tax policy and foreign direct investment In the United States[J]. National tax journal, 1984: 475 – 487.

[23] HAN L, XU Y, YIN L. Forecasting the CNH – CNY pricing differential: The role of investor attention[J]. Pacific – basin finance journal, 2018, 49.

[24] KAEN F R, HACHEY G A. Eurocurrency and national money market interest rates: an empirical investigation of causality[J]. Journal of money credit & banking, 1983, 15(3): 327 – 338.

[25] KREICHER L L. Eurodollar Arbitrage[J]. Federal reserve bank of New York quarterly review, 1982, 7(2): 10 – 21.

[26] KING M R, OSLER C L, RIME D. The market microstructure approach to foreign exchange: looking back and looking forward[J]. International money finance, 2013(38), 95 – 119.

[27] LEUNG D W Y, FU J. Interactions between CNY and CNH Money and Forward Exchange Markets[J]. Social science electronic publishing, 2014.

[28] MAZIAD S, KANG J S. RMB Internationalization: onshore/offshore links [J]. Social science electronic publishing, 2012(12): 133.

[29] MGARBER P. What Currently Drives CNH Market equilibrium? [J]. International economic review, 2012.

[30] MORSE J N, LO W C, FUNG H G. A note on euroyen and domestic yen interest rates[J]. Journal of banking & finance, 1995.

[31] PARK J. Information flows between Non – deliverable forward (NDF)

and spot markets: evidence from korean[J]. Pacific – basin finance journal, 2013 (6): 67 – 77.

[32] SHU C, HE D, CHENG X. One currency, two markets: the renminbi' s growing influence in Asia Pacific [J]. China economic review, 2015, 33: 163 – 178.

[33] SMITH R C, Walter I. Global financial services : strategies for building competitive strengths In International commercial and investment banking[M]. New York: Harper business, 1990.

[34] SWANSON P E. The relationship between onshore and offshore US dollar yields: an application of cointegration[J]. Contemporary business issues, 1992: 309.

[35] WANG K L, FAWSON C, CHEN M L, et al. Characterizing information flows among spot, deliverable forward and non – deliverable forward exchange rate markets: a cross – country comparison [J]. Pacific – basin finance journal, 2014, 27 (1): 115 – 137.

[36] ZHANG Z, CHAU F, ZHANG W. Exchange rate determination and dynamics in China: a market microstructure analysis[J]. International review of financial analysis, 2013, 29(5): 303 – 316.

[37] DA Z, ENGELBERG J, GAO P J. The sum of all fears investor sentiment and asset prices[J]. Review of financial studies, 2015, 28(10): 1 – 32.

[38] ANTONAKAKIS N. Exchange return co – movements and volatility spillovers before and after the introduction of euro[J]. Journal of international financial markets, institutions and money, 2012, 22(5): 1091 – 1109.

[39] BALASUBRAMANIAM V, PATNAIK I, SHAH A. Who cares about the Chinese Yuan?[M]. National institute of Public Finance and Policy, 2011.

[40] BOERO G, SILVAPULLE P, TURSUNALIEVA A. Modelling the bivariate dependence structure of exchange rates before and after the introduction of the euro: a semi – parametric approach[J]. International journal of finance & economics, 2011, 16(4): 357 – 374.

[41] DIEBOLD F X, YILMAZ K. Better to give than to receive: predictive directional measurement of volatility spillovers [J]. International journal of forecasting, 2012, 28(1): 57 - 66.

[42] DIEBOLD F X, YULMAZ K. On the network topology of variance decompositions: measuring the connectedness of financial firms [J]. Journal of econometrics, 2014, 182(1): 119 - 134.

[43] FRANKEL J A, WEI S J. Yen bloc or dollar bloc? exchange rate policies of the east asianeconomies [M]//YOONBAI K. Macroeconomic linkage: savings, exchange rates, and Capital Flows, NBER - EASE Volume 3. Chicago: University of Chicago Press, 1994: 295 - 333.

[44] FRANKEL J, WEI S J. Estimation of de facto exchange rate regimes: synthesis of the techniques for Inferring flexibility and basket weights[J]. IMF staff papers, 2008, 55(3): 384 - 416.

[45] GRISSE C, NITSCHKA T. On financial risk and the safe haven characteristics of Swiss franc exchange rates[J]. Journal of empirical finance, 2015, 32: 153 - 164.

[46] HE D, LIAO W. Asian business cycle synchronization [J]. Pacific economic review, 2012, 17(1): 106 - 135.

[47] HENNING C R. Choice and coercion in East Asian exchange-rate regimes[M]//. BENJAMMINJ, COHEN, ERIC M. P. Power in a changing world economy. London: Routledge, Press, 2013: 103 - 124.

[48] ITO T. China as number one: how about the renminbi? [J]. Asian economic policy review, 2010, 5(2): 249 - 276.

[49] ITO T. A new financial order in Asia: will a RMB bloc emerge? [J]. Journal of international money and finance, 2017, 74: 232 - 257.

[50] KITAMURA Y. Testing for intraday interdependence and volatility spillover among the euro, the pound and the Swiss francmarkets[J]. Research in

international business and finance, 2010, 24(2): 158 – 171.

[51] LUSTIG H, ROUSSANOV N, VERDELHAN A. Common risk factors in currency markets [J]. The review of financial studies, 2011, 24(11): 3731 – 3777.

[52] PONTINES V, SIREGAR R Y. Fear of appreciation in East and Southeast Asia: the role of the Chinese renminbi [J]. Journal of asian economics, 2012, 23(4): 324 – 334.

[53] SHU C. Impact of the renminbi exchange rate on Asian currencies[M]// PENCT W, SHV C. Currency internationalization: global experiences and implications for the renminbi. London: Palgrave Macmillan, 2010: 221 – 235.

[54] SUBRAMANIAN A, KESSLER M. The renminbi bloc is here: Asia down, rest of the world to go? [J]. Journal of globalization and development, 2013, 4(1): 49 – 94.

[55] VERDELHAN A. The share of systematic variation in bilateral exchange rates [J]. The journal of finance, 2018, 73(1): 375 – 418.

[56] WANG J, YANG M. Asymmetric volatility in the foreign exchange markets[J]. Journal of international financial markets, institutions and money, 2009, 19(4): 597 – 615.

[57] BERNANKE B S, BLINDER A S. Is it money or credit, or both, or neither[J]. American economic review, 1988, 78(2): 435 – 439.

[58] CHETTY V K. On measuring the nearness of Near – moneys [J]. The American economic review, 1969, 59(3): 270 – 281.

[59] FRIEDMAN M. The Euro – dollar market: some first principles [M]. Chicago: University of Chicago Press, 1969.

[60] KLOPSTOCK F H. Money creation in the Euro – dollar market: a note on professor friedman's wiews[J]. Federal reserve bank of New York: Monthly review, 1970, 52(1): 12 – 15.

[61] KLOPSTOCK F H. The wiring of the eurodollar market [J]. Euro-

money, 1970, 2: 16 – 20.

[62] NIEHANS J, HEWSON J. The eurodollar market and monetary theory [J]. Journal of money, credit and banking, 1976, 8(1): 1 – 27.

[63] Özbilgin H M. Currency substitution, inflation and welfare[J]. Journal of development economics, 2012, 99(2): 358 – 369.

[64] PROCK J, SOYDEMIR G A, ABUGRI B A. Currency substitution: evidence from Latin America [J]. Journal of policy modeling, 2003, 25(4): 415 – 430.

[65] ROSE A K, SPIEGEL M M. Offshore financial centres: parasites or symbionts?[J]. The economic journal, 2007, 117(523): 1310 – 1335.

[66] SHARMA S C, KANDIL M, CHAISRISAWATSUK S. Currency substitution in Asian countries [J]. Journal of asian economics, 2005, 16(3): 489 – 532.

[67] HE D, MCCAULEY R N. 10 Offshore markets for the domestic currency: monetary and financial stability issues[J]. The evolving role of China in the global economy, 2012: 301.

[68] HEWSON J, SAKAKIBARA E. The Euro – dollar deposit multiplier: a portfolio approach [J]. Staff papers, 1974, 21(2): 307 – 328.

[69] ALTMAN O L. Recent developments in foreign markets for dollars and other Currencies [J]. Staff papers, 1963, 10(1): 48 – 96.

[70] SWOBODA A K. The Euro – dollar market: an interpretation [C]. New Jersey: Princeton University, 1968.

[71] BOTTA J. The federal reserve bank of New York' s experience of managing cross – border migration of US dollar banknotes [J]. China's capital account liberalization: International perspective, 2003: 152 – 162.

[72] CHINN M, FRANKEL J A. Will the Euro eventually surpass the dollar as leading international reserve currency? [M]//CLARIDAR. G7 current account

imbalances: sustainability and adjustment. Chicago: University of Chicago Press, 2007: 283 – 338.

[73] HE D, MCCAULEY R. Eurodollar banking and currency internationalization[M]//WONG M, CHAN W. Investing in Asian offshore currency markets. London: Palgrave Macmillan, 2013: 199 – 214.

[74] KAMPS A. The euro as invoicing currency in international trade [J/OL]. [2006 – 08 – 24]. https://ssrn.com/abstract=926402.

[75] EICHENGREEN B. Global imbalances and the lessons of bretton woods [J]. Economie Internationale, 2004 (4): 39 – 50.

[76] REY H. International Trade and Currency Exchange[J]. The Review of economic studies, 2001, 68(2): 443 – 464.

[77] FEIGE E L, DEAN J W. Dollarization and euroization in transition countries: currency substitution, asset substitution, network externalities and irreversibility[C]. Fordham University conference on euro and dollarization: Forms of monetary union in integrating regions. 2002.

[78] SAMAR M, SHIK K J. RMB internationalization: onshore/offshore links [J]. IMF working paper, 2012.

[79] MAZIAD S, KANG J S. RMB internationalization: onshore/offshore links [J]. Social science electronic publishing, 2012, 12(133).

[80] FRYDL E. The eurodollar conundrum [J]. Federal reserve bank of New York: Quarterly review, 1982, 7(1): 12 – 21.

[81] FRYDL E. The debate over regulating the eurocurrency markets[J]. Federal reserve bank of New York: Quarterly review, 1979, 4(4): 1979 – 80.

[82] GIBSON W E. Eurodollars and US monetary Policy[J]. Journal of money, credit and banking, 1971, 3(3): 649 – 665.

[83] TRESTRAIL R W. The eurodollar obsoletes the definition of money[J]. Financial analysts journal, 1972: 55 – 63.

[84] BALBACH A B, RESLER D H. Eurodollars and the US money supply [J]. Federal reserve bank of st. Louis, Review, June-July, 1980: 2 – 12.

[85] KEY S J. Activities of international banking facilities: the early experience[J]. Economic perspectives, 1982: 37 – 45.

[86] 人民币国际化报告 2015 年[R/OL]. 北京: 中国人民银行货币政策二司, 2015. http://www. pbc. gov. cn/huobizhengceersi/214481/214511/214695/index. html.

[87] 张礼卿. 审慎对待资本账户进一步开放 [J]. 中国社会科学报, 2015, 814 (9).

[88] 张礼卿. 扩大对外金融开放的重点：放松市场准入还是减少资本流动限制？——评《逆全球化时代的中国金融开放政策》（径山报告，黄益平主编）. 中国金融四十人论坛，2017.

[89] 离岸人民币快报 [R]. 香港：中银香港研发部，2016 (1).

[90] 中国人民大学国际货币研究所. 人民币国际化报告 (2015)："一带一路"建设中的货币战略 [C]. 北京：中国人民大学出版社，2015.

[91] 中国工商银行城市金融研究所课题组. "一带一路"战略下的投资机会及商业银行的机遇 [R]. 北京：中国工商银行城市金融研究所，2016.

[92] 巴曙松，郭云钊. 离岸金融市场发展研究：国际趋势与中国路径 [M]. 北京：北京大学出版社，2008.

[93] 胡炳志，张腾，等. 利率平价对人民币远期定价影响的实证分析 [J]. 统计与决策，2017 (2)：156 – 159.

[94] 冀志斌，周先平，曲天遥. 境外人民币利率变动预期对境内利率的影响研究 [J]. 宏观经济研究，2015 (6)：30 – 38.

[95] 贾彦乐，张怀洋，乔桂明. 人民币在离岸汇差波动特征及影响因素研究 [J]. 新金融，2016 (8)：21 – 27.

[96] 阙澄宇，马斌. 人民币在岸与离岸市场汇率的非对称溢出效应：基于 VAR – GJR – MGARCH – BEKK 模型的经验证据 [J]. 国际金融研究，

2015 (7): 21 - 32.

[97] 李翀. 论人民币离岸金融中心形成的可能与影响 [J]. 学术研究, 2004 (4): 62 - 66.

[98] 李晓, 冯永琦. 香港离岸人民币利率的形成与市场化 [J]. 社会科学战线, 2012 (2): 91 - 103.

[99] 刘利刚. 金融套利导致贸易失真 [J]. 财经, 2014 (6): 36 - 37.

[100] 尹力博, 李勍. 投资者关注对人民币汇率价差波动的影响研究: 基于 GARCH - MIDAS 模型 [J]. 管理科学, 2017, 30 (5): 147 - 159.

[101] 张斌, 徐奇渊. 汇率与资本项目管制下的人民币国际化 [J]. 国际经济评论, 2012 (4): 63 - 73.

[102] 张明. 人民币国际化: 政策、进展、问题与前景 [J]. 金融评论, 2013 (2): 15 - 27.

[103] 丁剑平, 赵亚英, 杨振建. 亚洲股市与汇市联动: MGARCH 模型对多元波动的测试 [J]. 世界经济, 2009 (5): 83 - 95.

[104] 方霞, 陈志昂. 基于 G - PPP 模型的人民币区域"货币锚"效应 [J]. 数量经济技术经济研究, 2009 (4): 57 - 69.

[105] 简志宏, 郑晓旭. 汇率改革进程中人民币的东亚影响力研究: 基于空间、时间双重维度动态关系的考量 [J]. 世界经济研究, 2016 (3): 61 - 69.

[106] 刘刚. 东亚地区人民币集团形成进展判断: 基于人民币对东亚货币汇率影响力的比较研究 [J]. 经济科学, 2013 (2): 70 - 80.

[107] 刘华, 李广众, 陈广汉. 香港离岸人民币汇率已经发挥影响力了吗? [J]. 国际金融研究, 2015 (10): 3 - 11.

[108] 宋雅楠. 人民币区域化影响力研究: 基于动态分布滞后模型的分析 [J]. 国际贸易问题, 2012 (9): 169 - 176.

[109] 徐奇渊, 杨盼盼. 东亚货币转向钉住新的货币篮子? [J]. 金融研究, 2016 (3): 31 - 41.

［110］赵华. 人民币汇率与利率之间的价格和波动溢出效应研究［J］. 金融研究，2007（3）：41－49.

［111］范从来，卞志村. 论中国的反向货币替代［J］. 学术月刊，2008（9）：64－70.

［112］何国华，袁仕陈. 货币替代和反替代对我国货币政策独立性的影响［J］. 国际金融研究，2011（7）：4－10.

［113］刘再起，范强强. 跨境贸易结算引发的货币反替代现象研究［J］. 国际经贸探索，2015，31（7）：75－84.

［114］石建勋，叶亚飞. 人民币替代港澳台货币的影响因素分析及对策研究［J］. 经济学家，2016，11（11）：63－70.

［115］叶亚飞，石建勋. 人民币国际化进程中的货币替代效应研究：以香港地区离岸人民币为例［J］. 经济问题，2018（3）：28－35.

［116］马骏. 人民币离岸市场发展对境内货币和金融的影响［J］. 国际融资，2011（5）：53－57.

［117］何帆，张斌，张明，等. 香港离岸人民币金融市场的现状、前景、问题与风险［J］. 国际经济评论，2011（3）：84－108.

［118］罗斯巴德·默. 银行的秘密：揭开美联储的神秘面纱［M］. 李文浩，钟帅，译. 北京：清华大学出版社，2011：246－248.

［119］凯西斯·尤. 资本之都：国际金融中心变迁史［M］. 陈晗，译. 北京：中国人民大学出版社，2011：189－190.

［120］麦金龙·罗，大野健一. 美元与日元：化解美日两国的经济冲突［M］. 王信，曹莉，译. 上海：上海远东出版社，1999.

［121］麦金农·罗. 美元本位下的汇率：东亚高储蓄两难［M］. 王信，何为，译. 北京：中国金融出版社，2005.

［122］殷剑峰. 人民币国际化："贸易结算＋离岸市场"，还是"资本输出＋跨国企业"?：以日元国际化的教训为例［J］. 国际经济评论，2011（4）：53－68.

[123] 冯永琦，梁蕴兮，裴祥宇. 日本离岸与在岸利率联动效应研究 [J]. 现代日本经济，2014 (1)：28 -35.

[124] 小林正宏，中林伸一. 从货币读懂世界格局：美元、欧元、人民币、日元 [M]. 王磊，译. 北京：东方出版社，2013.

[125] 庞晓波，黄卫挺. 搜寻匹配、网络效应与货币起源演化 [J]. 南开经济研究，2008 (5)：18 -29.

[126] 埃森格林·巴. 嚣张的特权：美元的兴衰和货币的未来 [M]. 陈召强，译. 北京：中信出版社，2011：30 -38.

[127] 榊原英资. 日本的反省：走向没落的经济大国 [M]. 周维宏，管秀兰，译. 北京：东方出版社，2013：150 -151.

[128] 费尔普斯·埃. 大繁荣：大众创新如何带来国家繁荣 [M]. 余江，译. 北京：中信出版社，2013：256 -258.